小学校英語教育学会20周年記念誌

小学校英語教育 ハンドブック
─ 理論と実践 ─

Handbook of English Language Education in Elementary

Schools : Theory and Practice

小学校英語教育学会20周年記念誌編集委員会 編

東京書籍

巻頭言

小学校英語教育学会 20 周年記念誌
『小学校英語教育ハンドブック』の刊行にあたって

　小学校英語教育学会（JES）は，「小学校における英語教育の理論と実践を研究し，小学校英語教育の発展に寄与する」ことを目的として，2000 年に発足した学会です。2020 年は，本学会の 20 周年の節目を迎えるにあたり，これまでの本学会の歩みの集大成として，本書をまとめることとなりました。

　本学会の 20 年の節目は，わが国初の小学校における外国語（英語）の教科化とも時を同じくしており，これまでの小学校英語に関わる研究と実践の地図を確認し，私たちの現在位置を知り，これからの方向性を考えるべき，重要な局面でもあります。その意味で，本書をまとめることは，本学会の 20 周年の記念としてだけでなく，新しい制度のはじまりを契機とした，小学校で英語を学ぶ，教えるという営みについての俯瞰と省察の機会であると言うことができます。

　本学会はそもそも，純粋な学問研究を中心とする学会というよりは，教科教育の学会として，子どもの教育に携わる実践者と子どもの習得や指導実践に関心を持つ研究者が集まり，形成されていったという性格があります。そのため，以下の 2 つの方向性を大切にしてきたと言えるでしょう。1 つは，実践だけからは見えにくいものを捉え，改善の手がかりにするために，学問研究の成果や知見を得て実践に活かすという方向性です。もう 1 つは，学問研究からのトップダウン的な応用に偏することなく，教育の改善や課題解決に資する研究や実践を追求するということです。実践者のニーズや課題を重視するという方向性は，本学会がとりわけ大切にしてきたものです。

　これらの方向性は，本書にも反映されており，＜理論編＞（全 16 節）は実践に有用と考えられる習得や指導の原理や知見や今後の課題等をまとめ，＜実践編＞（全 9 節）はそれをうけて，実践のポイントや提案をまとめました。本書においては，＜理論編＞と＜実践編＞の関連性を高めるために，編集する中で具体的な取り組みを行っています。例えば，編集当初の分野トピックの絞り込みにおいて実践者の意識調査を行い，本書がカバーする分野の実践への関連性を高めました。また＜理論編＞においては，研究成果を単に紹介するのではなく，冒頭に実践者が抱くであろう課題を示して，関連した研究や理論を精選し記述するなどの努力を行いました。さらに＜実践編＞では，単に実践を紹介するのではなく，＜理論編＞との関連性や整合性を意識しながら執筆いたしました。

　本書は，小学校英語に関わる多くの分野をカバーし，専門的知見・実践的知見を統合的にまとめた書物であり，20 年の節目にあって，本学会の研究と実践の歩みにおける一里塚となったのではないかと考えています。しかし，小学校英語に関しては未開拓の分野・課題も多く，一里塚はまだまだ「道半ば」であることも意識したいと思います。忌憚のないご意見をいただきながら，これからも小学校英語の実践と研究の取り組みを続けるべきであるということを，皆様方と共有しておきたいと思います。

　おわりに，本学会に属する人の多くは，何らかの意味で，子どもが英語を学ぶことに興味を持っていたり，その意義や可能性を信ずる人間であると思います。本書で筆を執ってくださっ

た筆者たちも例外ではなく，それぞれの節での記述のそこかしこに，そうした，子どもの英語の教育や研究に携わる人間の温かい目線が感じられると思います。本書を手に取った方々もぜひ，英語でやりとりする子どもの笑顔や，一生懸命英語を学ぼうとする子どものまなざしを思い浮かべながら，読み進めていただきたいと思います。英語に取り組む子どもの姿を思い浮かべながら教育と研究を進めることこそが，本学会の大切にしたいところだからです。

　小学校英語教育学会 20 周年記念誌の編集を進めるにあたり，執筆をいただいた平成 30 年度の理事を中心とする先生方，実践協力者の先生方をはじめ，多くの方々にご協力を賜りました。深く感謝の意を表したいと思います。また本書の編集において，染谷有美さんには誠に丁寧かつ真摯に原稿の整えをしていただき，心からの謝意をお伝えしたいと思います。最後に，本書の刊行にご尽力くださった東京書籍の関係者の皆様に厚くお礼を申し上げます。

　令和 2 年 6 月 1 日

小学校英語教育学会 20 周年記念誌編集委員会

委員長　萬谷　隆一

◇ 本書についての補足説明 ◇

・本書においては，多くの先生方が研究や実践の知見をまとめ，見解を表明されていますが，それらは学会としての総意を表しているわけではないことをお含みおきください。教育研究・学問研究に絶対的な答えはなく，常に更新され，それぞれの状況や目的に合わせて柔軟に議論してゆくべきものと考えます。

・各節の著者の順番は，節単位で便宜的に五十音順に掲載しました。掲載順はオーサーシップの軽重を意味しておらず，同等の貢献であるということをご理解ください。

・本学会の学会誌の呼称は，第 11 巻までが『小学校英語教育学会紀要』であり，第 12 巻以降は *JES Journal* と改称しました。しかし本書の本文中では，両方を含めて *JES Journal* と呼称することとしました。ただし巻末の引用文献リストでは，第 11 巻までは『小学校英語教育学会紀要』，第 12 巻以降は *JES Journal* と記載しました。

・本書の執筆者の所属は，2020 年 4 月 1 日段階でのものです。

目次

第1章＜理論編＞

第1節　小学校英語の目標と目的，成果，政策とエビデンス

第2節　子どもの第二言語習得（発音・語彙・文法など）からの示唆

第3節　聞くこと・話すこと［やりとり，発表］の指導

第4節　読むこと・書くことの指導

第5節　教師の発話

第6節　教材論（教材分析・主教材・絵本・歌・チャンツ・ICTなど）

第5節　動機づけ理論からの授業提案

第6節　評価を意識した授業提案

第7節　小中連携を意識した授業提案

第8節　他教科と関連させた授業提案

第9節　特別支援を意識した授業提案

第 **1** 章

<理論編>

大城　賢・酒井　英樹

Q1：小学校英語の目標や目的は，どのように変わってきたのですか？
Q2：小学校英語は成果があるのですか？
Q3：小学校英語に関して，どのような政策が行われてきたのですか？

1．小学校英語の位置づけと目的の変遷

　1990年代に，研究開発学校で小学校英語教育や国際理解教育が研究され始めました。大阪市立真田山小学校と味原小学校および大阪市立高津中学校は，全国に先駆けて1992年度より研究開発学校の指定を受け，「英語学習を含む国際理解教育」をテーマにカリキュラム開発研究を行いました（西中・大阪市立真田山小学校，1996）。そのあと，1993年度に2校，1994年度に12校，1996年度に34校の研究開発学校が指定され，さまざまな目標，形態，指導方法の英語教育・国際理解教育の研究が行われました。

　2000年代に入ると英語活動が導入されました。研究開発学校の研究成果を受け，1998年告示の小学校学習指導要領（2002年度全面実施）により，小学校英語が教育課程に位置づけられました。総合的な学習の時間が新設され，国際理解教育の一環として外国語会話などの指導が可能となりました。文部科学省（2001）は，外国語会話のうち英会話を扱う場合に「英語活動」と呼び，「言語習得を主な目的とするのではなく，興味・関心や意欲の育成をねらうことが重要である。」（p.3）と述べています。英語嫌いを作らないことが強調されました。

　英語活動は，カリキュラムや教材開発，指導方法が各学校に委ねられました。*JES Journal* においても，単語指導，巻頭や巻末の付録，ゲームや歌の点から中学校英語教科書を活用すること（長谷川，2002），英語の文字と音を指導するためのタスクやゲームの活用の提案（股野，2004），文字指導のための Language Experience Approach の活用（高橋，2005），内容重視の英語活動の提案（清水，2006），道徳教育と国際理解教育の融合を目指した活動（上萩，2008）など，さまざまな指導法が提案されました。

　2010年代に入ると外国語活動が始まりました。英語活動の実施状況にばらつきがあり，教育の機会均等の確保や中学校との円滑な接続が課題となりました。そのため，『小学校学習指導要領（平成20年告示）』では，5学年と6学年に外国語活動（各35単位時間）が必修化されました。「外国語を通じて，言語や文化について体験的に理解を深め，積極的にコミュニケーションを図ろうとする態度の育成を図り，外国語の音声や基本的な表現に慣れ親しませながら，コミュニケーション能力の素地を養う。」という目標が設定されました。異文化理解を含めながらも，コミュニケーション能力の育成が明示された目標であると言えます。

　育成すべき能力が明示されたことで，*JES Journal* においても，小学校英語の学力論を扱う論文が見られるようになります。板垣・鈴木（2011）は，自動的処理と統制的処理という自動化の点と，明示的知識と暗示的知識という言語知識の点から，コミュニケーション能力の素地は，無意識に身につけた直感的言語知識であり，定型表現・決まり文句の丸暗記の蓄積が中心

で，練習が不十分なため，言語運用は自動化されていない統制的処理（非自動化）かつ暗示的知識（非分析的）である，と主張しました（p.21）。また，統制的処理（非自動化）かつ明示的知識（分析的）という中学校のコミュニケーション能力の基礎を経て，英語を身につける熟達化モデルを提唱しています（第1章第12節を参照）。

外国語活動のために，文部科学省は『英語ノート』や *Hi, friends!* という教材を作成しました。*JES Journal* にも，これらの教材を活用した実践報告や研究論文がみられるようになりました。前者については，『英語ノート2』に掲載されている英語劇の実践（熊木，2011），『英語ノート2』で扱う職業名と児童が将来就きたい職業が一致しているかの検証（渋谷，2011），170の指導案とその中の1,090の活動を協同学習の点から分析し，『英語ノート』の影響を指摘する研究（坂詰，2012）などがあります。後者に関しては，オリジナル劇の実践（川村・小林・北岡，2014），クイズ大会の実践（川村・北村，2015）や韓国や中国の教科書との比較分析（早瀬，2014），中学校英語教科書との比較分析（志村他，2015），*Hi, friends!* に基づくCan-Doリストの提案（泉・長沼・島崎・森本，2016），韓国のデジタル教材の比較分析（カレイラ松崎・執行・宮城，2016）などがあります（第1章第6節を参照）。

2020年代に入ると，『小学校学習指導要領（平成29年告示）』により，小学校英語の早期化と教科化が図られました。外国語活動は中学年で年間35単位時間，高学年で教科として年間70単位時間の外国語が実施されることになりました。育成すべき資質・能力が，（1）知識及び技能，（2）思考力，判断力，表現力等，（3）学びに向かう力，人間性等の3つの柱で整理され，表1に示す目標が示されました。

表1　外国語活動と外国語の目標

【外国語活動の目標】	【外国語の目標】
外国語によるコミュニケーションにおける見方・考え方を働かせ，外国語による聞くこと，話すことの言語活動を通して，コミュニケーションを図る素地となる資質・能力を次のとおり育成することを目指す。 (1) 外国語を通して，言語や文化について体験的に理解を深め，日本語と外国語との音声の違い等に気付くとともに，外国語の音声や基本的な表現に慣れ親しむようにする。 (2) 身近で簡単な事柄について，外国語で聞いたり話したりして自分の考えや気持ちなどを伝え合う力の素地を養う。 (3) 外国語を通して，言語やその背景にある文化に対する理解を深め，相手に配慮しながら，主体的に外国語を用いてコミュニケーションを図ろうとする態度を養う。	外国語によるコミュニケーションにおける見方・考え方を働かせ，外国語による聞くこと，読むこと，話すこと，書くことの言語活動を通して，コミュニケーションを図る基礎となる資質・能力を次のとおり育成することを目指す。 (1) 外国語の音声や文字，語彙，表現，文構造，言語の働きなどについて，日本語と外国語との違いに気付き，これらの知識を理解するとともに，読むこと，書くことに慣れ親しみ，聞くこと，読むこと，話すこと，書くことによる実際のコミュニケーションにおいて活用できる基礎的な技能を身に付けるようにする。 (2) コミュニケーションを行う目的や場面，状況などに応じて，身近で簡単な事柄について，聞いたり話したりするとともに，音声で十分に慣れ親しんだ外国語の語彙や基本的な表現を推測しながら読んだり，語順を意識しながら書いたりして，自分の考えや気持ちなどを伝え合うことができる基礎的な力を養う。 (3) 外国語の背景にある文化に対する理解を深め，他者に配慮しながら，主体的に外国語を用いてコミュニケーションを図ろうとする態度を養う。

2020年度完全実施までの移行期間用教材として，小学校の新たな外国語教育における補助教材の検証および新教材の開発に関する検討委員会が設置され，*Let's Try!* や *We Can!* が制作されました。*JES Journal* でもこれらの教材に関して，*We Can!* に基づくプロジェクト重視の学習の実践（白土，2019）やスパイラル・カリキュラムの提案（宮本・折橋・井口，2019）などが報告されています。

本節で概観したように，小学校英語は「外国語会話等の実施」「必修化」「早期化と教科化」という変遷を経て，小学校教育課程に位置づけられてきました。この変遷に合わせて，小学校英語が導入された目的も変わっています。寺沢（2017a）は，総合的な学習の時間の中で実施された英語活動の目的は，「異文化に慣れ親しむこと，異文化への寛容な態度の育成」でしたが，徐々にコミュニケーションへの積極的な態度という目的論が生じた，と指摘しています。また寺沢は，『小学校学習指導要領（平成20年告示）』における外国語活動では，中学校英語との接続を考慮し，その基礎となるべく「英語に慣れ親しむこと」が目的になった，としています。さらに寺沢は，『小学校学習指導要領（平成29年告示）』において教科化された外国語では，「運用能力の育成の明示化」が図られた，と指摘しています。

2. 小学校英語教育の成果

2.1 英語活動の成果

英語活動の成果に関する研究の特徴は，英語活動が国際理解の学習の一環として行われており，言語習得を主たる目的とせず，英語嫌いにしないことが強調されたことにより，教員の受け止めや児童の英語学習に対する関心や意欲に焦点が当てられたことです。教師の意識調査の点からは，北條・松崎（2002）は，教員養成系現職教員派遣大学院生119名（うち小学校教員46名）を対象に2002年に意識調査を実施し，2000年に実施した調査と比較しています。その結果，英語活動の実施に関して賛成が有意に増加し，反対と中立が減少しました。北條・松崎は，2002年度からの英語活動の実施率の高まりをその要因である，と指摘しています。石濱（2002）は，ある小学校で2000年度と2001年度に英語活動を実施し，12名の教員の意識調査を実施した結果，教師は英語活動を概ね肯定的に捉えていることなどを報告しています。

また，英語活動を経験した中学生を対象にした意識調査により，英語活動の成果の検証も試みられています（高木・東，2005；樋口，2006）。高木・東（2005）は，品川区立のある小学校における3年間の英語活動の成果を，小・中学校の教員だけでなく卒業生や児童に対しても意識調査を行い，検証しています。例えば，中学生調査によれば，英語が「嫌い」や「とても嫌い」という回答が対象小学校出身者は0％であったのに対して，他校出身者は20％以上が「嫌い」や「やや嫌い」と回答したことから，英語活動の経験は英語学習の動機づけに効果があった，と指摘しています。樋口（2006）は，中学校1年生116名（小学校3校の出身者）を対象にした意識調査を行い，英語への関心・意欲を高められたかを検証し，その結果，学校ごとに関心・意欲が異なることを示しました。

関心・意欲だけでなく，話すこと（兼重・近藤，2004；樋口，2006；湯川・高梨・小山・川中，2008），聞くこと（バトラー後藤・武内，2006a；湯川，2008；湯川他，2008），語彙力（吉村，2009）など児童の英語力を捉えようという試みも見られます。例えば，兼重・近藤（2004）は，2人の児童を同時に面接するインタビュー形式で，ある小学校の6年生56名を対象にスピーキング力を分析し，全体的には3つのレベルの中位であった，としています。樋口（2006）は，18名を抽出してインタビューテストを実施し，15問の問い掛けを行い，その回答を各5点で採点しました。平均点が最も高かったのは，"What's your name?"で，4点以上（文や語による回答）の児童が17人いました。湯川他（2008）の「YTKスピーキングテスト」は，ペアで受験し3分間の会話（自分の紹介や相手に対する質問など）を行うものでした。評価規準

ごとに採点（4点満点）を行い，平均点を示しています。聞くことについては，バトラー後藤・武内（2006a）が「児童英検（現「英検Jr.」）」を用いたり，湯川（2008）や湯川他（2008）は「YTKリスニングテスト」を開発したりしています。

英語活動の成果として，英語の記憶容量に肯定的な効果をもたらしたことを示す研究があります（Sakuma & Saito, 2012）。1年生，3年生，5年生に対して3年間日本語と英語の数唱テストを実施しました。初年度の3年生や5年生に比べて，3年目の3年生や5年生の方が英語の数唱テストの成績が良かったことや，3年生が統計的に有意に伸びたことなどから，英語の語彙に慣れ親しませることについて英語活動の成果が見られた，としています。

2.2　外国語活動の成果

『小学校学習指導要領（平成20年告示）』により必修化された外国語活動の成果を調べるために，文部科学省（2015）は，無作為抽出した5・6年生22,202人や中学1年生・2年生24,205人，教員などを対象にして，「平成26年度 小学校外国語活動実施状況調査」を実施しました。その結果，中学生に比べて，英語に対して肯定的な意識を持つ小学生が多かったことを示しています。例えば，70.9%の児童が「英語が好き」と答えたのに対して，中学1年生は61.6%，2年生50.3%でした。このことから，外国語活動の実施が肯定的な成果を上げている，とされました。「小学校外国語活動でもっと学習しておきたかったこと」を尋ねたところ，英語の読み書きを挙げる中学生が8割前後いたことがわかりました。この結果は，小学校英語で読み書きの導入が検討されるきっかけとなったと言えます。

学会誌などで報告されている研究として，縦断的に学習者の英語力や意識の変容を調べた報告（物井，2013；志村・萬谷・石塚，2016）があります。物井（2013）は，1年間の外国語活動の経験による国際的志向性の変容を調べた結果，国際的志向性のうち，変容が見られた因子とそうでない因子が観察されたことを報告しています。志村他（2016）は，小学校6年次と中学入学直後に実施した「児童英検（現「英検Jr.」）」と質問紙票調査の分析に基づき，英語力と情意面に変容が見られ，英語に慣れ親しませることに成果があった，と示唆しています。

また，中学校教員を対象に行った意識調査により，外国語活動の成果を検討している報告があります（萬谷・志村・中村・宮下，2013；萬谷・志村・中村，2017）。萬谷他（2013）は，2012年度に中学校英語教員に対して意識調査を行った結果，「コミュニケーション活動に積極的に参加する」，「英語を聞く力がある」，「会話表現をよく覚えている」などの項目で肯定的に認識していることがわかった，としています。一方で，「英語を書く力がある」や「文法事項をよく覚えている」，「英語を読む力がある」といった読み書きや文法に関する項目については，あまり身に付いていないと認識している，と述べています。萬谷他（2017）は，同様の調査を2016年度にも中学校英語教員に実施し，2012年度調査との比較を行なっています。必修化直後の2012年度よりも2016年度の方が，外国語活動を経験してきた生徒の積極性が高いと認識していることを示しました。このことから，外国語活動の目標である積極的にコミュニケーションを図ろうとする態度の育成が成功していることを示唆する，と指摘しています。

外国語活動の必修化にあたっては『英語ノート』や*Hi, friends!*が制作されたため，これらの教材に基づいて開発されたテストを用いて，外国語活動の成果を捉えようとする研究が見られました（笠原・町田・長田・高梨・吉澤，2012；石濱・渡邉・染谷，2015）。笠原他（2012）は，『英語ノート1』と『英語ノート2』から語彙（カタカナになっている語と英単語）を選び，

受容的語彙知識（音声を聞いて絵や写真を選ぶテスト1，音声を聞いてつづりを選ぶテスト2，つづりを見て絵や写真を選ぶテスト3）を調査するテストを作成しました。小学校5年生78名と6年生75名を対象に5月〜6月に実施しました。テスト1の平均点が他のテストの平均点よりも有意に高く，音声と意味のつながりに関する成績が良かったことが示されたことから，音声中心の外国語活動の指導の効果が認められる，と指摘しています（p. 99）。石濱他（2015）は，*Hi, friends! 1*に準拠したリスニングテストを作成しました。小学5年生220名に対して実施した結果，正答率は74.3%でした。語句や短い文レベルの聞きとりの成績は良かったが，長めの文章を聞いてその内容を理解することに課題がある，としています。

　また，読むことや書くことに関する研究も見られます。例えば，酒井・小林・滝沢・伊東（2018）は，*Hi, friends!* を用いて外国語活動を経験した6年生98名を対象に，英語の大文字・小文字を書かせ，正答率や誤りについて分析しました。その結果，大文字の正答率が高かった一方で，小文字の習得率は低く，さまざまな誤りが生じることを示しています。

3. 小学校英語に関する政策とエビデンス

　ここ10年間に実施された小学校英語に関する主たる政策として，前述の『英語ノート』，*Hi, friends!*，*Let's Try!* や *We Can!* などの教材作成・配布や，外国語（英語）教育強化地域拠点事業，外部専門機関と連携した英語指導力向上事業（英語教育推進リーダー中央研修）などが実施されました。平成26〜29年度に実施された英語（外国語）教育強化地域拠点事業においては，小学校，中学校，高等学校を含む強化地域を設定し，Can-Do リスト形式の学習到達目標を設定し，小中高の連携を図ると同時に，小学校においては中学年の外国語活動の実施や高学年の教科化，中学校では英語を授業で行うこと，高等学校では発表・討論・交渉などの言語能力の育成などが研究されました（c.f. 文部科学省，n.d.）。英語教育推進リーダー中央研修は，外部専門機関と連携した英語指導力向上事業の一環として行われました。ブリティッシュ・カウンシルが文部科学省から委託を受け，各県の小学校，中学校，高等学校の英語教育推進リーダーに対して，平成26〜30年度に実施されました。小学校英語の早期化や教科化に向けて，前者の事業では目標設定，授業時数，指導内容，評価，指導体制などが検討され，後者の事業では推進リーダーの養成および教員研修の充実が図られたと言えます。

　因果関係を示す客観的な根拠（エビデンス）に基づく教育政策が注目されています。エビデンスに基づいた意思決定を推進していくことと同時に，意思決定のためのエビデンスの生成に取り組むことも重要です。特に小学校英語に関しては，1. で概観したように，学習指導要領が大きく改訂され，教育課程が変更されています。小学校英語に関して，授業時間数や開始学年，専科教員や ALT の採用などエビデンスが必要な課題を整理し，政策決定に資するエビデンスの生成に努める必要があります。そのような研究として，寺沢（2017b, 2018）や豊永・須藤（2017）が挙げられます。寺沢も豊永・須藤も，ベネッセ教育総合研究所「第1回 中学校英語に関する基本調査・生徒調査」の中学校2年生，約3,000人の調査データを分析しています。寺沢は，小学校英語学習を経験した場合には，偏差値換算で慣れ親しみの得点が1.5ポイント，英語学力は2.2ポイント，異文化への態度は1.2ポイント上昇し，前者2つの効果が統計的に有意であった，としました。しかし，小学校英語に莫大なコストをかけていることを考慮すると，その効果は極めて小さい，としています。また，小学校における英語の総学習時間の効果は極めて小さいことも示しています。豊永・須藤（2017）は，共変量を統制した場合には，小

学校1年生もしくは2年生という開始学年のみが中学校における英語学力に効果があるとし，その他の開始学年の効果や情意面への影響は見られなかったことを報告しています。

　ほかにも小学校英語の開始学年や総履修時間数に注目した研究（Fennelly, Luxton, & Fukuda, 2014；長谷川，2013；植松・佐藤・伊藤，2013；和田・木下・菊原・和田・酒井，2019）があります。植松他（2013）は，リスニング力と意識面に対する開始学年と総履修時間数の影響を調べています。2011年度から導入された外国語活動について，公立小学校17校の6年生を対象に，リスニングテストとアンケートを実施しました。開始学年が1・2年生である学校と5年生である学校のリスニングテストの正答率に有意な差はありませんでした。また，160〜210時間，135時間，95〜110時間，50〜75時間という総履修時間の違いも有意な差は見られませんでした。アンケートでは，総履修時間数が多いと肯定的回答が多いことを示しましたが，統計的な検定は示していません。長谷川（2013）は，リスニング力と意識面に対する開始学年と指導形態の影響を調べています。1年生から開始するA小学校，5年生から開始するB小学校，4年生から開始するC小学校の6年生を対象にしました。リスニングテストの結果は，学校間に統計的に有意な差は見られませんでした。意識面については，開始学年との明確な関係は示されませんでした。Fennelly et al.（2014）は，外国語活動の開始学年と実施状況の異なる4つの地域を選び，中学1年生に対してリスニングテストを実施しました。その結果，小学校での経験は中学校におけるリスニング力には違いをもたらさないことを示しました。和田他（2019）は，開始学年と総履修時間数の異なる3つの学校に対して3年間にわたってリスニングテストと自己評価，意識調査を行いました。その結果，総履修時間数の効果はリスニングテストと自己評価においては明確に示されませんでしたが，意識に関するいくつかの指標の変容に肯定的な影響を及ぼすことが報告されました。これらの研究は，有意サンプリングであったり，共変量が十分検討されていなかったりなど，政策的判断を裏づける調査研究としては課題が残ります。エビデンスの質の高い研究が求められます。

　本節では公立小学校における研究に焦点を当ててきました。最後に公立小学校以外の文脈における研究の動向を簡単に紹介します。私立小学校での早期英語教育の効果は早くから検証されています（例：JASTECプロジェクトチーム，1986）。また，広く英語学習の開始年齢および総学習時間の効果を検証した研究（例：Ojima, Matsuba-Kurita, Nakamura, Hoshino, & Hagiwara, 2011）があります。さらに，Butler（2015）は東アジアの早期英語教育に関する実証研究を概観しています。外国語教育の開始年齢については，国際的にも検証されています（バトラー，2015；Muñoz, 2006, 2014）。例えば，Muñoz（2006）は，スペインの研究成果を報告しており，開始年齢が早いからと言って効果があるとは限らないことを示しています。

4. おわりに

　本節では，冒頭で示した3つの疑問に焦点を当てて，*JES Journal* や他の学会誌などで発表された研究にふれながら，学校教育における小学校英語の導入の変遷を紹介してきました。

第2節　子どもの第二言語習得（発音・語彙・文法など）からの示唆

伊達　正起・多良　静也

Q1：音韻認識とは何ですか？また，なぜ音韻認識が大切なのですか？

Q2：教室では教師や児童は英語をどう使えば，英単語や英文法の習得や学習に結びつきますか？

Q3：小学校で英語を指導していく中で，おさえておくべき第二言語習得に関する用語は何ですか？

1. 音韻認識

　pen はいくつの音から成り立っているでしょうか？/p/, /e/, /n/ という 3 つの音から成り立っています。では，日本語の「たまご」はどうでしょうか？「た」「ま」「ご」という 3 つの音から成り立っているのでしょうか？実は「た」は，/t/ という子音と /a/ という母音の 2 つの音から成り立っています。日本語を母語とする人は，平仮名 1 文字が 1 音を表すという認識を持っていますから，「た」は 1 音と認識され，/t/+/a/ の 2 音から成るということにはなかなか意識がおよびません。

　/ /（音声学では slashes と言います）で挟まれた音のこと，正確に言えば，意味を区別できる音声特徴の最小単位のことを「音素（phoneme）」といいます。先ほどの pen は，/p/, /e/, /n/ という 3 つの音素の足し算だと言えます。英語を含めたアルファベット言語の特徴は，1 つの音素に対して 1 つの文字をあてるということです。もちろん英語は音とつづりの対応関係が複雑だと言われていることからも，make/meɪk/ や this/ðɪs/ のような例外を見つけることは容易ですが，アルファベット言語全体で捉えた場合，「1 文字＝ 1 音素」という関係が原則として成り立っています（窪薗, 2002）。しかし日本語はそうではありません。「たまご」の「た」は /t/+/a/,「ま」は /m/+/a/,「ご」は /g/+/o/ と，それぞれ「子音＋母音」の 2 つの音素で平仮名 1 文字に対応する 1 つの音声的単位（音のまとまり）を作り，「たまご」全体では 6 つの音素から成り立っていることになります。この「子音＋母音」のまとまりを「モーラ（mora）」といいます。したがって「たまご」は 3 モーラとなります。

　また英語は母音を中心に，その前後に子音が連続します。理論的には，母音の前に最大 3 つの子音（例えば spring/sprɪŋ/），母音の後ろに最大 4 つの子音（例えば texts /teksts/）が許容されています（橋本・谷口, 2003）。この母音を中核として子音が付随したまとまりを「音節（syllable）」といいます。dog/dɔːg/ は /ɔː/ の前後に子音が 1 つずつ並んだ 1 音節の単語ですが，breakfast/brékfəst/ は /brek/ と /fəst/ の 2 つの母音といくつかの子音のかたまりからなる 2 音節語です。英語母語話者は，発話された単語が何であるかを音節の数で判断します（西川・原田, 2015）。一方，日本語は「子音＋母音」のまとまりでひらがな 1 文字に対応する 1 つの音声的単位（上で述べた「モーラ」）を作るため，子音が連続して現れることはありません（例外として撥音便と促音便があります）。そのため，日本人が英語を発音する際，日本語の音声的特徴が負の転移を起こし，すべての子音の後に不要な母音が無意識的に挿入され，

/striːt/（street）が /su to ri i to/ となるわけです。結果的に音節の数が増え，別の単語と認識されることがあることを教師は理解しておく必要があります。

　さて「音韻」とは，それぞれの言語の音声組織体系の中で取り扱われる，リズムやイントネーションといった超分節素（suprasegmentals）を含まない音素のことをいいます（Crystal, 1980）。そして音韻を研究する学問が音韻論（phonology）です。ここでは音韻の定義をふまえ，わかりやすく「音のまとまり」とします（厳密には「音のまとまり方」）。このまとまりを音声だけで正確に認識したり産出したりできる力（以降，「操作する」という表現をします）のことを「音韻認識（phonological awareness）」といいます。池田（2015）によれば，この音韻認識にはレベルがあり，back, pack, lack の語尾の /-æk/ を操作する「脚韻認識（rhyme awareness）」，strong /strɔːŋ/ を 5 モーラではなく 1 音節として操作する「音節認識（syllable awareness）」，pink /pɪŋk/ の語頭の子音 /p/（オンセット）と母音と後続の子音群である /ɪŋk/（ライム）を操作する「オンセット・ライム認識（onset-rhyme awareness）」，前述した音の最小単位である音素を操作する「音素認識（phonemic awareness）」という順に，より小さい音韻単位に分類されます。そして，異なるレベルの音韻認識を指導する方法として（あるいは，測定する方法として）「単語内のある音を別の音に置き換える（substituting）」，「単語に音を付加する（adding）」，「単語から音を削除する（deleting）」，「音を組み合わせる（blending）」，「単語をより小さな音単位に分解する（segmenting）」があります。

　では，なぜ音韻認識が大切だと言われるのでしょうか。それは，音韻認識が英語の読み書き能力を予測するものだからです（アレン玉井, 2010; 吉田・加賀田・衣笠・鄭, 2015; 柏木・中田, 2018 など）。『小学校学習指導要領（平成 29 年告示）』から小学校高学年の外国語科に「読む・書く」が導入されました。村上（2015）は，文字と音の対応に困難を抱える英語圏の児童生徒の多くが音韻認識に問題があることを報告し，高学年での読み書き指導を効率的・効果的に行うために，英語を学ぶ外国人にとって音韻認識とディコーディング（decoding：記号の解読）が大切であると指摘しています。小学生を対象とした池田の一連の研究（2015, 2016, 2018）では，学年が上がるごとに音韻認識の高まりは見られるものの，読み書き技能の習得につながるレベルまで達しておらず，日本語のモーラを用いて英語の音声を区切っているといったことが指摘されています。池田は，小学生の音韻認識の「自然な」発達は見込めないため，早い段階から音韻認識を高める指導が必要である，と強く主張しています。小学校 3 年生でも音素認識を発達させることができるという池田（2016）の指摘からも，音韻認識指導は，高学年から始まる文字指導の前に中学年からできる英語の基礎体力作りの 1 つだと言えるでしょう。

2. 言語形式と意味・機能

　発音やつづり，そして語彙と文法（意味を含むもの）を「言語形式」と呼びます。言語形式には，形（form）と意味（meaning）および機能（function）が含まれ，can を例にあげると次のようになります。形は，c-a-n というつづりや，/k(ə)n/ あるいは /kæn/ という発音，I can swim. といった文構造を指します。一方，意味・機能は「〜することができる（可能）・〜してもよい（許可）・〜するのがよい（勧告）・〜でありうる（可能性）」という具合にさまざまなことを表します。また，can の意味・機能は文脈により変わります。例えば，You can swim here. の意味は，状況により変わります。

　・（混み合っているプールで空いているスペースを見つけた母親が息子に向かって）

You can swim here.「ここなら泳ぐことができるよ。」（可能）
・（1人で離れたプールに行こうとする娘を止めた父親が，目の前の子ども用プールを指さし）
　You can swim here.「ここなら泳いでもいいよ。」（許可）

　ある言語形式がどのような形で表され，どのような意味・機能を有するのかという両者の結びつきは，FMC（form-meaning connection）と呼ばれます。我々が日頃その言語形式を正しく理解したり伝えたりする際には，そのFMCに関して構築した知識を使用します。上の2つの例が示すように，いくらcanの形や過去形・完了形の「～した」という意味・機能を知っていても，そのFMCが構築されていなければ，必ずしも文脈の中でそれらを正しく理解したり伝えることができないと言えます。つまり，児童による英単語や英文法といった言語形式の習得や学習に結びつけるためには，その言語形式のFMCを構築するための機会を児童に与えることが大切になります。板垣・鈴木（2015）は，小学校外国語活動が慣れ親しむレベルのものであっても，「場面」と「形式」の結びつきを常に明確に提示するとともに，言語形式の深い意味処理を促すための工夫をする必要性を唱えています。

　児童にFMCを構築させる方法には，（1）教師主導のもの，と（2）児童自身によるものがあります。（1）は，教師がインプットを与える際にFMC構築を助ける手がかりを与えます。この手がかりには，文脈による言語的なタイプと身振り・写真などの非言語的なタイプがあり，どちらも多くの情報を含み，児童はこの情報をもとに自身の背景知識を用いて，新しい言語形式のFMCに気づくことができます。そのあとも同じ言語形式にふれることで，児童がそのFMCを理解し構築することが期待できます（第2章第2節を参照）。（2）は，児童にアウトプットさせることで，表現したい意味・機能を自身のメンタル・レキシコン（心的辞書：個人の脳内に記憶された語に関する知識の総体）内に所有する形式と結びつけることを求めます。その結果，FMC構築の機会が生じます。また，児童が表現したい意味・機能と結びつける形式を所有しない場合や誤った形式を結びつける場合には，教師や辞書を通じて新しい形式や正しい形式を得ることで，新しい言語形式のFMCや正しいFMCに児童が気づき，それらのFMCを即座に児童が使用する機会にもつながります（第2章第2節を参照）。そのあともFMCを使用する機会を与えることで，児童がFMCを構築することが期待できます。

3. 指導上おさえておくべき第二言語習得に関する理論

3.1　用法基盤理論（Usage-based Theory）

　言語は，事例に基づいた部分と規則に基づいた部分で構成されています。用法基盤理論（Tomasello, 2003）は，学習者はインプットに含まれる形式をまずはかたまりとして捉え，そのあとそのかたまりを分析することで，言語規則を推測し身につけていくと考えます（その際，規則を分析できないかたまりが事例となります）。インプットの頻度には，トークン頻度とタイプ頻度があります。トークン頻度は，学習者が単語（ate）や句（Thank you.）あるいは文（What do you like?）などの同じ言語形式にふれる経験の回数を指し，学習者はここでふれる言語形式を事例，いわゆる1つのかたまりとして捉えます。トークン頻度が高まることで，学習者は単語・句・文そのものを事例として記憶し，それらの言語形式を素早く理解したり口にしたりできるようになります。一方，タイプ頻度は，学習者が類似した言語形式にふれる経験

の回数を指し，学習者は似ている言語形式から共通している規則を見つけ出し，一般化します。タイプ頻度が高まることで，言語形式に含まれる規則の一般化が容易になり，それらの規則を別の表現に当てはめることで理解したり口にしたりできるようになります。例えば，cat/cats，dog/dogs，cap/caps にふれることで，学習者は「（発音は異なるが）名詞のあとに s が付くことで複数形になる」という規則を一般化できるようになります。また，"I like dogs. I like baseball." にふれることで「I like ＋名詞」という規則を一般化したり，"I have a sister. I play soccer." にふれることで「I ＋動詞＋名詞」という規則を一般化したりできるようになります。そのあとは，一般化した規則に当てはめることで，今までふれたことのない "I have brothers." や "I like swimming."，あるいは "I want a pet." といった表現を理解したり発したりできるようになります。つまりこの理論は，事例と規則の学習や習得の点において児童は多くのインプットにふれることが重要であり，教師はそのための工夫を施すことが必要であることを示唆しています（第 1 章第 12 節を参照）。

3.2　スキル習得理論（Skill Acquisition Theory）

　普段，我々は多様なスキルを駆使し生活しています。車を運転する，包丁で野菜を切る，靴紐を結ぶ，などです。スキル習得理論（DeKeyser, 2015）は，ことばを使うこともスキルの 1 つであり，学習者がことばを使う練習をすることではじめてことばを使用できるようになるというものです。我々は，宣言的知識（declarative knowledge）と手続き的知識（procedural knowledge）という 2 種類の知識を有しています。何かについて知っている（know what it is）ときには，宣言的知識を持っていることになります。例えば，冠詞には a / an と the があると知っているときには，冠詞に関する宣言的知識があると言えます。一方，何かの仕方や使い方について知っている（know how to do / use it）と手続き的知識を有していることになりますが，この手続き的知識がないと，何かをしよう／使おうとしてもできない，あるいは使えない状態である，とも言えます。つまり，冠詞に関する宣言的知識があってもその手続き的知識がない場合，学習者は文中で冠詞を使えないということになります。冠詞などの言語形式の手続き的知識を身につけるためには，インプット内での冠詞の使われ方を何度も耳にしてその使い方を理解し，自分でもアウトプットで何度も冠詞を口にすることが必要になります。つまりこの理論は，教師が児童に英語をたくさん使う機会を与えることの大切さを示唆します。

　お気づきのように，用法基盤理論とスキル習得理論に共通するのは，繰り返し（頻度）の重要性です。繰り返しインプットにふれることで，事例を素早く理解したり口にしたりできるようになるだけでなく，規則を一般化したり，一般化した規則を使って多様な表現の理解や産出が可能になります。また，繰り返しインプットにふれたり，繰り返しアウトプットしたりすることで，言語形式の使い方についての知識を身につけ，実際にその形式を文中で使用できるようになります。川村・鷹巣・岡村・岡井（2018）が高学年児童を対象に行った，短時間学習を週 3〜5 回繰り返す実践において，児童が語彙や表現の学習だけでなく，それらを文の中に取り込んでやりとりや発表時に使うことができるようになったことが示されています。しかしここで気をつけなければいけないのは，どのような繰り返しを児童に与えるのかという点になります。ある言語形式に関する事例や規則，あるいは手続き的知識のいずれを目標としても，その言語形式における FMC に焦点があたるようなインプットやアウトプットの繰り返しが鍵になります。つまり，形式だけに焦点を当てる機械的で無意味な繰り返しではなく，FMC に焦

点を当てる意味のある繰り返しが大切であるということです。また，文法項目の定着や習得を強く意識したドリル的要素の強い活動は，学習者にとってタスク性が低いものになり，その結果学習者の動機を下げてしまうという情意面でのマイナス部分も指摘されています（志村・山下・白田・横山・萬谷・中村・竹内・河上，2015）。

3.3　社会文化理論（Sociocultural Theory）

　学習者は周囲の社会的な環境の中で，他者（親，教師，友人など）と対話を通して相互交流を持ち，この相互交流を通じて他者の力を借りることで自身の能力を超えたことをできるようになり，学習者の中で発達に関わるさまざまなプロセスが活性化および内在化され，思考や言語の発達を進めることができるようになり学習者は成長する，という理論です。例えば，児童1人の能力では聞きとり理解することができないインプットであっても，教師とのやりとりを通じて修正されたインプットを得ることにより，理解できるようになります。あるいは，児童1人では言えない表現が，以下の下線部にあたる教師からの足場掛け（scaffolding：初心者のレベルに応じて，課題解決に必要な情報や援助を与えることにより，学習支援をする指導方法）を手掛かりとして言えるようになります。

> T：What do you want?
> S：Milk.
> T：Oh, you want milk.
> S：I want milk.
> T：Do you want to drink milk?
> S：Yes, I want to drink milk.

　この理論は2つの点を重視します。1点目は，学習者による共同作業を伴う課題や言語活動の必要性です。学習者が発達するためには他者と共同作業に取り組むことが大切であり，授業でも教師と児童や児童同士のやりとり，ペアワークやグループワークといった言語活動が重要であることを示唆しています。ただし，どのような共同作業でもよいということではなく，Vygotsky（1978）が最近接発達領域（ZPD：zone of proximal development）と呼ぶ概念を反映した共同作業でなくてはいけません。学習者の現時点の発達段階を超えているために学習者が自分1人では成し遂げることができない課題であっても，それが今の発達段階に最も近い領域内に存在する課題であり，教師やクラスメートとの共同作業を通して助けを得ることで成し遂げることができる場合，その領域がZPDと呼ばれます。図1では，課題の難易度が低いため自分1人で成し遂げることが可能な領域Aと，課題の難易度が高いために共同作業でも成し遂げることができない領域Cとの間にある領域Bを指します。

図1　最近接発達領域

　Krashen（1984）は，学習者の言語習得を促進するためには理解可能なインプットが不可欠である，と主張しています。理解可能なインプットとは，学習者の今の言語能力レベルをiと

すると，容易に理解できるレベル（*i*-1 や *i*-2）や理解が困難なレベル（*i*+2 や *i*+3）のインプットではなく，文脈や既習事項などの助けによって理解できる i よりも少しだけ上のレベル（*i*+1）のインプットを指します。優しすぎず，かつ難しすぎず，助けにより達成が可能になるというという点では，ZPD のイメージは理解可能なインプットに近いと言えるかもしれません。6 年生を対象に「言語規則発見活動」を与えた西垣・安部・物井・神谷・小山（2019）の研究でも，個別学習のあとに続く協働学習により児童の思考が促され，目標形式の文法規則に関する新たな発見が引き出されたことがわかっています。

　社会文化理論が重視するもう 1 つの点は，学習者にとって意味があると認識する課題や教材および言語活動の必要性です。学習者が周囲の環境（ものや人）が自身にとって意味があると認識する場合，両者の間にはアフォーダンスと呼ばれる相互関係が存在し，この関係が成立することで学びは起こります。授業でも，学習者が興味を持つ，あるいは必要とする教材や言語活動，あるいは課題を与えることで，アフォーダンスを生むことが可能になります。さらに，教師やクラスメートとの関係も大切であり，学習者がやりとりやペアワーク・グループワークを自身にとって意味ある活動であると認識するかしないかにより，共同作業の効果は左右されると言えます。絵本に出てきた share という単語に焦点を当て，5 年生児童に自身の生活でshare したいものを絵に描きクラスで共有することの効果について調べた岩坂（2018）は，描いた絵をクラス内で共有することで，児童らが share の意味を形成するだけでなく，教師と児童あるいは児童同士が互いに関心を寄せ合う信頼関係を徐々に構築していき，それにより児童が主体性あるいは自発的な意思を発現させる，と指摘しています。このことは，描いた絵を共有することが児童にとって意味のあるものであったという事例と言えます。

3.4　教授可能性仮説（Teachability Hypothesis）と処理可能性理論（Processability Theory）

　Pienemann（1984）が開発した教授可能性仮説は，特定の言語項目に対する指導の効果が現れるためには，学習者がその項目を習得できる発達段階にいる必要があるとする理論です。つまり，学習者が指導されたことを受け入れることができる段階に達していない場合，指導の効果は現れないということです。現在進行形（-ing）・動詞規則過去形（-ed）・所有格（-'s）などの形態素の自然な習得順序（異なる文法項目が習得される順序）と，否定文・疑問文・関係節などの文法項目や構造の発達段階（ある形式が完全に習得されるまでにたどる発達上の段階）がよく引き合いに出されます。例えば，文法項目や構造に関する規則が発達する際には単純なものから複雑なものへという段階が存在し，その段階は学習者の年齢や環境にかかわらず普遍的であると言われており，否定文についても次の 4 つの段階を 1 から学習者は否定文を使用するようになります（Lightbown & Spada, 2013 を参照）。

1. no のみ，あるいは発話の最初に no を置く（No. No cookie. No comb hair.）
2. 発話は長くなり文に主語も含まれるが，動詞の直前に否定語を置く（*Daddy no comb hair.）
3. 助動詞（do/be）や法助動詞（can）に not を正しくつけながら no 以外の否定語も使用するようになるが，人称や時制の点で誤使用する（I can't do it. *He don't want it.）
4. 助動詞や法助動詞の否定語を正しく使用し始めるが，まだ使用が困難であるものもある

（You didn't have supper. She doesn't want it. *I don't have no more candies.）

そして，学習者はそれぞれの順番や段階を飛ばすことなく，1つずつ習得や発達を進めます。

さらに，Pienemann（1998）は教授可能性仮説をさらに発展させ，処理可能性理論を提案しています。処理可能性理論は，学習者が段階を追って処理できるようになったもののみを言語として使用することができるという理論です。この段階には以下の6つの階層があり，学習者は下位の段階の処理が可能になることではじめて上位の段階に進むことができます。

1. 単純な単語を用いる→　2. 名詞や動詞といった文法的なカテゴリーを処理する→　3. 名詞句を処理できる→　4. 動詞句を処理できる→　5. 文を処理できる→　6. 従属節を処理できる

これら2つの理論から，教師は児童の言語処理能力上の発達段階を考慮することが重要であると言えます。つまり，教師が児童の発達段階を考慮しなければ，たとえ児童がある言語形式に気づいたり，あるいは同じ言語形式に繰り返しふれたりそれを練習しても，その形式をすぐに習得したり使用したりできるようになることは期待できないということです。むしろ教師は，児童の発達段階に応じた言語形式を目標形式にしたり，母語の影響を受けやすい形式を目立たせながら，児童に頻繁に与えたり使用させるほうが有効であることが示唆できます。

3.5　臨界期仮説（Critical Period Hypothesis）

私たち人間の脳は，生まれた頃は左右両半球の機能がいわゆる等能状態にあるのですが，脳が成熟するにつれて可塑性（plasticity）が失われていきます。可塑性とは弾性（elasticity）に相対する用語で，発達段階の神経系が周りの環境に応じて，使用頻度の高い神経細胞回路は処理効率が高まり，使用頻度の低い回路の効率が下がる現象のことをいいます。そして，脳機能が偏ることを脳の一側化（lateralization）といいます。この一側化が確立される時期がいわゆる思春期の頃とされていて，Lennebergは，この思春期以降に新しい言語を習得することは困難である，と説きました。これが臨界期仮説ですが，臨界期は存在するが思春期より前であるという主張や，臨界期は存在しないという主張もあります。例えば，発音面に関して，Asher & Garcia（1969）は，6歳を境に母語話者のような発音を獲得できる可能性がなくなる，としていますし，Larsen-Freeman & Long（1991）も，かなり早い時期であることを指摘しています。一方，Birdsong（2002）は，21歳を過ぎても，高い動機と継続的な発音訓練といった適切な環境に置かれたことで，母語話者並みの発音を獲得した，と報告しています。また，語彙や文法については，認知的な能力が発達している成人学習者の方が子どもよりも有利であると指摘する研究もあります（Birdsong, 1999; Walsh & Diller, 1978 など）。

アレン玉井（2010）は，年齢と外国語習得の関係について，ある特定の時期を過ぎると外国語習得が発現しなくなるとする強い考え方から，ある時期に何らかの変化が起こるという緩やかな考え方（敏感期）になっていると述べています。外国語学習に早い遅いはなく，いつ学習を始めてもその時期がその人にとっての「最適期」であるということです。

子どもたちは，母語である日本語を一定程度獲得したところで，英語を学習し始めます。英語を効果的に学習していくためには，子どもたちに日本語と英語の文法や発音などの言語形式の違いに気づかせる必要があります。粕谷（2018）はそれまでの小学校外国語を振り返り，「コミュニケーションが強調されるあまり，『間違えてもいい』『小学生だから，これくらいでいい』

と，冠詞も単複も語順も一顧だにされない実践が驚くほど多い。せめて他教科並みには，教科内容の正しさに対する配慮をしたいものである」（p.15）と，今後の外国語活動・外国語に警鐘を鳴らしています。これを解決していくためには，子どもたちに英語の言語形式に関する気づきをたくさん与えることが肝要です。しかも，子どもたちの年齢を考えると，楽しみながら学習を継続させるような教材が不可欠になるでしょう。最近では，英語の数と冠詞の概念に関する動画教材（岸本，2015）や英語発音に関するタブレット教材（多良・米崎，2019）などがありますが，こういった教材の開発と充実が小学校外国語教育の喫緊の課題の1つだと言えます。いつから学習を開始するかではなく，どのように学ばせるのかという質を確保し，学び続けるような環境を提供することが大切です（アレン玉井，2010）。

3.6　相互依存仮説（Interdependence Hypothesis）と BICS・CALP

　バイリンガル研究の第一人者である Cummins（2001）が，「相互依存仮説」という子どもの第二言語習得に関係する理論を提唱しています。下の図2を見てください。

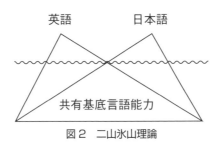

図2　二山氷山理論

　英語，日本語それぞれの氷山が描かれていると思ってください。波線は水面を表しています。水面上に見えるそれぞれの氷山の頭の部分はそれぞれの言語能力を表していて，互いに独立しているように見えるのですが，実は水面下では両言語の根底となる言語能力，すなわち「共有基底言語能力」なるものが存在しているという考え方です。この共有基底言語能力のおかげで，日本語による読み書き能力や論理的思考能力が英語を使用する際に転移するのです。

　ここで Cummins は，もう1つ重要な提案をしています。それが「基本的対人伝達能力（Basic Inter-personal Communicative Skills: BICS）」と「認知・学習言語能力（Cognitive Academic Language Proficiency : CALP）」です。BICS は，例えば，店員と簡単な会話ができるといった，日常生活において人間関係を保つために必要となる伝達技能です。これに対してCALP は，学問的な思考をするときに必要な言語能力のことです。例えば，スピーチでは，内容を整理して，吟味して，その中に自分の考えをどのように入れるのか，などを考える必要があります。小学校段階では BICS の指導が中心となります。しかし，「他者に配慮しながら」「自分の考えや気持ちなどを伝え合う」といったことばが『小学校学習指導要領（平成29年告示）』や『小学校外国語活動・外国語 研修ガイドブック』にあるように，単元ゴールで，相手にどのように表現すれば伝わるのかを考えさせるような指導を CALP の導入と捉えれば，小学校の英語教育でも育んでいけるのではないでしょうか。

第3節 聞くこと・話すこと［やりとり，発表］の指導

佐々木　雅子・巽　徹

佐々木　雅子・巽　徹

> Q1：外国語活動・外国語では，「聞くこと」が重視されるのはなぜですか？
> Q2：「聞くこと」の指導で，気をつけなければいけない点は何ですか？
> Q3：「話すこと」の活動をデザインする際に，どのような点に留意すればよいのですか？
> Q4：「話すこと」の指導では，どのような力を身に付けることを目指せばよいのですか？

1.「聞くこと」は外国語学習でなぜ大切？

　「インプットなしに，言語習得はなされない」（和泉 , 2016）と言われるように，一度も耳にしたことのないことばが身につくとは考えられません。子どもが母語を習得する過程を思い浮かべると，赤ちゃんのうちから周囲のことばをたっぷりと聞き，やがて少しずつ話し始める，学校に通い始める頃にようやく文字が読めるようになり，そして書けるようにもなります。通常「聞くこと」→「話すこと」→「読むこと」→「書くこと」の順で習得されていくことがわかります。外国語の習得も例外ではなく，発話されたことばをたっぷり「聞くこと」によって，少しずつその言語の音声や意味を理解し，徐々に自分でも口に出して発話ができるようになっていきます。文字を使った読み書きは，そのあと習得されることになります。ですから，小学校ではじめて外国語の学習に取り組みむ際にも，「聞くこと」の言語活動がスタート地点となります。

　ここで言う「聞くこと」は，単に多くの英語をシャワーのように浴びせかければよいということではなく，学習者が理解できる英語を聞くことが必要です。聞いていても意味がわからないような英語では聞いていないのと同じで，インプットとしての意味がありません。児童にとって「理解可能なインプット」が豊富に提供されることが必要となります。ことばの習得には，インプットに併せて，適切にアウトプットすることも必要だと考えられています。小学校の英語学習の場面では，豊富なインプットが提供され，児童がことばを使いながら徐々にインプットされたことばを取り込んでいくような学びの過程を大切にすることが必要です。

　しかも，「聞くこと」で得られたインプットは，アウトプットに直結しているのではなく，いくつかの過程を経て習得されると考えられています（第1章第5節を参照）。村野井（2006）は，インプットは，学習者に気づかれ，理解されることによって学習者内部に言語知識として内在化され，さらに，言語知識が記憶に残り，自動的，瞬間的に使えるようになる統合の段階を経てアウトプットにつながると，そのプロセスを示しています（図1）。また，学習者がふれたインプット

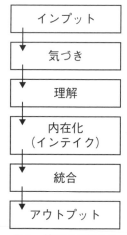

図1　第二言語習得のプロセス
（村野井 2008，p.23 一部改）

のすべてがアウトプットにつながるということではなく，インプットとしてふれたことばの一部分が理解・内在化され，さらにその一部が統合の段階を経てアウトプットで用いられることになります。つまり，インプットの量が多くなければ，アウトプットできる英語の量も限られているということになるわけです。質，量ともに豊かなインプットが提供されることが，アウトプットの充実には欠かせない条件であることがわかります。小学校での英語教育において「聞くこと」が「5つの領域の中で基盤となる領域」である（『小学校学習指導要領（平成29年告示）解説　外国語活動・外国語編』，p.101）と重視されている理由が理解できます。

2. 「聞くこと」の指導で気をつけたい点

　『小学校学習指導要領（平成29年告示）』では，5つの領域について，それぞれの目標と言語活動の例が示されています。「聞くこと」では，「ゆっくりはっきりと話される」英語を聞いて，「身近で簡単な事柄」についての「基本的な表現」を聞きとり，「具体的な情報」や「短い話の概要」を理解することが目標とされています。また，「聞くこと」の言語活動では，単に英語の音声だけを聞くのではなく，「イラストや写真」といった視覚的な情報の助けを借りながら，会話や説明の内容を推測し理解するような手立てが必要であることも示されています。児童はこれらのほか，話し手が誰であるのか，どのような場面や状況で話されているのか，さまざまな背景知識や文脈情報を活用して内容の理解を図ろうとします。つまり，聞く活動においては，英語の音声に加え，児童の理解を促すための材料を適切に提供し，「理解可能なインプット」を児童が十分得られるように配慮することが大切になります。

　また，「聞くこと」の言語活動の（イ）・（ウ）などでは，「話すこと［やりとり］」に取り組む中で「聞くこと」が行われることが考えられます。「自分に関する簡単な質問に対してその場で答えたり，相手に関する簡単な質問をその場でしたりして，短い会話をする活動」〔「話すこと［やりとり］」の言語活動（ウ）〕では，相手が発話する内容をその場で聞きとり，適切に反応する活動を行うことが求められます。例えば，Small Talk などの言語活動（第1章第5節，第2章第3節を参照）の中で，教師と児童とのやりとりや児童同士のやりとりを通して，「必要な情報」を聞きとるような活動を継続して行うことや，「何を聞きとればよいのか，何を聞きとりたいのか」など目的意識を持った聞き方ができるような指導を行うことも大切になります。

　一般的に「聞くこと」の指導を考えるとき，聞いた内容を理解することに注目されがちです。しかし，英語の意味内容を理解するためには，まず聞こえてきた英語にどのような音が含まれているのかを認識することが必要です。門田（2015）は，その過程を英語の音声の「知覚」と呼び，認識した情報をもとに，他のさまざまな情報を活用して意味内容の把握を行うことを「理解」と呼んでいます。「知覚」が行えるためには，英語の音素の理解や英語のリズム，抑揚・強弱の理解が必要となります。そのうえで，「理解」のためには，話された内容に含まれる語彙や文法に関する言語情報をもとに意味理解を行う処理（ボトムアップ処理）と，文脈や背景知識を手がかりに意味理解を行う処理（トップダウン処理），またその両方を用いて意味理解に至るインタラクティブ処理が行われるとされています。つまり，「聞くこと」により言語の習得を促すためには，児童の英語の音素に対する気づきをもたらす指導や，英語を聞かせる際に学習者が既知の語彙や言語材料に加え背景知識や文脈情報を十分に活用して理解へ向かうような学習場面を整えることが大切だと言えます。

　JES Journal における「聞くこと」に関する研究では，児童の聴解力に関する研究，また児

童の英語の音素認識に関する研究が見られます。渋谷（2012）は，教材に含まれるカタカナ表記の語を英語母語話者が英単語として発音した場合，児童がカタカナ語としてどの程度認識できるかを調査しました。その結果，児童がカタカナ語で正確に表記した割合は 4 割弱であり，カタカナ英語において「表記しやすいカタカナ英語」「表記しにくいカタカナ英語」があることが明らかになりました。植松・佐藤・伊藤（2013）は，児童の英語学習開始学年と英語授業の総履修時間数が，児童の英語リスニング習熟度とどのように関係しているかを調査しました。総学習時間「50〜70 時間」と「160〜210 時間」の比較で，開始学年別の差より学習時間の違いによる差が大きかったが，統計的な有意差はなかった，と結論づけています。石濱・渡邉・染谷（2015）では，小学校で用いられている教材に準拠した内容聴解力テストを開発し，それを用いた児童の聴解力を測定しました。測定によると，英語活動の授業を 35 時間履修した 5 年生の児童にとっては，「まとまりのある話や会話を聞いてその概要を理解すること」は，難易度の高い言語活動であることが明らかにされました。

　児童の音素認識に関する研究においては，吉田・加賀田・衣笠・鄭（2015）が，小学校段階で行われるべき音素認識を促す活動の具体例，また英語のリズム，イントネーションなどの音声的特徴に慣れ親しませるための活動の具体例を提示しました。池田（2016）は，L1 習得の過程で発達した音韻認識の L2 習得への転移可能性について，小学校 3 年から 6 年の児童を対象に調査を行っています。その結果，「子音＋母音」を 1 つの音まとまりとして把握する日本語のモーラ認識の影響から，「子音 1・母音・子音 2」の組み合わせでできている語で，子音 2 よりも子音 1 を切り離して分析することが困難である傾向が見られたことが報告されています。「聞くこと」は，英語学習における基盤となる領域であるとの位置づけがなされています。今後は，*JES Journal* にさらに多くの「聞くこと」に関する実践報告や調査研究が寄せられることが期待されています。

3.「話す」活動をデザインする場合の留意点

　日本人小学生を対象とした研究の中で，「話すこと」に限定した指導についての実証研究や実践報告はほぼ見られず，池上（2018）のように，インプットに重きを置いたプロジェクト型単元学習の中で取り上げられている場合がほとんどであると思われます。言語習得はインプットから始まるわけであり，話すことが先行し中心になる指導は初期学習者には不向きであることから，当然とも思われます。言語習得が無理なく自然に起こるように配慮しながら，話す能力を育てていく必要があります。

3.1　沈黙期と認知方略

　母語の習得において，子どもがまったく，またはほとんど話さない状態の期間があります。その期間を沈黙期（silent period）と呼びます。その期間に子どもは何もしていないのではなく，周囲で見聞きする言語使用をインプットとして，母語を獲得しようとする現象が起こっていると考えられています。したがって，はじめてことばを発する前には，聞くことによってたくさんの言語のインプットを得ています。しかし，一人ひとりの子どもが発話し始める時期は異なり，話し始めるまでの沈黙期間が異なることから，年齢は言語発達の決定的な指標であるとはいえません。個人差をもたらす要素としては，性別，知能，性格，学習スタイル，社会的背景，言語によるインタラクションの経験などが挙げられています（Wells, 1986）。この沈黙

期間については，第二言語習得研究においても研究がなされています（Ellis, 2008）。第二言語習得の場合，すでに母語として1つの言語を習得しているので，この沈黙期がどの学習者にも観察されるわけではなく，すぐに話し始める学習者もいますが，子どもの第二言語学習者の多くに沈黙期は観察されます。ただ，中には，第二言語習得を意図的に拒否している結果，沈黙が続いている場合もあるので，一人ひとりをよく観察して見極める必要があります。

沈黙期間のほかにも，個人差が見られる注目すべき要素として，言語習得に用いられている認知スタイルがあります。Peters（1977）は，子どもは部分から全体へと進む分析的認知〔Analytic strategy〕を用いるだけでなく，反対に，全体から部分へと進む全体的認知〔Gestalt（ゲシュタルト）strategy〕も用いていることから，両方の認知スタイルが言語習得に用いられていることを考慮する必要がある，と述べています。これらの認知スタイルは，母語習得だけでなく第二言語習得にも該当する基本的な言語学習における認知スタイルと考えられています。居村（2008, p.61）は，「日本の早期英語学習者の場合，年齢が低いほどチャンクを Form として丸ごと理解し，年齢が高くなるに従ってかたまりを分解し始める」という実験結果を報告しています。

このように，①話し出す前には沈黙期があること，②分析的認知と全体的認知が用いられていること，③沈黙期の長さも認知方略のバランスも一様ではなく，教室の学習集団には個人差があるという事実は，実際の指導において覚えておくべき大切な点です。

3.2　個に応じ，自然な発話を待ちながら，引き出す

実際の教室では，すぐに話し始める児童と沈黙する児童がいることに気づくでしょう。話すことについては個人差の影響が大きいことを忘れず，話すことを強要せず，一人ひとりの児童をよく観察することです。沈黙期の存在と認知スタイルの違いを理解したうえで，個々の児童の特徴をつかめば，教師も児童も不要なストレスを排除して授業に臨むことができるでしょう。教室の児童全員が同時期に一斉に話せるようになる姿を夢のように描いてしまうのではなく，観察に基づいた個々の児童の特徴を考慮した，きめ細やかな指導の見通しと心理的余裕を持つことが重要です。

逆説的ではありますが，話すことの指導においては，児童に「英語を話させる」ことに意識を強く持ちすぎないことが肝要です。すなわち，話すという行為は，言語使用の場面や状況において自然に表出されるものであるということを心に留め，児童が「英語で話し出す」ように仕掛けて待つという姿勢を根底に置くようにします。教科書などにある話す活動を行ったり，教師自身が話す活動をデザインする際には，「英語で話したくなる」という児童の気持ちを引き出すよう，目的や場面，状況などを設定した活動にアレンジしたりデザインすることが必要です。児童が楽しみながらも話す能力が育つバランスのとれた指導をするためには，活動デザイン力とともに，励ましや賞揚などによる心理的サポートにより，発話を促進する力も求められます（Cameron & McKay, 2010）。

4.　小学校段階で育成すべき話す力とは？

一般的に，話す力は，発話にならずに動作による反応から始まり，短い応答へと発展し，徐々に発話の種類や長さを豊かにしていきます。「模倣上手になり，自分で探究していく学習」が，話す力を育成する鍵となります。

4.1 観察と模倣による定型表現の獲得と応用

　朝のあいさつの場面での "Good morning.",何を言われているかわからない場合の言語的サインとしての "I don't know." などの定型表現／決まり文句（formulaic expression）は，場面に応じたインプットを十分に得ていれば，とても自然な英語の発音とリズムを伴った発話として観察されます。これは，場面に頻出する表現をチャンクとして丸ごと習得しており，全体的認知を用いた結果の習得と言えます（第1章第2節を参照）。沈黙期を経ずにすぐに話し出した第二言語習得の例を報告する研究もあります（Huang & Hatch, 1978）。台湾出身の非母語話者の5歳児は，通っている保育園での体験と観察から "Get out of here." の意味を推測して理解し，さらに発話するまでに3日しかかからなかったそうです。この子どもの発話はほとんど模倣によるものだったとのことですが，聞いて得られたインプットの目的や場面，状況などを理解し，話し手をよく観察していれば，定型表現を模倣に頼って発話することは可能ということになります。

　また，母語話者の特徴として身につけている定型表現の多さを指摘し，研究者や教師らに定型表現の高い頻出度と重要性に目を向けさせた Pawley and Syder（1983）は，ネイティブスピーカーのレベルの言語運用能力を身につけるためには，言語規則体系を活用して文を作る能力とともに，非常に多くの定型表現を蓄えていく必要がある，と主張しています。定型表現を模倣によって使い，その定型表現を少しずつ応用させながら，話す力を広げ，伸ばしていくことは理にかなっています。初級学習者の小学生にとっては，規則に基づいた発話よりも，模倣によって身につけた表現でコミュニケーションできることは楽しくもあり，言語処理の観点からも効率的であると言えます。模倣によって得た定型表現の発話およびその応用は，言い換えれば，話す表現のパターンに習熟していくということです（第1章第12節を参照）。特に日常生活に関する場面では，言語の背景となる社会文化的な要素がことばに強く映し出されます（Coulmas, 1981）。定型表現を獲得すれば，適切な表現を適切な場面で話すことができ，話す不安も低いはずです。日本国内の研究では，浦田・柏木・中田・井出（2014）の実証的研究が，定型表現からスタートする小中連携の英語教育の具体的なモデルとして参考になります。

　したがって，指導者によるまとまった話や，教師同士または教師と児童による Small Talk のような「やってみせる指導」は，子どもの模倣する能力を活用するものであり，欠かせない指導であると言えます。また，小学校外国語科では「その場で」のやりとりができるようになることを目標としていますが，模倣から始まる定型表現の使用を豊かに応用展開させていく指導も達成方法の1つです。さまざまな場面でさまざまな人と積極的にコミュニケーションをとることで練習を繰り返し，楽しさを十分に経験する効用は大きいはずです。楽しさに駆動された発話量が，自信と流暢さを生み出していくことになります。丁寧に設定した言語使用場面で，児童を定型表現とその少しだけの応用に導く指導は，外国語科の「知識及び技能」の目標である「実際のコミュニケーションにおいて活用できる基礎的な技能を身に付け」，「コミュニケーションを図る基礎となる資質・能力」を育成します（『小学校学習指導要領（平成29年告示）解説外国語活動・外国語編』，pp. 68-69）。

4.2 試して自分で探究する力：子ども同士のやりとり

　次第に，定型表現とその応用だけでは，伝えたいことを伝えられない場合が多くなってきます。チャンクとして取り込んだ定型表現をまねして成立していたコミュニケーションから，自

分の考えや気持ちを伝えるために語句や表現を自由に操ることのできる話す能力が必要となってきます。そしてこの時期に，話すことに苦手意識を持ち始めるのではないかと思われます。話す活動で要求される言語処理において，模倣よりも主体的に表現を作り出す部分が多くなり，その点に難しさが出てくるのではないかと思われます。小学校の頃はゲームで楽しかったのに，中学校の授業は難しいと感じている生徒の話をよく聞きます。おそらく，ゲームでは定型表現が多く短期記憶で十分こなせる（Bohn, 1986）ことが多かったのに，中学校では場面状況を把握し，自分で表現を選択して英語を使う能力が求められるからではないでしょうか。短期記憶で事足りなくなる段階の難しさが出てきます。

　第二言語習得について，小柳・峯（2016, p.42）は，「表現したい概念や意味／機能をどのような言語形式で表すか，あるいはチャンクとして取り込んだ表層構造の個々の言語形式がどんな意味／機能を表しているのかを見つけ出し，結びつけていくマッピング（mapping）のプロセスである」と定義しています。この中で，「見つけ出す」という点がポイントです。見つけ出すためには，定型表現を用いて話す場合とは異なり，既習表現を用いながら表現したいことを表現するための試行錯誤が必要です。「これで通じるかな」「通じていないようだから今度はこう言ってみよう」「あ，こう言ったほうが伝わるな」のように，児童自身が伝わる表現の実験と分析を行っていく必要があります。また今井（2016）は言語習得について，「子どもは大人が母語を使う（つまり話をする）ことを模倣して母語を学ぶ。しかし，それは決して『猿真似』ではなく，親が使う言語を聞いたときに，インプットに対して分析，解釈を行い，自分で言語のしくみを発見することによって言語を自分で創り直すことにほかならない。結局のところ，模倣から始めてそれを自分で解釈し，自分で使うことによって自分の身体に落とし込む」（p.135）と表現しています。もちろん英語は第二言語であり母語ではありませんが，聞いて得られるインプットを自分で分析解釈しながら，試行錯誤して話すことにより言語を身につける，という点に違いはありません。

　話す活動が，語句や文法を習得する場（teaching a language through speaking）となっている場合もありますが，話す力そのものを身につける（teaching the spoken form of a language）ことも重要です（Hughes, 2017）。この2つの側面を同時に取り上げる活動として，子ども同士のやりとり（peer interaction）が有効です。柏木（2006）は，子ども同士のインタラクションは，英語の単語の意味理解，英語を聞く力，模倣的なアウトプットの力にプラスの影響を与えることを確認できた，と報告し，子ども同士のやりとりの有効性を示唆しています。また第二言語学習における学習者同士のやりとりの役割について研究した Philp, Adams, & Iwashita（2014）によると，①間違いを訂正されずに実験的にことばを使ってみることができる，②その過程でコミュニケーションが行き詰った場合に，表現を確認したり質問する機会を得ることができる，③間違いの訂正はお互いに避けようとする傾向がある（理由としては，訂正するのに必要な言語的および認知的な余裕がないこと，相手との人間関係を優先させること，正確さよりも意味を伝え合うことに注意を向けたいと望んでいること），④言語処理が早く行われるようになり自動化が促進される，という点を学習者同士のやりとりの特徴として挙げています。さまざまなインタラクション（教師同士，教師と子ども，子ども同士）とインプットのバランスをとる必要性についても指摘しています。

池田　周・中村　典生

Q1：なぜ小学校外国語科に「読むこと」「書くこと」の領域も導入されたのですか？
Q2：「読むこと」の指導では，どのようなことに留意するとよいですか？
Q3：「書くこと」の指導では，どのようなことに留意するとよいですか？
Q4：「読むこと」「書くこと」習得のレディネスには，どのようなものがありますか？

1. 小学校外国語科における「読むこと」「書くこと」導入の背景

　2011年に小学校高学年に導入された外国語活動は，「聞くこと」「話すこと」という音声による英語への慣れ親しみを目指すものでした。外国語活動の充実につれ，小学校では児童の外国語学習への意欲が高まり，中学校では生徒の積極性の向上といった変容が成果として報告されるようになりました。その一方で，外国語教育における課題として，①音声中心で学んだことが，中学校の段階で音声から文字への学習に円滑に接続されていない，②国語と英語の音声の違いや英語の発音とつづりの関係，文構造の学習において課題がある，③高学年は児童の抽象的な思考力が高まる段階であり，より体系的な学習が求められることなどが指摘されました。これらの成果と課題から英語の5領域を包括的に扱う学習の必要性が認識されたため，『小学校学習指導要領（平成29年告示）』によって，高学年の外国語科に「読むこと」と「書くこと」が導入されることになりました（文部科学省，2017b）。

　小学校では，中学年から高学年，さらに中学校へと学びの連続性を意識しながら，まず中学年で「聞くこと」「話すこと」を中心とした体験的な外国語活動を通じて外国語に慣れ親しみ，外国語学習への動機づけを高めます。そのうえで，高学年の外国語科で，教科としての外国語教育のうち基礎的なものとして，外国語活動で行ってきた「聞くこと」「話すこと」による体験的な活動に加え，「読むこと」「書くこと」の領域を扱う言語活動を通して，コミュニケーションを測る基礎となる資質・能力を総合的に育成するための体系的な指導を行います。「読むこと」「書くこと」の学習内容はあくまでも児童の発達段階に応じたもので，それらを中学校外国語教育との接続を考えながら，慎重かつ丁寧に導入していきます。すなわち，小学校外国語は，基礎的な語彙や表現にまず音声で慣れ親しむことを優先します。そして児童の学習負担を考慮しながら，「聞いて内容がわかり，話して伝えることができる」ようになった語彙や表現について，授業の中で自然につづりを目にしてきた慣れ親しみやイラストなどの視覚情報，文字と音の対応に関する気づきなどを活用しながら，語句や表現を読んで意味がなんとなくわかる状態を目指します。「聞くこと」「話すこと」で活用できるようになった語句や表現すべてを「読むこと」「書くこと」で扱う必要はありません。「何を」「何のために」聞いたり話したり，さらには読んだり書いたりするのかを明確にして言語活動を行うことが大切です。

　以上のように考えると，「読むこと」「書くこと」の導入は，「聞くこと」「話すこと」という音声言語の慣れ親しみから始まり，次第に分析的な学びも行えるようになる児童の認知発達に合わせて，自然な言語習得の過程をたどるためのものと考えることができます。文字に関わる

領域は難しいと敬遠することなく，外国語の学習を通じてそれぞれの領域で育成を目指す「資質・能力」の正確な理解に基づいて，これらの指導に取り組むことが大切です。

2. 「読むこと」の指導における留意点

「読むこと」には，語認識や構文パターンの解析などの低次処理（lower-level processes）と，情報間の論理関係の把握や推論などによりテキスト全体の内容理解を行う高次処理（higher-level processes）があります。読みの高次処理の能力については，言語間で転移が起こるかどうかについても研究が行われていますが，まだ一致した見解はまとまっていません。小学校英語教育における「読むこと」の指導は，日本語と英語では文字（書記素）も異なることから，まずアルファベットの大文字・小文字を識別し，さらに文字がまとまって構成される単語について，音声で十分に聞いたり言ったりしてきたものであれば，「何となく」意味を理解できることを目指す低次処理の指導から始めるとよいでしょう。

2.1 アルファベット大文字・小文字の識別

日本語の1つの仮名文字は，1つの音に対応しています。「あ」という「名称」の文字には，「あ」という「音」しかありません。しかしアルファベットでは，それぞれの文字の「名称」と「音」が異なり，さらに1つの文字が複数の音を持つ場合もあります。例えば /ei/ という「名称」の文字 a には，ant や apple の /æ/, make や table の /ei/ といった「音」があります。すなわち英語の「文字を読む」とは，その「名称」を発音することと，その文字が単語の中に含まれる場合の「音」を発音することのいずれかを指します。小学校での文字に関わる領域の指導では，やはり音声による慣れ親しみを優先し，児童が日常生活の中でふれることの多い「文字の名称」を聞いて「形を識別」できるようになるステップを最初に取り入れます。

このことは，『小学校学習指導要領（平成29年告示）』（文部科学省，2017b）の中学年外国語活動における「聞くこと」の領域の目標である「ウ 文字の読み方が発音されるのを聞いた際に，どの文字であるかが分かるようにする。」と対応しています。この「読み方」は「名称」のことを指します。具体的な指導としては，例えば A や a の文字を見せ，「これは /ei/ という文字です」と「文字の形と名称の対応」を1つずつ知識として教えこむのではなく，「犬の絵カードを見ながら dog の発音を聞き，まねて発音してみる中で，次第に dog が英語では犬を表すことに気づく」イメージで，何度も文字の読み方を聞きながら，それに対応する文字を見つける活動などを通して，少しずつ慣れ親しませるようにするということです。ただし中学年では，活字体の文字を見てその「読み方を発音できる」ことは目指しません。授業でしばしば見られるように，さまざまな文字を指して，"What's this letter?" と尋ねるのは，児童に「その文字の名前を発音すること」を求めることになりますので，これは高学年の「読むこと」の領域目標「ア 活字体で書かれた文字を識別し，その読み方を発音することができるようにする。」に該当します。文字指導の初期段階である中学年では，例えば /bíː/ という音声を聞いて，対応する B や b の文字カードを指差したりする活動などを十分に行って，「名称を聞いて，それがどの文字かわかる」ことから文字への興味や関心を高めていくようにします。例えば Let's Try! 1 の Unit 6 で大文字，Let's Try! 2 の Unit 6 で小文字にふれる活動が目指しているように，身の回りにはアルファベットの活字体の文字で表されているものが多くあることに気づかせるなど，文字への意識を高めていくことも重要です。そして次第に，TV，DVD，CM

などの頭字語を読んだり，自分の名前のローマ字表記を伝えたりする活動などを通して，「文字を見て，その名称を自分の力で発音できるようになる」段階へと進めます。

2.2 文字の「音」への気づきを生かした単語の認識

　文字の「名称」を聞いて形を識別したり，その名称を発音したりできるようになれば，児童も実際に個々の文字を自分で書いたり，書かれた英語の単語や文などを発音してみたくなることでしょう。ここから「読むこと」の指導は，アルファベットの文字には名称に加えて「音」があることへの意識を高めながら，その文字と音の対応の気づきを生かして単語が発音できるようになるという流れをたどります。発音できた語句や表現は，それまでに何度も繰り返し聞いたり言ったりして「音声で慣れ親しんで」きたものであれば，何となく意味を理解することができます。これが高学年の「読むこと」の領域目標「イ 音声で十分に慣れ親しんだ簡単な語句や基本的な表現の意味が分かるようにする。」が目指すものです。

　単語を認識するために文字の「音」への気づきを高める意義について，『小学校学習指導要領（平成 29 年告示）解説　外国語活動・外国語編』（文部科学省，2017c）には「語句や表現がわかるようになるためには，当然のことながらその語句や評言を発音する必要があり，文字の音の読み方は，そのための手掛かりとなる」（p. 20）と述べられています。

　これはすなわち，それぞれの文字には対応する音があるという気づきを促しておけば，語のつづりを見たときに，含まれる文字のいずれかの音が何となく浮かび，それがその語全体の発音の推測につながり，聞いて理解できる語句や表現の中から意味を引き出す手掛かりになるということです。読み書きのために，文字と音に関する細かなルールを知識として教え込むことは求められていません。中学年の外国語活動で「聞くこと」「話すこと」を中心に行ってきた体験的活動を引き継ぎ，総合的なコミュニケーション能力を養う中学校外国語科へと円滑に接続する橋渡しとして，小学校外国語科において「読むこと」「書くこと」を言語活動に含める目的をしっかりと理解しておくことが大切です。

　実は，英語の語を読んで意味がわかるようにする指導にも，その高次処理から始めるトップダウン（top-down approach），低次処理に着目したボトムアップ（bottom-up approach）の 2つのアプローチがあります。トップダウンの例としてはホール・ランゲージ（whole language），サイトワード（sight words）などがあり，ボトムアップにはフォニックス（phonics）があります。特にホール・ランゲージとフォニックスについては，「語全体」と「語を構成する個々の音と文字の対応」という両極に位置するような焦点の違いがあるため，どちらがより子どもの読み書き能力発達に役立つかの観点から論争が行われた経緯があります。しかし今では，読み書きの発達段階に応じて，例えば絵本の読み聞かせによる内容理解を行いながら単語の特定の音への意識を促すなど，音と文字の対応についての指導と意味重視の指導をバランスを取りしながら行うのが望ましいと考えられています（Freppon & Dahl, 1998）。

2.2.1　ホール・ランゲージ

　子どもの単語認識力，さらに読み書き能力を高めるために，絵本などを用いて文脈を頼りに目にした単語の意味を理解したり推測したりする力を育成していく「意味重視」のアプローチが，ホール・ランゲージです（Goodman, 1986）。文を構成する語をそれぞれ「全体」「まとまり」と捉え，それをより小さな音韻単位や文字のまとまりに分解することはありません。文脈の手

掛かりによって意味がわかる語が増えていくにつれ，読む力や書く力の発達につながると考えられています。ホール・ランゲージ的なアプローチをして，小学校で音声中心の指導をすることの効果を明らかにした研究には，中村・末松・林田（2010）などがあります。

2.2.2　フォニックス

　フォニックスとは，「個々の音と文字との対応を学ぶことを通して，単語を発音できるようにする」指導法のことです。英語では音と文字の対応が必ずしも1対1ではなく複雑なため，音声言語を十分に発達させていても，読み書きにおいて劣るという事例が多く見られます。こうした状況への対応，さらに就学前後に子どもたちの読み書き発達の失敗を予防するために行われる指導のために考案されました。日本では，小学校と中学校入門期の指導にフォニックスを取り入れることの有効性などが研究によって明らかにされています（吉田・加賀田・衣笠・鄭, 2015）。こうしたフォニックスのうち，体系立った指導法として確立されているものを，アナリティック・フォニックス（analytic phonics）とシンセティック・フォニックス（synthetic phonics）に大きく分類することができます。

　アナリティック・フォニックスは，個々の語を「まとまり」「全体」として捉える点でホールワード・アプローチと似ています。最初は絵本や物語など読み聞かせを通して，文脈などを手掛かりに意味のわかる単語について，文字を見ながら発音を推測させます。さらに語全体ではなく，語を構成する一定の文字のまとまりが表す音などにも，気づきを促します。そして次第に，小さな音韻単位へと単語の音を分解し，音素や音素のまとまりごとに対応する文字に学習者自身で気づくように促します。このように，アナリティック・フォニックスは，意味の理解を伴う状況で，特定の単語が表す音，さらにそれを構成する個々のより小さな音とそれを表す文字（のまとまり）の対応を理解させることが特徴です。発音することができた単語の意味はわかっている，ということです。

　一方，シンセティック・フォニックスはまず，1つの音素と1つの文字という対応を，意味や文脈などとの関連なく提示して習得させます。そして，1文字1音の対応から，複数文字が表す音もパターンとして提示し，音を混成（blending）することで単語が発音できることを経験させていきます。こうすれば，単語のつづりを見て，それを個々の文字や文字のまとまりに分割し，対応する音を順番に当てはめて（decoding）単語全体を発音することができます。ですので，たとえこれまで見たことも聞いたこともない，意味のわからない単語でも，さらに英語にはない文字の並びでも，文字と音の対応に基づいて発音するようになります。単語を発音できるようになるという観点からは，ホール・ランゲージよりも効率的とされています。

2.2.3　サイト・ワード

　フォニックスで身につける音と文字の対応規則（フォニックス・ルール）によって発音できる語は，日常用いられる語の75〜80%程度と言われています。残りの語は音と文字の対応が不規則であるものが多いため，出現頻度が高く「まとまりとして認識するほうが意味理解の効率が高い」とされる語と合わせて，「目で見て意味がわかる語」，すなわち「サイト・ワード」として学ぶという考え方があります。サイト・ワードには，Dolch Word List や Fry Word List のようなリストもあります。the, about, come, for, go, here, … などの語が含まれており，英語の指導場面で絵カードやことばの説明では意味を示しにくいものがあることがわかりま

す。サイト・ワードを小学校外国語教育に応用した研究には、畑江・段本（2016）などがあり、本書の第2章＜実践編＞にも具体的な取り組みが紹介されています。

3.「書くこと」の指導における留意点

　英語の文字を「書くこと」も、前述の「読むこと」と同様、日本語の仮名文字とは異なるアルファベットを扱うことから慎重に始めたいものです。日本語でも英語でも文字を書けるようになるには、まず「文字を書くということ」に慣れる練習を行います。例えば、線に沿って丸や四角を何個も続けて書いたり、ぐるぐる線を長く書いたり、鉛筆を持って線を書くことに慣れます。これが、1つひとつの文字を正確に書くことにつながる「運筆」の力です。

　文字を書くための動きに慣れてきたら、名称を聞いて形を識別し、さらに自分の力で名称を発音できるようになった文字をなぞったり（tracing）、書き写したり（copying）することから始めます。つまり「書くこと」の指導において実際に何を書くかについても、それまで何度も聞いたり言ったりして音声で十分に慣れ親しんできたものであることが重要です。まずは個々の文字を、その名称を言いながら、続いてつづりを言いながら単語を書く練習を行います。児童が「自分が今英語で書いているものの発音と意味とがわかる」状態であることを大切にします。書き写し終えた直後に、文字を見ながら「音読してみる」活動へと発展も可能です。

3.1　アルファベットや単語を「書く」指導

　アルファベットに書き順はありませんが、英語では筆記体（cursive）も使われますので、一筆書きのようなイメージで文字を続けて書く「筆の運び」が習得しやすいかもしれません。小学校段階の「書くこと」では、まず大文字と小文字を区別しながら、4線の適切な位置に正確に文字を書くことを定着させます。そして『小学校学習指導要領（平成29年告示）解説 外国語活動・外国語編』（文部科学省、2017c）にも示さるように、「『c, e』『f, l』『g, y』など文字の高さの違い」、「『p, q』『b, d』など紛らわしい形」などを意識して正確に書くように促します。指導の順序も、「A, H, I などの左右対称の文字」「Cc, Jj, Kk などの大文字と小文字の形がほぼ同じ文字」のように、文字の形の類似、あるいは相違といった観点から、児童の文字への興味関心を促し、効率的に文字を識別できるように工夫することも必要です。アルファベットを書く力の習得についての研究には、酒井・小林・滝沢・伊東（2018）があります。

　文字レベルを超え、複数の文字のつながり、すなわち単語を書く段階に向けて大切なのは、左から右へと文字が繋がっていく流れを感じることです。同時に、単語と単語の間の区切り、単語を構成するそれぞれの文字の間隔にも意識を向けさせるために、書き写しの活動でさまざまな例を実際に提示して、どの程度の語や文字の間隔がよいか、一緒に考える時間を設けることも有効です。そして、個々の文字の名称を発音しながら単語の書き写しが終わったら、つづり全体を見ながらその語を発音することも、「読み」の習得を促します。

3.2　文を「書く」指導

　文字の書き写しの活動は、文レベルになると、「語順への気づき」を促すものともなります。日本語とは異なり、英語では語と語の間に区切りを置くことに気づき、例えば "Dogs chase cats." と "Cats chase lions." とでは意味がどのように変化するかを考える活動を通して、音声だけでは認識しづらかった語順への気づきが高まります。さらにその気づきを促すためには、

音声だけに頼るよりも，実際に主語や動詞，目的語に相当する文字の色を変えたりして，視覚的に把握できるように示すとよいでしょう。

『小学校学習指導要領（平成 29 年告示）』（文部科学省，2017b）の高学年「書くこと」の領域目標として，「イ 自分のことや身近で簡単な事柄について，例文を参考に，音声で十分に慣れ親しんだ簡単な語句や基本的な表現を用いて書くことができるようにする。」があります。この目標については，『小学校学習指導要領（平成 29 年告示）解説　外国語活動・外国語編』（文部科学省，2017c）に「英語で書かれた文，又はまとまりのある文章を参考にして，その中の一部の語，あるいは一文を自分が表現したい内容のものに置き換えて文や文章を書くことができるようにすること」（p. 82）と説明されています。

つまり，「できること」を伝える表現を学ぶために，さまざまな活動に関する表現（play soccer, play the recorder, jump high, sing well, など）に慣れ親しんだあとで，I can ～. という表現に当てはめて，あらためて声で慣れ親しみ，視覚的にも I can ～. という表記に何度もふれていけば，「今度は，自分ができることについて文字で表してみたい」という課題を設定することができます。「英語で自分ができることを伝えるためには，I can のあとにその動作を表す表現を続ければよい」という気づきを生かして，まず I can を書き写し，それに続ける「自分ができること」をイラストで選び，そこに添えられているつづりを書き写すことができることを目指すということです。選択肢に自分が伝えたいことを表す語がない場合には指導者が提示しますが，その際にも，まずは音声で聞かせ，児童が言えるようになってから，文字を示して模写させるという順番を維持するようにするとよいでしょう。

4.「読むこと」「書くこと」習得のレディネス

小学校外国語科では，各領域を発達の段階に応じてバランス良く扱うことが求められます。これは必ずしも「すべての領域を，同時に同じ割合で扱う」ことではありません。児童の発達段階や興味・関心などに応じて「最適なタイミング，方法，時間配分で扱う」ことを意図します。文字を扱う「読むこと」「書くこと」の技能獲得に向けては，その前に良質な音声インプットに十分ふれておくことが求められます。音声で聞いたり言ったりしてきた語句や表現がある程度あり，「自分の気持ちや考えを口頭で表すことができた」という経験をしているからこそ，「次はそれらを文字で表してみたい」という興味，関心が生まれます。文字，さらに読み書き導入のレディネスが整っていることを確認しながら，指導を始めることが大切です。

特に，文字言語の習得が始まるためには，1 つの音の流れとして聞こえてくる音声言語を，文の区切り，単語の区切り，さらに語を構成するより小さな音韻単位に「自分で分割できる」ことが必要と考えられています。このさまざまな単位の音に対する敏感さを「音韻認識」といい，特に音素レベルの音韻認識（＝音素認識）が，文字と音の対応が複雑な英語の文字言語習得のレディネスであると指摘されています。さらに，この音韻認識は音声産出にも影響することが明らかにされています（佐久間・高木，2019）。実際に児童に音と文字の対応に気づかせる活動の前に，児童が「語末に共通する音の繰り返し」（＝脚韻）を認識したり，「語のはじめ（または終わり）の音が同じかどうか」を判断したり，さらには文字そのものに関心を示し始めているかなど，読み書き学習の準備が整っていることを確認しておきたいものです。

粕谷　恭子・福原　史子

> Q1：小学校英語ではインプットが大切だと言われていますが，どんな役割がある
>   のでしょうか？
> Q2：Small Talk とは何ですか？ どうすればよいですか？
> Q3：発話の際，教師の日本語使用はどのような場面で認められますか？

1. インプットが果たす役割（気づき）

　外国語活動が必修化され，小学校で英語教育について考える機会が増える中で，インプットという用語を見たり聞いたりした経験をお持ちの先生方も多いことでしょう。インプットは平たく言えば「学習者が浴びる音声や文字の言語情報」のことで，インプットされたもののうち学習者に取り込まれたものをインテイク（intake），学習者がインテイクされたものを音声や文字で発露するプロセスをアウトプット（output）と呼びます。インプットされたものがすべてインテイクされればこんなに簡単なことはありませんが，実際は学習者の中にある種フィルターのようなものが存在し，インプットされた情報の中からこのフィルターが選りすぐったものだけがインテイクされます。このインプット→インテイク→アウトプットという流れの中で，学習者の気づきがどのような役割を果たすか議論されてきました。学習者の気づきが果たす役割については，Schmidt（1990）がそれまでに得られた知見をまとめています。

　Schmidt はその中で，無意識学習では第二言語を身につけることは不可能である，と述べています。気づきなくして学びなし，と理解できます。が，同時にある研究結果を引用しながら，気づきだけではアウトプットにつながるレベルの学習に十分ではない，とも述べています。その研究では，やりとりの相手が使った特定の文法事項を，学習者がその場では使っていたものの，そのあと使われることがなかった事例が紹介されています。その場では「気づいた」ものの，定着はしなかった，ということです。気づきを起こすだけでも大変なのに，それでは十分ではない，と言われるとひるんでしまいますね。10 年間にわたる英語教育の中で，それぞれの校種の役割を意識して授業力を向上させたいものです。

　学習者に気づきが起こるために，暗示的（implicit）な指導をするか，明示的（explicit）な指導をするか，小学校でも教科化に伴い評価や定着という用語を耳にするにつけ，考えさせられます。

　Schmidt（1990）で紹介されているさまざまな研究は，若年学習者を対象にはしていませんが，子どもの第二言語習得の特徴について，コミュニケーションしようとする営みの中で副産物として文法のルールを学ぶ姿が観察されている，と紹介しています。『小学校学習指導要領（平成 29 年告示）』にある「言語活動を通して」という表現と相通ずるものが感じられます。伝える必然のある状況の中で英語をやりとりする経験は，単に「伝わってうれしかった」という情緒や動機づけだけでなく，中学・高等学校へとつながる英語学習に直接的に寄与する経験となるのかもしれません。

日本の小学生を対象にした研究にも目を向けてみましょう。川村・岡村（2016）は，短時間学習の効果を検証するため，児童の気づきを促す活動を行った実践研究を報告しています。この研究では，英語学習の経験がない4年生の児童を対象に，4週間の実践を11月と2月に1回ずつ，合計2回行いました。第1回は4週間に17回，第2回では16回，それぞれ毎回15分の短時間学習を実施し，名詞の単数と複数の言い方が身につくか，検証しています。短時間学習の中で児童は，単数の絵が描かれたスライドを見ながら音声を聞き，複数の絵が描かれたスライドを見ながら音声を聞く提示と模倣に続き，教師と「いくつあるか」というやりとりを行い，最後に児童同士で個数を尋ね合う活動を行いました。プレテスト（学習前）とポストテスト（学習直後と学習終了4週間後の2回）において，短時間学習で扱った語と扱わなかった語を複数形で話せるかを調べました。その結果，短時間学習で扱わなかった語についても，複数形の規則を適用していることがわかりました。提示・模倣とやりとりを通して児童の気づきが促され，学習効果があったと結論付けています。児童の振り返りからも，児童が単数と複数では言い方が違うことに気づいていたことが報告されています。

小学校での外国語活動・外国語においては，文字によるインプットよりも音声によるインプットが中心を占めます。また，目的のあるコミュニケーションが授業の中で展開されていきます。子どもの気づきにつながるような音声情報の与え方，やりとりの進め方について考えておくのは大変有用なことです。

2.　児童の発話に対する教師のフィードバック

第二言語を身につけていく中で，インプットの役割を最重要視する考え方がKrashen（1984）によって提唱され，インプットの重要性が注目されるようになりました。そのあと，インプットだけでは不十分で，アウトプットの持つ役割を提唱したのがSwain（1995）です。さらに，インプットかアウトプットか，という議論ではなく，意味のある情報の授受，すなわちインタラクション（interaction）を通して第二言語習得が促進されるという論が，Long（1996）によって提唱されました。いろいろな理論が提唱されては，新たな知見が加わって行く学界の変遷は，興味深いものがあります。白か黒か，という二項対立のように見える議論も，深く見ていくと両者ともに濃いグレーか薄いグレーかの違いにすぎないこともあり，性急に短絡的に理論に飛びつくことなく，きちんと情報を咀嚼することが，実践者には求められていると言えるでしょう。

インタラクションを重視する実践においては，学習者の発話に対して指導者のどのようなフィードバックが効果的か，議論が重ねられてきました。

学習者として学んでいた頃，誤りを含む発話をすると，頭ごなしに日本語で「また間違えた！」などと注意を受けた記憶がある方がいるかもしれませんね。これも明確に「誤っている」と伝えるフィードバックの1つです。近年は学習者の情意面も重視されるようになり，練習問題の解答ならいざ知らず，意味のあるやりとりの中でも，こうしたフィードバックは減っているかもしれません。

フィードバックの1つに，リキャスト（recast）と呼ばれる方法があります。学習者が誤った発話をしたときに，教師がその意味を変えることなく，相槌を打ちながら正しい言い方を聞かせ，学習者の気づきを促す方法です。例を見てみましょう。

T：What animal do you like?

S：I like dog.

T：Oh, you like dogs. I like dogs, too.（dogs の語尾の部分を強調気味に話す）

　この例では，学習者が複数形で表現するべきところを単数で話してしまっているため，指導者が学習者の発話の意味を大切にしつつ，正しい言語形式を聞かせています。

　リキャストについては，その言語習得における役割に迫る研究（Ellis and Sheen, 2006）や，その特徴を扱った研究（Asari, 2012）があります。こうした研究は多くの場合，日本の小学校英語教育のような外国語環境での初学者を扱ったものは多くなく，国内から教室の実際を反映した研究が積み重なることが期待されます。

　教師の発話を扱った国内の研究に目を向けてみましょう。

　稲岡・清水（2003）は，小学校において教師がどのようなタイプの発話調整ができるかについてのリストを作成しています。「言い換えをする」「視聴覚教材を使う」など，学習者の気づきを促すヒントになることでしょう。自分の目の前の子どもたちにふさわしい発話調整を行うことが重要になります。

　矢野・泉（2016）は，望ましい Teacher Talk のあり方に迫るため，学級担任や英語専科教員・JTE（日本人英語講師：Japanese Teacher of English）にアンケート調査を行っています。学級担任は，専科教員や JTE に比べて英語の使用割合が低いことや，英語力向上のために時間を割くことが困難である現状が浮かび上がりました。

　授業研究の手法の１つである教室談話分析を小学校の外国語の授業を対象に行ってみるなど，実践者であればこそ取り組みやすい方法もあるかもしれません。学級担任のフィードバックの変容や効果的だと思われるリキャストの調査など，日々の実践を基盤にした研究の充実を大いに期待します。

3．教師の発話

　児童期には良質で大量のインプットを与えることが，言語習得の観点から重要であると言われています。学級担任は，専科教員や ALT（外国語指導助手：Assistant Language Teacher）と堂々と英語を使って話している姿を見せることで，児童にとって良いコミュニケーションのモデルとなります。一方，英語に関する知識や技能に長けている専科教員や ALT，英語に堪能な地域人材などは，授業のさまざまな場面で質と量の両面から十分なインプットを提供する役割があります。

3.1　クラスルーム・イングリッシュ

　クラスルーム・イングリッシュとは，「あいさつや指示，質問，依頼，激励など，英語の授業等で使われる表現」（文部科学省, 2009, p.86）を指します。「児童のリスニング能力を飛躍的に向上させるというよりは，『英語の授業の雰囲気づくり』としての意味合いが強い」（文部科学省, 2017f, p.118）と言われています。『小学校外国語活動・外国語　研修ガイドブック』（文部科学省, 2017f, 以下，『ガイドブック』）には，教師が積極的に英語を使用することにより，児童が一生懸命に教師の英語を聞こうとする態度を引き出すことになるので，「英語を使うモデル」として，授業中の指示や質問にできるだけ英語を使うように努力したい，と述べられて

います。クラスルーム・イングリッシュを用いるときには，日本語で児童に話すときと同じように児童の理解の程度を確かめながら，ゆっくり，はっきりと言うように心掛けます。一度にたくさんの指示を出したり，長文で指示をしたりすることは避け，簡潔な文で一文一文児童の理解を確認しながら指示するなどの配慮が必要です。新出の表現を用いるときは，何度か聞かせるとともに，動作を加えたり，絵を描いたりして児童の理解を助けるようにします。『ガイドブック』（pp.118-123）には，授業のはじまりや終わり，活動のはじまりや終わり，活動中の指示，ほめる・励ますなど，クラスルーム・イングリッシュを12種類に分けて音源とともに示してあるので，活用して教師自身の発話力を伸ばしたいです。

　山森（2013）は，教師のクラスルーム・イングリッシュ使用の2つの方向性である（1）児童生徒が英語で表現・理解する意味内容を広め・深めるという方向性（意味内容重視の方向性）と，（2）児童生徒にインプットを与えたりアウトプットをさせたりすることを通して英語の言語構造（語彙や文法規則）に気づかせる方向性（言語構造重視の方向性）を組み合わせることで現れる，クラスルーム・イングリッシュ使用の4つの基本的教育機能を提示しています。そして，「A：英語使用の模範の提示」「B：授業運営，授業の雰囲気づくり」「C：関係づくり（たずねる・うながす・えがく・ひろげる・ふかめる）」「D：関係の基盤づくり（こたえる）」について，具体的な教室英語力の枠組みを作成しています。さらに，教育機能A・Bのクラスルーム・イングリッシュの使用に示される内容は，英語表現や英会話の模範提示，授業運営上の挨拶・指示・称賛といった定型的な英語表現であることを考慮すると，授業前の準備が比較的容易なクラスルーム・イングリッシュであり，外国語活動の初任教員が事前に準備できる英語として適切である，と述べています。また，C・Dは準備可能なものもあるが，児童との対話を前提とし，児童の反応や状況に応じた即興的な英語使用が求められ，経験をある程度積んだ教師に求められる教室英語力であろう，と述べています。

　さらにFreeman（2017）は，教師に求められる英語力を一般的な英語運用能力と結びつけて捉えるのではなく，（1）クラス運営，（2）授業内容の理解とコミュニケーション，（3）評価とフィードバックといった3つの機能を示す特定の目的のための英語に結びついたコンセプトと捉えるべきである，と述べ，この考えに基づいた教員研修を提案しています。教師は，自身のレベルや目的に合ったクラスルーム・イングリッシュを選び，意識的に使用し，それを繰り返すことで英語を指導するための力を伸ばすことができるのではないでしょうか。

3.2　Small Talk（スモール・トーク）

　Small Talk とは，高学年で設定されている活動です。『ガイドブック』によると，「2時間に1回程度，帯活動で，あるテーマのもと，教師のまとまった話を聞いたり，ペアで自分の考えや気持ちを伝え合ったりすること」（p.130）です。主な目的は，「（1）既習表現を繰り返し使用できるようにしてその定着を図ること，（2）対話の続け方を指導すること」（p.84）の2点です。『小学校学習指導要領（平成29年告示）』に基づく外国語科の指導においては，言語材料に慣れ親しむだけでなく，定着にも重点が置かれているため，既習の言語材料を繰り返し使用できる機会を保障して，当該言語材料の一層の定着を目指すことが求められています。「話すこと」によるコミュニケーションを行う際に欠かせないことが「対話を続けるための基本的な表現」です。『ガイドブック』（pp.84-85）には，対話を続けるための基本的な表現例として，「対話の開始」「繰り返し」「一言感想」「確かめ」「さらに質問」「対話の終了」の6点が表に示

されています。

　5年生は指導者の話を聞くことを中心に，6年生はペアで伝え合うことを中心に行います。「教師の発話」をテーマとしている本節においては，5年生に設定されている指導者の話を聞くことを中心とした Small Talk について，『ガイドブック』（p.131）に挙げられている例（UNIT 4: What time do you get up?）をもとに述べていきます。

> T：This is my daily routine.（黒板に 5:30，6:00，6:45 などいくつかの時刻を書いておく）
> 　I get up at 5:30.（時刻を指し示しながら）I'm sleepy.（伸びをしながら）
> 　Good morning. I brush my teeth.（歯を磨くジェスチャーをしながら）
> 　I wash my face.（顔を洗うジェスチャーをしながら）
> 　I'm hungry.（お腹が減ったジェスチャーをしながら）
> 　Oh, breakfast! I eat breakfast at 6:00. I eat rice and miso soup for breakfast.
> 　Look, this is my miso soup.（お椀の絵を描く）
> 　I have many kinds of vegetables in my miso soup. What's in my miso soup?
> 　（児童とやりとりしながら）
> 　Cabbage, carrot, onion, and mushroom. My miso soup is very nice! And fried eggs.
> 　（目玉焼きの絵を描いて）
> 　Two eggs! Sunny-side-up. What do you eat for breakfast?

　児童の気づきや理解を促すために，例のように，黒板に時刻や絵を板書したり，何をするかをジェスチャーで示したりしながら話します。繰り返したり，児童に質問を投げかけてやりとりをしたりしながら進めることも重要です。文は短く，同じ表現を繰り返しながら，未習の事柄も場面・状況や視覚情報によって，児童の「わかる！わかった！」を大切にしながら進めます。

　Small Talk は『小学校学習指導要領（平成 29 年告示）』による新教材において設定された新しい活動なので，今後，その効果を検証し，効果的な指導方法や課題が提起されることが期待されています。

3.3　教師の日本語使用

　『中学校学習指導要領（平成 29 年告示）』（文部科学省，2017c）においては，「生徒が英語に触れる機会を充実するとともに，授業を実際のコミュニケーション場面とするため，授業は英語で行うことを基本とする」（p.151）と，英語で授業を行うことが明記されています。一方，『小学校学習指導要領（平成 29 年告示）』（文部科学省，2017b）においては，明確な記述はありません。アレン玉井（2010）は，基本的には英語で大量のインプットを与えることは重要であるが，同時に児童の学びを中心に考えると，日本語が大きな役割を果たす，と述べています。英語教室における実践から，日本語の役割として，(1) 子どもとの信頼関係を築くため，(2) ユーモアもしくは打ち解けた話をするため，(3) 子どもに注意をするとき，(4) 理解を確認するとき，(5) 英語についての説明のため，の5つを挙げています。そのうえで，言語使用について適切な判断を下すことができるように，児童の学習状況をしっかり把握しておく必要性に言及しています。

松宮（2017）もまた，教師の日本語使用については，目的と場面を意識して選択することが重要である，と述べています。視覚情報を活用することで内容が十分に伝わる場面では，英語を用いるように努め，英語と日本語の違いや文化的な気づきを促す場面，その日の活動の振り返りをクラスで共有する場面では，日本語を使用するなど，目的や場面，児童の実態などを考慮しながら，学習に効果的な英語と日本語の使用を考える必要がある，と述べています。「英語が苦手だから使えない」という姿勢ではなく，児童が何をどのように学ぶかを考え，それに向けてより効果のある言語を選んで使用する姿勢が求められているのです。

3.4　教師の発話の意義と課題

泉（2017）は，授業で用いられる優れた教師発話の特徴を分析し，その発話が児童の英語理解の手助けになるとともに，やりとりのモデルにもなる可能性について考察しています。語彙の表現が限られ，英語のスキルも十分ではない小学生にとって，意味を中心としたコミュニケーション活動において，自分の考えや情報を伝えたり，相手の気持ちを理解したりすることは難しいことから，方略的能力を育成することが大切で，そのための教師発話の重要性を述べています。方略的能力とは，困ったときに聞き返しや確認，つなぎ語やジェスチャーなどを使用して相手とコミュニケーションを行うといった能力です。方略的能力育成については今後の長期的な指導と検証が必要ですが，まずは指導の重要性の認識と教員研修・教員養成が不可欠である，と述べられています。

一方，*JES Journal* では，小学校教員の英語指導についての意識調査が数多く行われ，その結果から自身の英語運用能力への自信のなさや不安が指摘され，課題として残っています（階戸，2012；植松他，2012；町田・内田，2015；松宮・森田，2015；米崎他，2016；池田他，2017；町田他，2017；酒井・内野，2018）。

松宮・森田（2015）は，小学校教員養成課程に在籍する大学生を対象に，児童にわかるように工夫しながら伝えるという「学級担任としての発話」を意識したスピーチ練習を実施し，その効果の検証として学生の自己評価調査をした結果，「学級担任としての英語力」の向上感に役立ったことを示しています。また，町田他（2017）は，ティーム・ティーチングでの授業実践を進める中で，学級担任は外国語不安を軽減させるとともに，外国語活動の授業に対する意識や意欲にも変化を見せ，英語使用の正確さも増していった，と述べています。さらに，学級担任が英語に対する自信を深めることで，英語の使用量が増え，児童に対する英語のインプット量も大きく増加した，と成果を発表しています。

『小学校学習指導要領（平成 29 年告示）』の全面実施に際し，児童の気づきや理解を促す，質・量ともに効果的な教師の発話が求められます。そのために，教師の不安軽減および英語運用能力の向上に関する実践と研究とが，ますます重要になってきているのではないでしょうか。

中村　香恵子・矢野　淳

Q1：小学校での英語の授業で使える教材には，どのようなものがありますか？
Q2：自作の教材を作成する際の留意点はありますか？
Q3：ICT やデジタル教材には，どのようなメリットがありますか？

1.　小学校英語で使える教材

1.1　教科書

　どの教科においても，教育活動の中心的な教材は教科書です。教科書は，学習指導要領に基づいて，学習内容や指導と学習の順序，学習に必要な資料などが示されており，児童にとっても教師にとっても，重要な役割を担っています。小学校英語教育は，これまで正式な教科ではなかったため，国として各学校において共通に指導する内容を示す目的で補助教材が作成され，全国でこれらを活用した授業が展開されてきました。そして 2020 年からは，小学校英語教育の教科化に伴い，『小学校学習指導要領（平成 29 年告示）』に基づくはじめての「検定教科書」が使用されています。この学習指導要領は，「聞く，読む，話す［やりとり，発表］，書く」の 4 技能 5 領域を学ばせるよう定めており，教科書には各単元が目指している技能が明示されていることが求められています。

　教科書における学習項目と配列を明確に示したものを「シラバス」といいます。一般的に中学校以降の教科書は，文法構造を中心に学習内容を配列する「文法シラバス」に基づいているものが多くみられます。小学校では，例えば *We Can! 1* の Unit 1 の学習目標を見ると，「好きなもの，欲しいものなどを聞いたり言ったりすることができる」という言語の機能を中心に構成された「機能シラバス」，また「自己紹介」（Unit 1），「行事・誕生日」（Unit 2）といった話題によって内容が配列されている「話題シラバス」などを併用しているようです。

　では，小学校における英語の教科書にはどのような特徴があるのでしょうか。現在のところ，これまでの小学校の教科書に関する研究はすべて補助教材に対するものになりますが，1 つには海外の教科書との比較をした研究が行われています。執行・カレイラ・舩田・村上（2018）は，韓国と日本のデジタル教材の内容を比較し，韓国の教科書の方が会話の行われている状況（コンテクスト）が明確で，児童の発達段階への配慮が見られることなどを明らかにしています。早瀬（2014）は，韓国や中国と比較して，日本の教科書は「読むこと」「書くこと」の割合が少ないことを確かめています。また，教科書で用いられている語彙を調べた研究として，Uchino（2016）は，教材として用いられるピクチャーカードの語彙が，本当に児童が使いたいと思っている語彙と一致していないことを指摘しています。また佐藤（2018）は，教科書で用いられている機能語の扱いが少ないことを検証し，その扱い方についての実証的な検証の必要性を述べています。

　また，教科書で扱われている活動にも特徴が見られます。志村他（2015）は，*Hi, friends!*

と中学校 1 年生で使用されている英語教科書（4 社）に掲載されているコミュニケーション活動について調べ，中学校英語教科書と比較して *Hi, friends!* に「焦点が意味の伝達に置かれている」などといった特徴（タスク性）が多く見られ，動機づけを高める要素も多く含まれていることを明らかにしています。

　授業においては，教科書だけに依存するのではなく，他のさまざまな教材や教具も利用・活用されることが求められます。教師自らの手による教科書のアレンジや，他の教材を用いて教科書の内容をふくらませるような工夫が必要とされます。

1.2　英語の歌・チャンツ

　英語の歌は，授業の中でよく用いられている教材の 1 つなので，先生方ご自身も授業で歌を使われていた経験があるかもしれません。しかし，中学校以降の授業では特定の文法項目に注目したり，歌詞の意味を考え共感したり，といったことを目的とすることが多くみられるのに対して，小学校で歌を用いる目的は異なっています。小学校では，楽しく歌ったりリズムにのって体を動かしたりすることで，心理的バリアを下げるアイスブレーキングやウォーミングアップを目的とした活動が多くみられています。また，繰り返し聞いたり歌ったり，ときにジェスチャーも加えることにより，主に自然に楽しく英語の音やリズム，単語や表現に慣れ親しむことも目的にされています。

　一方，チャンツとは，英語のフレーズを一定のリズムに乗せて口ずさむもので，これをリズミカルに繰り返し口ずさむことで，英語の話しことばのリズムに慣れ親しむことができます。子どもが好む活動であるため，授業で多く使われています。真崎（2013, pp.180-181）は，歌やチャンツを授業に取り入れることの効果を，先行研究から以下のようにまとめています。

　・単純な反復練習を楽しく感じさせ，繰り返しによって英語に慣れ親しむという情意的効果
　・リズムやメロディを伴うことで記憶が強化されるという記憶保持の効果
　・日本語とは異なった英語の強勢のリズムを意識させるという音声学的効果
　・真正の言語やその国の文化にふれることができるという異文化理解の効果

　川井（2010）は，教員による児童の観察という客観的手法により，チャンツを用いる際，特に高学年においては，クラスの雰囲気や理解度に合わせた教材を選定したり，段階を踏んだ練習や知的好奇心をそそる活動の構築が必要である，としています。同様に，金森（2011）は，チャンツは本来の英語とは異なった不自然なリズムになることがあることを指摘し，授業に取り入れる際には注意が必要である，としています。

　歌やチャンツは，繰り返し聞いたり歌ったりという活動のほかにも，絵本の読み聞かせのように児童とインタラクションをしながら内容を確認したり，語彙や表現を児童自身が入れ替えることによって自分なりの歌やチャンツを作ったり，といろいろな活用も考えられます。導入の際には，全体を何度も聞かせて，歌詞やフレーズが自然に出てくるようになってから歌わせたり言わせたりするのがよいでしょう。

1.3　絵本

　小学校英語教育においては，さまざまな教材・教具が用いられています。*JES Journal* にお

いても，英語の絵本などを用いることによっての効果についての研究が報告されています。畑江・段本（2016）は，サイト・ワード・リーディングの実践が小学生におおむね好意的に受け入れられ，「読めた」成功体験から「読む」「書く」ことへの意欲が向上したことを報告しており，名畑目（2018）は，小学生向けのストーリー教材における文間の意味的な関連度を独自の方法で算出し，その知見に基づき，小学生向けの教材選択および作成への提言を行っています。小学生に対して，主として読み聞かせに活用する絵本については，英語の難易度，内容の適切さ，価格の適切さ，付属音声 CD の有無などについて検討して選択することが求められます。さらに，大型本が出版されているか，入手可能か，についても確認が必要でしょう。

松本（2017）は，文部科学省研究開発校教材用絵本 *In the Autumn Forest* を例に挙げ，文科省が絵本に求めている基準として，①繰り返し構造，②推測を促す構造，③動物の多用，④読者に馴染み深い状況設定，⑤児童自身に結びつけることができる，の 5 点を指摘しています。絵本の繰り返し構造に関して，松本はさらに，内容理解を補うことや繰り返しで生じた文体的リズムにより，英語特有の音声やリズムが把握しやすくなることを期待できる，としています。

Let's Try! 1 の Unit 8 では，野菜や果物の全体像や断面のモノクロ映像を見て，それが何であるか考える活動があります。幼児向け絵本『やさいのおなか』『くだもの なんだ』には，さらに多くの映像が掲載されており，"What vegetable (fruit) is this?" の表現を使って，内容を楽しみながら，英語のやりとりの積み重ねが期待できます。

ストーリーに含まれている異文化理解の要素を取り扱うことも考えられます。*Let's Try! 1* の Unit 9 のストーリーでは，異文化理解の視点も含めて，英語圏のかくれんぼ（hide and seek）における決まり文句 "Ready or not, here I come." が盛り込まれています。鬼ごっこ（playing tag）における決まり文句 "Catch me if you can." に合わせてふれることもできます。また，ストーリーには，"I see something 〜." と，something に形容詞が後ろから続く英文が何度も繰り返されます。この文法事項をあとに学習する際，すでに音声でインプットされていた表現につながり，より強固な定着が期待できます。ウォーム・アップ活動として，「色つき鬼」を英語で行い，"Touch something blue." を何度も聞かせ，この語順に親しませることも一法でしょう。異文化理解というと，異なる部分につい目が行きがちですが，それぞれの文化に似たものがあることにも気づかせたいものです。

小学生に適した読み物教材の選択には，より年齢の高い中・上級英語学習者向けの読み物教材を選ぶのとは異なる視点が必要となります。外山（1983, p.104）は，英語の文章では，同じ単語の繰り返しを日本語以上に嫌う傾向が強いことを指摘しており，中・上級学習者向けの英語の読み物教材は，似た概念であっても単語のバリエーション豊かに表現されていることが考えられます。一方で，小学生向けの教材は，特に日本語とは異なる英語のリズムに慣れ親しむことを大切にしたいので，あえて繰り返しが多く出現する教材がより適していると言えるでしょう。例えば，日本語は，等時性のある，凹凸のあまりなく，各音節はほぼ等しい長さで発音される音節拍リズム（syllable-timed rhythm）が特徴であり，英語は，音節により強勢の有無があり，強い強勢がほぼ等間隔で発音される強勢拍リズム（stress-timed rhythm）が特徴です（竹林，1996：106，116-117；第 1 章第 2 節を参照）。

1.4　紙芝居・DVD

英語の紙芝居も，英語の絵本と同様に，小学校で読み聞かせに活用できます。また，DVD

化されている絵本もあります。小学生が英語の読み聞かせを体験し，すべてを理解しなくとも，理解した部分をつなぎ合わせ全体の内容を推測する力を育てることは，この活動のねらいの1つと言えましょう。内容が少し難しそうだと思われるなら，読み聞かせに入る前に，その概要を簡単に伝えてから読み聞かせに入ることも考えられます。一般にストーリーには，言語と内容という大きな2つの構成要素があり，その両方と初対面であれば，児童にとって理解するには負担が大きくなります。あらすじがおおかたわかっている既製の紙芝居を英語で読み聞かせれば，理解に関する負担は軽減されます。会話文を多くするなどし，ALT（外国語指導助手：Assistant Language Teacher）に易しい英語で書き直してもらうことも考えられます。市販の紙芝居を，絵はそのまま活用し，英文を対応する絵の裏に貼り付ければ比較的簡単に作成できますが，いわゆる「コマ割り」が思うようにいかなければ，分担して絵を描くことも一法でしょう。

　絵本がDVD化された教材として，アミューズソフトエンタテインメント（1996）から，*THE VERY HUNGRY CATERPILLAR* を例にとってみましょう。多くのDVDと同様，音声を①英語，②日本語，あるいは③音声なしで，指導者が実際に読み聞かせる3つのモードが選択できます。特に③は，ナレーションを消してしまうとBGMまで消えてしまうため，BGMのみを残して教師が読み聞かせるモードです。ちなみに字幕もついており，日本語と英語から選択できます。

2. 自作教材

2.1 他教科とのコラボレーション

　米山（2011）は，CLIL（内容言語統合型学習，Content and Language Integrated Learning）について，「ヨーロッパで広く実施されている社会や理科などの"教科"を母語以外の外国語を用いて教える指導法で，教科の学習と外国語の習得を同時に達成する目的を持った教育方法」と説明しています。（第1章第13節，第2章第8節を参照）

　二五（2014）は，難易度が適切であれば，CLILの軸である「内容」「言語」「思考」「協学」を意識した活動は，児童の知的好奇心を刺激し，社会科の教材により英語学習意欲が高められたこと，他教科を学びながらコミュニケーションをとることで，英語学習を強く意識せずにインプット量を自然に増やし，「聞く」「話す」の定着を図ることができた実践例を報告しています。

　CLILを一部取り入れ，これまでの小学校文化において日本語で取り扱ってきた他教科の内容を，英語で復習することも考えられます。例えば，社会科においては，道案内で用いる地図中の建物などを地図記号で記述し，bank（銀行）やshrine（神社）など，ピクチャー・カードを用いながら，英語での言い方も学習し，「地図記号カルタ」を行うことも考えられます。擬人法を用い，"I make a lot of apples." のようなヒントを出す「県名スリーヒント・クイズ」も考えられます。概して，教員がクイズを考える場合は難易度を考慮するものですが，子どもがクイズを考える場合，簡単に正解されたくないという気持ちからか，難易度が高くなってしまい，なかなか正解が出ず予想以上に時間がかかってしまうことがあります。よって，出題者が正解を発表せざるをえなくなるなど，後味の良くない雰囲気になることもありますので，配慮が必要です。

理科においても，自分だけのビオ・トープを作るために，"Log, please." "How many?" "Two, please." のようにやりとりしながら，log（丸太）や rock（岩）を買い，タスク・シートに貼り付け完成させる「買いもの活動」もあります（矢野, 2019）。完成したビオ・トープは，評価時にも使えます。

2.2　ふるさと教材

　丹藤（2019, p.6）は，その実践から，英語教育における地域教材のメリットとして，「トピックや題材が生徒の身近なものであり，それに関する経験や背景知識が豊富であることから，より意欲的，主体的に英語活動に取り組むようになること」を挙げています。小学生がまず自分の住んでいる地域を見つめ，当事者意識を持って「ふるさと自慢」を発見し，日本語を経て英語で発信する活動は，自尊感情ならぬ「地尊感情」を高めることが期待され，意義ある活動と思われます。インターネット上から英語で書かれた地域の説明文や，英語版観光パンフレットなどを入手し，日本語も手がかりに，名所や名産品の英語の言い方を探してみましょう。加えて，こんな活動ができると説明するための動詞を練習する必要があるでしょう。概して名詞の指導に傾きがちで，小学生でも聞いて理解できる英語の受容語彙の多さに驚かされることがあります。より高度な内容を英語で伝えるには，名詞の指導に加えて（述語）動詞も指導することに留意したいものです。さらに，地域を紹介するのに使いやすい英語表現も早めに慣れ親しんでおくとよいでしょう。

表1　名所や名産品の英語の言い方

名産品や表現例　（桜えび：cherry-colored shrimp，　しらす：whitebait, baby sardine）
（地域名）is famous for（its）_____.（～は～で有名です。） "Shizuoka is famous for catching cherry-colored shrimps."（静岡は桜えび漁が有名です。） Here you can _____.（ここであなたは～できます。） "Here you can eat delicious gyoza or fried dumplings."（ここで美味しい餃子が食べられます。）

表2　地域を紹介する英語表現に使われる動詞と形容詞の例

使いやすい（述語）動詞の例	飲食物の説明	ものの評価・様子
do（～をする）　catch（～をつかまえる） eat（～を食べる）　drink（～を飲む） enjoy（～を楽しむ）　go to（～へ行く） have（～を持つ）　jump（～を飛び越える） like（～を好む，～が好きだ） make（～を作る） grow（～を育てる，～を栽培する） play（～をする，～を演奏する） see（～を見る）　　use（～を使う） swim（泳ぐ）　want（～を欲しがる） watch（～を観る） wear（～を着ている，～を身につけている）	bittersweet（ほろ苦い） crispy（かりかりの）　fresh（新鮮な） fruity（フルーティーな） hard（かたい）　hot（辛い，熱い） juicy（みずみずしい） salty（塩からい）　soft（柔らかい） sour（酸っぱい）　spicy（ピリ辛の） sweet（甘い） traditional（伝統がある） yummy（美味しい）	amazing（驚きの） cool（かっこいい） cute（可愛い） delicious（美味しい） fantastic（素晴らしい） gorgeous（華やかな） great（素晴らしい） mysterious（謎めいている）

3.　デジタル教材

　デジタル教材とは，教科書や副教材の内容をデジタル化し，電子黒板などに表示できるようにしたものです。補助教材には，それに準拠したデジタル教材が作成されていました。同様に，

2020年から用いられている検定教科書にも，各社がそうした教材を用意しています。

　文部科学省は各学校における電子黒板の設置を進めており，視聴覚教材・ICT（Information and Communication Technology）活用はより一層促進されていくことと思います。そのような中で，ICTが苦手な先生にとっては，こうした機能を使うことに苦痛を感じている先生もいらっしゃることと思います。しかし，デジタル教材は指示や説明が簡単に行えるうえに，モデルとなる音声や動画を簡単に提示することができ，英語に苦手意識を持つ教師にとってはとても助けとなるツールです。電子黒板を利用してデジタル教材を用いた場合のメリットとして，例えば，神林（2011，pp.52-53）は以下のことを挙げています。

・子どもと同じ方向，同じ画面を見ながら説明できることで，子どもと同じ視線で授業を行うことができ，子どもたちと向き合う時間がより長くなる。
・アイコンをクリックするだけでテンポよく音声や動画を提示できるため，子どもたちの関心や集中力を持続させることができる。
・それぞれの学習活動の大画面提示やワークシートの書き込み例などもあり，指示や説明を簡単に行うことができる。

　それ以外にも，カテゴリー化されたさまざまな単語の絵や音声も含まれており，授業の中で簡単に引き出すことができるため，児童の言いたいこと知りたいことを即座に提示することができ，教師が教材を作成する際にも活用できます。さらに，手書き機能によって従来の黒板のように書き込むこともでき，それらのデータを保存して再利用できる機能もあります。

　デジタル教材を用いた英語授業の効果は，いくつかの研究で実証されています。例えば，久保・金森・中山（2012）が，特別支援学級において自作のデジタル教材を用いた授業を行った結果，子どもたちの興味・関心とともに集中力の向上が見られたことを報告しています。ここで得られた知見は，通常学級においても生かされるものと考えられます。

　こうした利点を考えると，デジタル教材は，教師にとっても児童にとっても多くのメリットがあると言えます。しかしながら，操作に手間取っていたり，先生が機器を操作するだけの人になってしまっては，こうした教材の利点を生かすことはできません。ぜひ先生方には，機器の操作に慣れて使いこなしていただきたいと思います。しかし一方で，デジタル教材はあくまでも授業を補助するツールの1つであり，授業の主役は児童であること，そして教師自身が児童の学びを支援する存在であることも心に留めていただきたいと思います。

第**7**節　指導法のあり方

宗　誠・深澤　清治

> Q1：外国語活動と外国語科の指導には，どのような違いがあるのでしょうか？
> Q2：小学校英語の指導法は，中学校以降の英語指導法とどのように異なるのでしょうか？
> Q3：指導改善のための授業分析は，どのように行われるのでしょうか？
> Q4：授業改善のための評価は，どのように行えばよいのでしょうか？

1. 小学校英語の指導上の留意点

1.1　教科外としての外国語活動と，教科としての外国語科の違い

　2020 年度からの教育課程においては，小学校 3・4 年生（以下，中学年）で週に 1 コマの外国語活動が，小学校 5・6 年生（以下，高学年）で週に 2 コマの外国語科が必修となります。中学年の外国語活動は，教科外の取り扱いとなるため，学級活動，総合的な学習の時間と同じような位置付けであり，高学年の外国語科は，国語科や算数科と同じような教科としての位置付けとなります。

　教科外と教科の違いは，大きく言うと次の 2 点です。
　① 教科には検定教科書があり，教科外には検定教科書はなく，副読本・教材などを利用する。
　② 教科は数値による評価（評定）を行うが，教科外には評価はあるものの評定はない。

　したがって，2020 年度以降は，中学年は引き続き文科省から配付されている *Let's Try! 1, 2* を使用することになっており，文言による評価を行うのに対し，高学年では各自治体で採択された検定教科書を使用し，数値による評価（評定）を行うことになります。

1.2　教科となって変わること，教科となっても変わらないこと

　教科外としての外国語活動から教科としての外国語科へと移行したことで，一番変わった点と言えば，「外国語を使って何ができるようになるか」ということを求められるようになったということです。これまでは，「外国語の音声や表現に慣れ親しませること」が目標の 1 つとして挙げられていましたが，教科としての外国語科では，「外国語の音声や文字，語彙，表現，文構造，言語の働きなどについての知識」や「実際のコミュニケーションにおいて活用できる基礎的な技能」を身につけさせることが求められています（第 1 章第 1 節を参照）。

　もう 1 つは，これまでの外国語活動で「聞くこと」「話すこと」という音声言語を中心に指導をしてきたことに加え，「読むこと」「書くこと」の文字指導が加わったことでしょう。

　その一方で変わらないこともあります。それは，「コミュニケーション活動」の重視ということです。『小学校学習指導要領（平成 29 年告示）』でも，目標の (1) に書いてあるように，「実際のコミュニケーションにおいて活用できる」ようにすることが大切であり，文法的なきまりの「教え込み」や表現パターンの「記憶」が中心になるような学習にすべきではありません。

言語が使われる場面をしっかり設定し，その中で聞いたり話したりする活動，そして児童の興味・関心を刺激する活動を設定し，児童が「自然に」習得できたという状況を作り出していく必要があると言えるでしょう。

1.3 4技能の指導はどうあるべきか

　前述のように，高学年の外国語科では，「聞くこと」「話すこと」に加え，「読むこと」「書くこと」の指導が加わり，さらに，「話すこと」が「話すこと［やりとり］」，「話すこと［発表］」の2領域に分けられたため，4技能5領域を指導することになります。これは，3年生から外国語活動が導入され，音声を中心としたやりとりにはある程度慣れ親しんでいることを受けて，高学年では文字に慣れ親しませるということを意図しています。しかしながら，「言語習得において，音声は文字に先行する」という大原則があります（第1章第3節を参照）。「音声が先」ですから，高学年の「聞くこと」「話すこと」については，「活用できる基礎的な技能」を求められているのに対し，「読むこと」「書くこと」については，「文字に慣れ親しませる」程度となっています。

　もう少し具体的に考察してみます。『小学校学習指導要領（平成29年告示）』の目標では，「読むこと」に関しては，「活字体で書かれた大文字と小文字の識別とその読み方を発音できるようにすること」，「音声で十分に慣れ親しんだ簡単な語句や基本的な表現の意味がわかるようにすること」が求められています。また「書くこと」に関しては，「大文字，小文字を活字体で書くこと」，「音声で十分に慣れ親しんだ簡単な語句や基本的な表現を書き写すこと」，「例文を参考に，音声で十分に慣れ親しんだ簡単な語句や基本的な表現を用いて書くこと」などが求められています。いずれにしても，3・4年生の外国語活動で大文字と小文字のアルファベットに慣れる程度の活動をしている程度なので，5・6年生についても，「読むこと」「書くこと」に関する到達目標をできるだけ低く設定し，児童の負担を小さくすることが肝要です（宗，2018）。

2. さまざまな指導形態と指導者の役割

2.1 ALT／JTE とのティーム・ティーチング（TT）

　ALT（外国語指導助手：Assistant Language Teacher）または JTE（日本人英語講師：Japanese Teacher of English）と担任の TT が一番よく見られる授業形態です（第1章第9節を参照）。授業の主体は担任であり，ALT は文字どおり "assistant" であるべきですが，これまでも ALT や JTE に授業プランから指導まで丸投げしてしまう例も散見されました。あらためて，『小学校学習指導要領（平成29年告示）』でも，学級担任または外国語を担当する教師が中心になって授業を行うことになっていることを確認し，ALT や JTE は担任の英語力をサポートする役割であるということを認識しておく必要があるでしょう（文部科学省，2009）。

　小学校に勤務する学級担任の中には，英語力に自信を持っていない先生も少なからずいることでしょう。したがって，小学校教員も自己研鑽として自分の英語力や英会話力を向上させる努力はする必要がありますが，英語のモデルであるとともに「英語を使おうとするモデル」，言い換えると「英語でのコミュニケーションのモデル」ということを意識しなければなりません。単語レベルで，身振り手振りを交えながら，ときには黒板に絵をかきながらやりとりをす

ることが大事なことです。英語がうまくなくても，「人と人とが仲良くなるにはどうすればよいのか，どんな姿勢が大切なのか」ということを見せるコミュニケーションのモデルを目指すことが重要です（文部科学省，2017f）。

　もう1つのモデルとして，「学習者のモデル」と言うことがあります。わからない単語や表現が出てきたときに知っているふりをするのではなく，ALTに質問したり，電子辞書で調べたりして解決する姿勢を見せるのです（宗，2011）。さらに，今後は教員が英語使用者としてのモデルとなれるように，英語力の自己研鑽も必要でしょう。

　ALTやJTEの役割としては，まずは英語のモデルとなることが挙げられます。ネイティブな英語（またはネイティブに近い英語）を聞かせ，英語独特の音やイントネーションに慣れ親しませるのです。その際，/r/と/l/の発音の違いや"th"の発音など，細かいところまで指導をするようなことはせず，一緒に授業をする担任が，「○○先生の英語を聞こえたとおりにマネしてみよう」という程度の促しをする程度にとどめるほうがよいでしょう。

　また，外国から来たALTであれば，「異文化を伝える人」としての役割もあります。例えば，「大好きなマイク先生が住んでいたからこそ，カナダについてもっと知りたい」という気持ちが湧き出るように，「人」を入り口として，異文化への関心を高めることができます。そのときに対象となるのは「カナダ」という1つの国でしかありませんが，強い動機づけによって高まった意欲は，子どもの目を他の国々への向けさせるきっかけになるはずです（宗，2007）。

2.2　担任のみの授業

　ALTやJTEとのTTができれば，英語での投げかけや発音の部分は彼らに任せることができます。しかし，自治体の財政状況から見ても，あるいは人材確保という点から見ても，すべての授業をTTで行うことは不可能です。そこで，今後は担任のみの授業時数も増えてくる可能性もあります。前述のように，担任は多くの場合，英語の発音は苦手という先生も多いかもしれません。そこで，デジタル教科書やCD教材などICT機器を活用して，英語の音声に慣れ親しませる手立てが必要でしょう。また，自分の持っている英語力の中で英語による語り掛けをするような，いわば「開き直り」も重要でしょう。小学校教員といえども，英語については8年間程度の学習をしてきています。ロシア語では難しいですが，英語であれば1から100までの数字で数えることもできるのですから，自信を持って英語での語り掛けをしてほしいと思います。

2.3　専科教員の授業

　教師の働き方改革の一環として，担任の負担を減らして空き時間を作るために，中学校の英語教師や英語に堪能な小学校教師を英語専科教員として配置する事業が始まりました。担任の空き時間を作ることが目的であるので，その時間は専科教員単独で授業を行うこととなっています。

　専科教員は，英語に堪能で指導力の高い方もいるのですが，ときに小学校児童の扱いに不慣れだったり，指導理念を十分に理解していなかったりすることもあります。その結果，いきなりアルファベットや単語を書かせたり，細かい発音の指導や文法指導をしてしまったり，というケースも見られます。専科教員に対して，小学生への指導のあり方に関する研修の機会を設定することが重要であり，それは教育委員会の責務であるとも言えるでしょう（第1章第9節

を参照）。

3. 授業分析のあり方

　日本では，1つの授業を同僚や近隣の学校の教師が参観し，さまざまな観点からお互いに気づきや意見を述べ合い，授業力の向上を目指して主体的かつ自律的に校内研修を行う伝統があり，「授業研究」と呼ばれています。1990年代後半には海外にも紹介され，Lesson Study として教育研究上のユニバーサルな概念の1つとなっています（秋田・ルイス，2008）。校内および対外的に授業を公開することを目的に行う研究授業も，広い意味での授業研究の一環と言えるでしょう。そして，授業を参観，評価する際に何らかの観点を事前に設定したうえで，授業を録画し，記述・文字化することで授業の再現性を高め，詳細な授業記録をもとに批評・評価・検討する活動を「授業分析」と呼びます。以下では，英語科授業分析のあり方について，いくつかの観点を示していきます。

3.1　なぜ授業分析を行うのか

　授業分析の目的は，自己および他者による授業の検討を通して，教師の授業力を高めることです。授業がうまくいかないときに，私たちはその原因を，児童のやる気のなさや学校施設，地域環境などの外的要因のせいにしがちです。一方，ある授業の目標が達成されたか，授業活動は児童に適したものであったか，児童とのやりとりは意味のあるものであったか，などの観点から自己点検あるいは相互点検を行うことは，授業力の向上を通して将来の教師の成長を図るという観点から重要なことです。さらに教師の教え方の研究だけでなく，教師たちが授業の観察を基礎として，どこで学びが成立し，どこで学びがつまずいたかなど，学びの経験の意味を探求することを通した，子どもの学びの研究の重要性も指摘されています（日本教育方法学会，2014）。

3.2　誰が授業分析を行うのか

　授業分析を誰が行うかによって，その方法も変わってきます。大別して，授業者自身が行う自己分析と，本人以外が行う他者分析に分けられるでしょう。自己分析は，録音・録画した授業を視聴することを通して内省的な検討を行うことです。それに対して他者分析は，一般には校内研修のようにすべての同僚教師が授業を参観後，授業者を含めて全員で本時授業のねらいが達成されたかどうか，などワークショップ型で行うものです。このほか，授業内談話研究者によって，教師と児童間のやりとりやフィードバックの詳細な分類，検討などが行われることもあります。

3.3　どのような観点から授業分析を行うのか

　授業分析はさまざまな観点から行われますが，研究授業などで最も一般的な視点は，本時の目標が達成されていたかという点でしょう。それはある場面において使われる特定の英語表現であったり，通じるレベルの正確さを伴った単語や句の発音であったり，ほかにも，児童たちが共同で活動しながら「誕生日の同じ人を見つけよう」などのタスクがうまくできたか，などがあります。このような授業の断片的な分析に加えて，授業の全体的な流れとして教師や児童の発言について教師自らが自分自身や児童の発話を振り返り，教師による活動指示の明確さ，

児童の発言に対するフィードバックの適切さ，などを点検することもあります。例えば，外国語授業がどの程度コミュニケーションを志向しているかを測定するために開発されたCOLT（Communicative Orientation of Language. Teaching Observation Scheme）では，授業内の詳しい交流分析を行うことができます（Fröhlich, Spada, & Allen, 1985）。このほか，授業中の日本語・英語の使用比率などの量的分析，さらには教師発問の質的分析なども行われています（金田，1986）。

中・高等学校で英語授業を1時間の流れの中で観察する視点として，米山・多田・杉山（2013，pp.19-21）は，次の14の視点を示しています。これらの中には，小学校英語の時間にはなじみにくいもの（②，③，⑥，⑫など）もありますが，教科化に向けて有意義な授業観察・分析視点を与えてくれるでしょう。

① Warm-up	⑤コミュニケーション活動	⑨質問	⑬激励，注意
②復習	⑥リーディング	⑩誤り	⑭生徒の様子
③新教材の導入	⑦ICTの活用	⑪指示	
④練習	⑧黒板	⑫授業の構成	

3.4 どのような方法で授業分析を行うのか

研究授業などで最も一般的な分析方法は，ワークショップ型の授業後に検討を行う形式です。授業観察中は，各参加者は当該授業についての気づきをメモし，授業後，まず授業者が本時の授業のねらいおよび授業の自評を述べたあと，グループにわかれて授業検討を行い，模造紙のような大きな紙に例えば「教師・児童」「良かった点・改善点」の2×2＝4つのコラムを設け，話し合いを通して2色の付箋紙へ「良かった点」と「改善点」を書いて，それぞれを貼り付けて，最後に全体検討でグループ発表をするものです。ここで重要なことは，批評や改善すべき点の指摘だけで終わるのではなく，具体的な改善策も含めて，参加者全員が主体的に参加し，お互いの授業力を高め合うような授業分析，検討になっていることを心掛けることでしょう。

4. 授業改善を目指した授業評価の方法

「評価」という用語は，評価の規準・基準をもとに学力を点数化したり，学習者を序列化したりする意味で使われることもありますが，ここでは，教師による当該授業をより充実したものにすることや，教師の授業力向上を目指した一連の検討作業を指します。生産技術の改善モデルとして使用されるPDCAを当てはめると，P（授業設計Plan），D（授業実施Do），C（授業評価Check），A（次の授業改善Action）のうち，特にC，授業のチェックにあたるものです。小学校英語においては，授業の評価規準・基準，評価方法などの研究がまだ少ないように思われます。

4.1 評価の観点

まず，指導者の立場からは，授業が本時の指導のねらいを達成していたか，各活動は指導のねらいに合っていたか，時間配分は無理のないものであったか，学習内容（言語材料や活動）の分量や難易度は児童にとって適切であったか，教材や視聴覚器具は効果的に用いられていたか，児童への発問や指示・説明は明確であったか，教室で十分な英語を使用していたか，などの観点

が挙げられます。また，児童側の反応から，全員が一斉・グループ・個別活動において授業に積極的に参加していたか，児童の興味・関心にあった活動が仕組まれていたか，教師は児童の発話に適切に応えていたか，などによって日常的な授業改善につなげることができるでしょう。

4.2　いろいろな評価方法（行動観察，振り返りカード，ワークシートなど）

　小学校英語においては，これまでは教科のようにテストという測定・評価手段をとることが一般的ではなかったため，授業中の子どもたちの行動観察が主な評価方法となります。このほかにも，授業後の振り返りカード，ワークシート，パフォーマンス評価，質問紙，インタビュー，ポートフォリオ，各種チェックリスト，などを通して評価を行います（第1章第11節，第2章第6節を参照）。その際，『小学校学習指導要領（平成29年告示，総則)』が述べるように，児童のよい点や進歩の状況などを積極的に評価し，児童が自らの学習を振り返って学習したことの意義や価値を実感できるようにすることで，自分自身が目標や課題を持って学習を進められるように評価を行うことが大切とされています。児童の学習状況の評価をもとに授業改善を図るためには，教師評価とともに，児童による相互評価や自己評価も取り入れた多様な評価方法が求められていると言えるでしょう。

4.3　評価者の観点（教師評価・ピア評価・自己評価）

　前述の米山・多田・杉山（2013）による授業観察の視点をもとにしながら，誰が評価を行うかを考えてみましょう。まず，授業研究会などの機会に，他者（教師）からの評価があります。公開授業後の研究協議において参観者あるいは指導助言者から助言やコメントを得ることは，次時の授業の改善につながるでしょう。次に，校内の同僚との定期的あるいは非定期的な相互評価（ピア評価）によって，よりインフォーマルな形で授業改善に取り組むことができます。それは学校における教師間の同僚性の構築にも役立つでしょう。さらに，教師自らが授業の成否について内省的に検討することができます。自己評価の方法として，自らの授業をビデオ録画して，客観的にチェックすることもできます。それを通して，自分がよく使う表現や児童指名のパターンなど，思わぬ発見があるかもしれません。ほかにも，授業の終了時に児童に書かせる「授業振り返りカード」などを丹念に分析することは，次時への授業改善に向けての大きな参考になるでしょう。

4.4　今後の評価のあり方（多様な方法，Can-Do リスト，主体的に取り組む
態度など）

　『小学校学習指導要領（平成29年告示，総則)』のもとで「指導と評価の一体化」がさらに求められる中で，外国語科の指導にあたっては，「知識及び技能」「思考力，判断力，表現力」「主体的に学習に取り組む態度」の3観点の目標が偏りなく実現されるよう，単元など内容や時間のまとまりを見通しながら，授業改善を行うことが求められています。外国語の早期導入によって，児童それぞれの学びは学習経験，学力，態度面においてますます多様化するでしょう。さらに，都市部と過疎地域のように地域差による学力差が生じてくるかもしれません。教師評価のみに頼るのでなく，Can-Do list を用いた児童による自己評価，自主学習などを取れ入れた例もあるように，今後は多様な方法で児童の学習状況を正しく見取ることを通して，教師自身の授業改善につなげていく必要があるでしょう。

第8節　動機づけからみた小学校英語

野呂　徳治

Q1：子どもの動機づけは，大人の動機づけとどう違うのですか？
Q2：子どもの外国語学習への動機づけは，どのようにして高まるのですか？
Q3：小学校英語において，児童の動機づけを高めるにはどうすればよいのですか？

　小学校英語が正式な教科となったことで，児童の期待もこれまで以上に大きなものとなると考えられます。本節では，英語学習に対する児童の期待をどのようにして継続的な動機づけとして高め，維持していくかをテーマに，小学校英語における児童の英語学習への動機づけについて考察します。

1.　子どもの動機づけの特徴

　小学校英語における動機づけを考えるにあたって，まずはじめに，動機づけとは何かについて考えてみたいと思います。動機づけは，簡単に定義すると，「行動や心の活動を，開始し，方向づけ，持続し，調整する，心理的なプロセス」（上淵，2012）とされています。この定義の中の「方向づけ」というのは，言い換えれば「目標志向」ということであり，それは「快」を求め（すなわち，正の目標に接近し），「不快」を避ける（負の目標を回避する）ことであると説明することができます（上淵，2019）。小学校英語の文脈に置き換えてみると，ALT（外国語指導助手：Assistant Language Teacher）の先生と話がしたいから勉強を頑張る，あるいは，みんなの前で恥をかきたくないから発音練習をしっかりする，というような行動が考えられます。

　小学校英語における児童の動機づけを考える際のもう1つの重要な観点は，子どもの動機づけと大人の動機づけの違いです。大人を対象とした外国語学習における動機づけ研究は数多く行われていますが，そこで得られた結果をそのまま子どもに応用したり，一般化することはできません（Carreira, 2006; Li, Han, & Gao, 2019）。言うまでもなく，子どもと大人とでは，身体面・認知面・情意面の発達はもとより，日常的に接する物理的世界，人間関係，経験など，多くにおいて異なるからです。子どもの動機づけの特徴としては，大人に比べ，より即物的であり，短期間での変動がみられ，結果の評価に客観性を欠くといったようなものが考えられます。児童の英語学習への動機づけを高め，それを維持するためには，このような子どもの動機づけの特徴を考慮する必要があります。先に述べた目標志向性の観点からすると，子どもにとって「快」とは何か，「不快」とは何か，を考えることなしに，子どもの動機づけを考えることはできないことになります。

2.　外国語学習における動機づけ

　動機づけを説明する理論は，複数の分野にまたがる包括的な，いわばグランド・セオリー（grand theory）と呼ばれるようなものから，それを構成する下位のミニ・セオリー（mini-theory）に至るまで，さまざまなものが提案されています。ここでは，外国語学習における動機

づけを説明する代表的な理論として，Gardner, R.C. と Lambert, W. による統合的動機づけ・道具的動機づけ，Deci, E.L. と Ryan, R.M. による自己決定理論に基づく内発的動機づけ・外発的動機づけ，そして Dörnyei, Z. による第二言語動機づけ自己システムを取り上げ，それぞれについて概観し，小学校英語における動機づけを考える際の参考としたいと思います。

2.1　統合的動機づけと道具的動機づけ

　Gardner and Lambert（1972）は，外国語学習の際に目標言語文化やそれが話されているコミュニティに対して学習者が抱く態度や姿勢に着目し，学習者が目標言語文化・コミュニティに興味・関心やあこがれを抱いたり，さらには，そのコミュニティの一員になりたいというような，自己同一化の対象として外国語学習に取り組んでいる際の動機づけを「統合的動機づけ」と名付けました。一方，学習者が目標言語文化・コミュニティに対して特段の興味・関心を示さず，単にその言語を学ぶことで得られると考えられる利益を求めて学習に取り組んでいる場合の動機づけを「道具的動機づけ」と呼び，学習者の目標志向性を2つに分類しました。前者は長期間にわたって学習を持続させるのに役立つのに対し，後者は，功利的な目標志向であることから，動機づけの強度は大きいものの，利益が得られてしまえば学習への動機づけが失われてしまう，というふうに説明されました。統合的動機づけ，道具的動機づけの二分法による説明は，外国語学習の動機づけの有力な説明理論として長く支持されました。しかし，学習者の目標志向性が必ずしも統合的，道具的の二者択一的に説明できるものではないこと，またグローバル化が進む現代社会にあっては，外国語学習において目標言語文化社会への自己同一化の願いがどの程度現実的なものなのかが疑問視され始め，次第に，統合的動機づけ，道具的動機づけの二分法による動機づけ理論は顧みられなくなっていきます。

　Gardner らの統合的動機づけ，道具的動機づけによる二分法は，それだけで外国語学習の動機づけのすべてを説明するには，たしかに不十分と言わざるを得ないでしょう。しかし，統合的動機づけ，道具的動機づけという概念自体は，今でも，外国語学習の動機づけを説明する際の有益なものとして活用できると思われます。特に，小学校英語における動機づけを考える際には，例えば，英語と日本語の違いに気づき，ことばの面白さや不思議さを体感すること自体，統合的な動機づけの一端と見なすことができます。また，クイズやゲームで勝敗を競うことが道具的動機づけとして働き，それがやがて英語学習への興味・関心といった統合的動機づけにつながることも考えられるのです。

2.2　自己決定理論による内発的動機づけ

　自己決定理論とは，Deci, E.L. と Ryan, R.M. によって提唱された人間の行動やパーソナリティの発達に関する動機づけ理論です（西村，2019）。自己決定理論では，動機づけのない状態，すなわち，無動機づけから外発的動機づけ，そして内発的動機づけに至る動機づけの連続体が仮定され，段階的な動機づけの形成が想定されています（Deci & Ryan, 1985, 2002）。Vallerand and Ratelle（2002）によると，内発的動機づけとは，その行為を遂行すること自体に興味・関心や喜びを見いだしてその行為を行おうする動機づけであり，それに対して外発的動機づけとは，その行為に付随する結果を得るためにその行為を行おうとする動機づけを指します。この動機づけの連続体に沿った段階的な形成が生じる条件として，自律性・有能感・関係性の3つの基本的心理欲求の充足が挙げられています。自律性の欲求とは，自分の経験や行

動を自分で決定したいという欲求を指します。有能感の欲求とは，自分の能力を発揮し，それを示したいという欲求です。また，関係性の欲求とは，他者と良好な関係を形成し，他者から援助を受けたり，他者の手助けをしたいという欲求のことです。これらの欲求が満たされることにより，人間の動機づけは，自己決定性が高まり，外部統制的なものから，より自律的なものへと発達するとされています。

　自己決定理論は，子どもを対象とした外国語学習の動機づけ研究に幅広く応用されています。日本人小学生を対象としたCarreiraによる一連の研究では，上述した3つの心理的欲求が満たされることで，児童の英語学習に対する動機づけが内的に調整されたものになる可能性が示唆されています（Carreira, 2006, 2011, 2012）。一方で，年齢とともに内発的動機づけが減少したり，逆に外発的動機づけが増えることが観察された研究も報告されています（Li, Han, & Gao, 2019）。小学校英語の授業においては，ペアワークやグループワークを効果的に活用することは，児童の関係性の欲求を満たすことにつながり，スモールステップによる学習活動の設計で有能感を経験し，さらに学習の振り返りを通して，自律性の高まりが期待されます。このような活動は，小学校英語における児童の動機づけをより自律的で内発的な動機づけへと発達させていくことにつながると考えられます。

2.3　第二言語動機づけ自己システム

　外国語学習の動機づけを説明する理論として近年最も注目を浴びているものの1つに，Dörnyei, Z. により提唱された第二言語動機づけ自己システム（L2 Motivational Self System, 以下，L2MSS）があります。L2MSSでは，学習者が将来なり得る姿である可能自己（possible selves）という概念を用い，それを「自分自身を未来に導く案内役（future self guides）」として位置づけています。L2MSSの動機づけモデルは，①L2理想自己（ideal L2 self）②L2義務自己（ought-to L2 self）③L2学習経験（L2 learning experience）の3つの構成要素からなります。このうち，①と②が可能自己に相当するものであり，①は，自分自身が外国語学習を通して目指す理想の姿を指し，それにより自分の姿とのギャップを埋めようとする動機づけが生まれ，②は，自分の周囲の人間が自分に期待している姿に関する信念のことであり，その姿を達成することで満足感を得ようとしたり，逆に，それが達成できない場合のマイナスの結果を避けようとしたりする動機づけが生まれるとされています。③は，教師やカリキュラム，クラスメートなどの学習経験からの影響に関連する学習動機を指し，①，②に影響を与えるとされています（Dörnyei, 2009）。

　子どもを対象としたL2MSSの実践研究は，これまではあまり行われておりませんでした。その理由としては，子どもはまだ十分に自意識が発達していないことと，そのため，パーソナリティの体系である自己システム（self-system）がまだ発達途中であり，親や教師，クラスメートなどの身近な周囲の学習環境の影響により大きく影響を受けることなどが挙げられています（Li, Han, & Gao, 2019）。しかし，だからと言って，L2MSSのモデルが子どもに応用できないというわけではなく，むしろ，子どもの特質をきちんと捉え，その発達レベルに応じた可能自己を見いださせる指導は十分に考えられます。例えば，＜実践編＞第5節で紹介されている「将来の夢」をテーマとした授業において，児童が発表する自分の「将来の夢」は，L2理想自己の1つの形としても捉えることができます。高学年の児童であれば，英語が日常生活の中でどのように使われているか，親や教師などの身近にいる人間が自分に対してどのような期待を

抱いているのか，といったようなこともある程度客観的に認識できるようになります。それは，L2義務自己の形成にそのまま結びつくものとも言えるでしょう。

3. 子どもの外国語学習と動機づけ研究

　世界的な外国語教育の低年齢化の進展に伴い，子どもの外国語学習に対する実証的な動機づけ研究も新たな展開を見せるようになりました。児童を対象とした外国語学習への動機づけ研究のうち，近年，特に注目を集めているものに，「自発的にコミュニケーションを行おうとする意欲」を表す Willingness to Communicate（以下，WTC）に関するものがあります。WTCはもともと母語（第一言語）によるコミュニケーション研究において概念構成されたもので，コミュニケーションへの傾向性を表す指標とされました。現在では，外国語（第二言語）の学習においても，学習者要因の1つとして，同様にその妥当性が認められています。母語でのWTCが，場面・状況によらない個人の性格特性として捉えられているのに対し，外国語学習におけるWTCは，個人の性格特性に加え，コミュニケーションへの自信や動機づけなどの影響を受けて変動する，特定のときに特定の個人とコミュニケーションをしたいという欲求に代表される場面・状況依存変数として理解されています（MacIntyre et al., 1998）。2020年度から完全実施となる『小学校学習指導要領（平成29年告示）』では，外国語教育の目標の1つとして「主体的にコミュニケーションを図ろうとする態度」を掲げています。この目標は，上で述べた外国語によるWTCと軌を一にするものであると考えることができます。授業および授業外のさまざまな場面で，児童が自ら積極的にコミュニケーションを図ろうとする態度・姿勢を育てることは，まさに児童の外国語によるWTCを高めていくことにほかならないからです。

　日本人児童を対象にした小学校英語におけるWTCに関係する研究としては，Nishida and Yashima（2009）や物井（2015）によるものが挙げられます。Nishida and Yashima は，外国への興味・関心およびWTCへの影響要因として，学習者の性格特性である外向性（extraverted personality tendency），学習環境要因である授業教室の雰囲気（classroom atmosphere），英語学習に対する動機づけおよび自分自身の英語能力の認知（perceived competence）を取りあげ，それらの影響関係の解明を試みています。また，物井は，Nishida and Yashima が取りあげたものとほぼ同様の要因を取りあげ，児童を対象にしたWTCモデルの構築を試みています。また，上述したように，WTCや動機づけは，自信や不安など，他の情意的な要因とも密接に関係があることが知られています。小学校英語においても，小島（2013）による小学校外国語活動の経験が中学校における英語学習に対する自己効力感に及ぼす影響に関する研究をはじめとして，学習者の情意的な側面に焦点を当てた実証研究がされるようになっています。小学校英語の本格実施にあたり，今後，授業教室における児童のWTCや動機づけ，そして，広く情意領域を対象とした実践研究がますます求められようになるでしょう。

4. 小学校英語における児童の動機づけを高める指導

　児童の英語学習への動機づけを高めるためには，どのような指導が望ましいのでしょうか。ここでは，代表的な指導モデル・理論として，前述の Dörnyei, Z. による動機づけのプロセスモデルと Keller, J. M. による ARCS 動機づけモデルを取り上げ，それぞれについて概観し，小学校英語における動機づけの指導のあり方について考えてみたいと思います。

4.1　動機づけプロセスモデル

　Dörnyei（2001）は，外国語学習の動機づけを高めるためには，動機づけの発達のプロセスを重視する必要があるとして，その発達モデルを提案しています。Dörnyei による動機づけのプロセスモデルでは，動機づけの発達を「選択動機づけ（choice motivation）」「実行動機づけ（executive motivation）」「動機の振り返り（motivational retrospection）」の３つの段階で説明しています。「選択動機づけ」は，動機づけの形成段階を指し，達成しようとする目標や課題の選択・設定に関わります。「実行動機づけ」は，課題に取り組む際に，課題と直接関係のないことを考えたり，課題達成に対する不安を感じたり，あるいは課題遂行を困難にする物理的な障害の影響を受けたりしますが，その中にあって動機づけを積極的に維持し保護する段階です。「動機の振り返り」は，課題遂行後に課題遂行状況を振り返り，自己評価を行う段階を指します。この振り返りを通して，そのあとどのような目標・課題を選択・設定し，取り組もうとするのかが決定されることになります。

　さらに，Dörnyei（2001）は，この動機づけプロセスモデルに基づき，動機づけの指導プロセスを４段階に分け，合計 35 の動機づけを高めるための指導ストラテジーを提案し，各段階に割り当てています。第１段階は，「動機づけの基本的な条件の整備」の段階で，「楽しく，支援的な教室の雰囲気」「規律とまとまりのある学習者集団」などに関する８つの指導ストラテジーが提案されています。第２段階は，「初発の動機づけの形成」の段階です。ここでは，「学習者の目標言語に関する価値や姿勢」「学習者が抱く成功への期待」「学習者に適した指導教材」などに関わる８つの指導ストラテジーを挙げています。さらに，第３段階として，「動機づけの維持と保護」のための指導について，「刺激的で興味深い学習」「動機づけを高めるような課題提示の仕方」「学習者の自尊心の保護と自信の強化」などに関する 14 の指導ストラテジーを提案しています。最後の段階は，「振り返りによる肯定的な自己評価の奨励」であり，「動機づけを高める要因の促進」「動機づけに対するフィードバックの促進」「動機づけを高めるような報酬や成績の提供」などに関する５つの指導ストラテジーを挙げています。

　動機づけプロセスモデルに基づく指導では，教師は，学習者の動機づけを高めるためには，一人一人の動機づけがどの発達段階にあるかを見極めたうえで，段階的に指導を展開することが必要であるとされています。

4.2　ARCS 動機づけモデル

　動機づけの指導に関わるもう１つの理論として，Keller, J. M. により開発された ARCS 動機づけモデル（ARCS Model of motivation）があります。これは，動機づけの指導を授業設計に位置づけたもので，必ずしも外国語教育に特化して開発されたものではありませんが，小学校英語における動機づけの指導にも十分応用可能なものと考えられるものです。Keller は，授業設計モデルの体系化にあたり，授業をより「魅力ある（appealing）」ものにするための枠組みとして，ARCS 動機づけモデルを開発しました（Keller, 1979, 1983, 1987; 鈴木, 1995）。ARCS 動機づけモデルでは，学習意欲を「注意（Attention）」「関連性（Relevance）」「自信（Confidence）」「満足感（Satisfaction）」の４つの要因に分け，それぞれに対応する学習意欲を高めるための具体的なストラテジーが提案されており，これら４つの要因のそれぞれの頭文字を取って名付けられています。

　ARCS モデルによると，学習課題に対して，まず，「面白そうだ」，「何かありそうだ」とい

う学習者の「注意（A）」が喚起されます。次いで，「やりがい」や「自分の価値との関わり」である「関連性（R）」に気づくことになります。さらに，学習課題の成功体験を重ね，それを自分の努力に原因帰属ができれば，「やればできる」という「自信（C）」が生まれ，さらに，学習を振り返り，「やってよかった」という「満足感（S）」が得られれば，次の学習への意欲につながっていくとされています（鈴木, 1995）。

ARCS モデルで提案されている「注意」「関連性」「自信」「満足感」の 4 つの要因は，先に紹介した Dörnyei（2001）が提唱する外国語学習の動機づけ発達モデルに基づく動機づけ指導ストラテジーとも共通するものです。Dörnyei による動機づけのプロセス指向の指導および ARCS モデルから『小学校学習指導要領（平成 29 年告示）』における外国語科の目標を見てみると，そこで規定されている 3 つの資質・能力のうち，「知識及び技能」の目標とされている「日本語と外国語との違いに気付き，これらの知識を理解」することと，「実際のコミュニケーションにおいて活用できる基礎的な技能を身に付ける」ことは，プロセスモデルにおける「動機づけの基本的な条件の整備」から「初発の動機づけ」及び「動機づけの維持と保護」の段階にあるとみることができます。これは，ARCS モデルでは「注意」と「関連性」に関わるものです。英語の基本的な語彙や文にふれ，その音韻的特徴や言語構造に「気づき」，どのような意味内容を表すのかといったようなことに興味・関心を抱くことになります。2 つ目の「思考力・判断力・表現力等」の目標のうち，「身近で簡単な事柄について，自分の考えや気持ちなどを伝え合う」ことについては，プロセスモデルでは「動機づけの維持と保護」の段階にあたり，ARCS モデルによる「関連性」および「自信」を促すことにあたるものです。実際のコミュニケーション活動を通して英語学習にやりがいを感じるとともに，児童に自信を持たせることが大切になります。3 つ目の「学びに向かう力，人間性」に関わる目標である「主体的に外国語を用いてコミュニケーションを図ろうとする態度」は，プロセスモデルでは，「動機づけの維持と保護」から「振り返りによる肯定的な自己評価の奨励」の段階で育成されるものであり，ARCS モデルでは「自信」と「満足感」によって強化されることになります。児童のコミュニケーション活動に対し，適切なフィードバックを与えるとともに，児童自らの振り返りを通して，英語によるコミュニケーションに対して自信を深め，満足感を得ることにより，主体的，かつ，より自律的な学習への取り組みを促すことが期待されます。

5. まとめ

本節で概観し，小学校英語への応用可能性を検討した動機づけの理論やモデルは，そのどれをとってみても，人間の動機づけを包括的に説明できるというものではありません。それはとりもなおさず，人間の動機づけ，あるいは，より広く，人間の心理がいかに複雑なものであるかを例証するものとも言えるでしょう。私たち教師にできることは，これらの理論やモデルで提案されている概念やメカニズムを参考に，個別の授業内外の教授学習場面・文脈に即して児童の動機づけの発達の様相を観察・分析し，それに基づいて児童一人一人に応じた指導を工夫・実践することで，彼ら自らが英語学習に対する動機づけを高め，それを維持していく，その支援をすることなのです。

第9節　指導者論

長嶺　寿宣・萬谷　隆一

Q1：英語指導の経験がないのですが，経験を積めば成長・変化するものですか？
Q2：英語指導に自信が持てず，不安を抱えています。私だけでしょうか？
Q3：英語を母語とする外国人教師と日本人教師に，意識の違いはありますか？
Q4：担任教師，専科教師，異校種の英語教師に，意識の違いはありますか？

1.　指導経験と教師の成長

　教師の成長・変化は，客観的に観察・評価が可能な教師の行動的側面と，客観的に観察・評価が困難な認知・情動的側面の双方から考える必要があります。例えば，教室英語を何度も使ったり，言語活動を繰り返すことによって，教師の「慣れ」が生じます（階戸，2012）。授業展開にある程度の規則性が見えてくると，学習者もスムーズに行動するようになります。このような教師の慣れによる指導のしやすさを，行動的側面における教師の成長，あるいはポジティブな変化と捉えることができるでしょう。しかし，それだけでなく，認知・情動的側面でのポジティブな変化が教師によって自覚されない限り，教師としての真の成長（自己肯定感や自己効力感の向上，キャリアを通した充実感など）は実感されない可能性があります。

　1990 年代後半に至るまで，教師の成長は，行動的側面のみが重視される形で議論された経緯があります。文脈から切り離された指導テクニックの模倣（imitation），規範的な教師発話の暗唱（recitation）などを通して，模範とされる教師に同化すること（assimilation）が教師の成長であると考えられていたからです（Britzman, 2003）。教師行動偏重型のトレーニングと定量化が可能な結果主義のアプローチは，授業実践の中で教師が直面する多種多様な問題を解決する能力の伸長に繋がらないと批判され（Johnson, 1999），教員養成の分野において，認知・情動面における変容を促すための文脈に根差した探求的アプローチ（exploratory approach）が注目され始めました。今日においては，教職経験の振り返り（リフレクション，内省，内観）と，その活動の継続により生じる教師の内的変容，特に信条（teacher beliefs）の変容が重視されています（猪井，2003；篠村，2018；志村・中村，2012）。

　小学校では，教師がかつて学習者として経験したことのない英語指導が展開されています。意識したいのは，小学校教師が中高生のときに経験した英語の授業・学習を通して形成された信条（例：「文法用語を使わないと英語指導・学習はできない」「リスニングの伸長には，速い発話の英語を聴く必要がある」「読み書きができるようになっていないと英語は話せない」）の存在です。教師の信条は指導実践に影響します。信条を顕在化させ，信じていることが妥当か否かを検証できる環境（例：第二言語習得などを専門とする大学教員に問い合わせることが可能な人的ネットワーク）が欲しいところです。ただし，教師の信条，教育的姿勢，指導実践経験などは，効果的な指導を支える重要な要素ではあるものの，それらのみが効果的な指導を決定づけるものではありません。当然ながら，学校と教室の文化，学習者の特徴や傾向，学習者の習熟度についての文脈的知識や多様な学習者のニーズに臨機応変に対応する能力が不可欠で

す（Driscoll, 1999；OECD, 2009）。

　教師が経験を通して学ぶ事柄には，言語化しやすく他者とすぐに共有できるものと，心身の感覚を通してぼんやりと体感される言語化しにくいものがあります。後者は，教師の情動・感情に関連するものが多く，本人の感覚を介して習得される身体知，あるいは実践知と見なすことができます（Nagamine, Fujieda, & Iida, 2018）。授業時に教師が「なんとなく感じるもの」にも意識を向け，それがネガティブなものであれば，後々，指導実践に関わる不安感を増幅させる一因ともなりうるため，日誌などに感覚を記録し言語化を試みる，あるいは同僚に「ぼんやりと感じている何か」を伝え，他者の協力を得ながら「本人がしっくりくる言語表現」を探求する意識を持ちたいものです。教師の成長は，必ずしも指導経験の長さに比例するわけではありません。教師の成長には，自身のニーズの明確化とそのニーズに対応した「対話的で理論的な学び」が欠かせません（Johnson & Golombek, 2016）。指導経験の質を継続的に検証し，教育現場で知覚したことを複眼的に捉えようとする努力が求められます。

2. 英語指導に関わる不安や懸念

　小学校教師の英語指導に関わる不安や懸念は，数多くの研究者や調査機関によって調査されています（例：日本英語検定協会，2013；文部科学省，2014；Nagamine, 2018）。調査結果から，特に英語力や指導力に関わる不安は長きにわたって払拭されていないことや，異教種の教師に比べて比較的高い不安感を抱いている実態（志村・中村，2012），不安や懸念の対象が多岐にわたる傾向（米崎・多良・佃，2016）を見いだすことができます。

　米崎他（2016）は，この特殊性を明らかにした点で示唆に富みます。彼らは，小学校教師174名（20代64名，30代50名，40代27名，50代32名，60代1名）から得られたアンケート調査のデータをもとに，外国語活動の低学年化と英語指導の教科化に対する不安を，計量テキスト分析を通して構造化しました。教科化については，評価する行為（評価方法や評価能力），英語発音技能，児童の苦手意識に関与する可能性（特に，成績評価することにより生じる影響），英語の言語的知識を含む専門性（知識・技能），児童の学習負担が増大すること，母語習得への影響などに関して不安や懸念を抱いていることが明らかになりました。さらに，低学年化については，3・4年次外国語活動と5・6年次外国語科との内容的接続・連携（中学校との接続・連携も含まれる），教科書の活用や教材作成，苦手意識の早期化に関わる不安，英語教育の早期化の意義や本質が理解できないことにより生じる不安が報告されています。児童の状況を把握し，児童のことを想うが故に生じる小学校教師に特有の不安・懸念とも言えるでしょう。これらを軽減・払拭するためには，小学校と中学校の連携強化だけでなく，地域の大学や教育センター・教育委員会などとの「人的つながり」を促進・強化することが肝要です（米崎他，2016, p.144）。

　不安や懸念は，教師の自己効力感を低下させる一因となりえます。昨今の変革期は特に，小学校教師の感情・情動を注視する必要があります（Nagamine, 2018）。教師の「声」を研修に反映させ，持続可能な研修システムを構築する試み（例：池田・今井・竹内，2017；町田・内田，2015）が組織的に進められることを期待したいところです（第1章第10節を参照）。

3. 英語を母語とする外国人教師と日本人教師の意識の差違

　英語を母語として習得した，もしくは母国の公用語として使用する中で英語を習得した外国

人教師は，日本人教師と異なる言語習得の感覚や英語の学習観・指導観を持っていることは想像に難くないでしょう。ほとんどの外国人教師にとって，英語は，暗示的・手続き的知識（implicit procedural knowledge）の習得を中心とした獲得（acquisition）のプロセスを経て身についた言語です。一方，特に文法訳読中心の学校教育を通して英語を学習（learning）した日本人教師は，文法規則などの明示的・宣言的知識（explicit declarative knowledge）の習得が先行します。英語で意志疎通を図ることよりも，試験対策が主たる学習目的となります。この経験の違いは，明示的・宣言的知識と暗示的・手続き的知識のどちらを重視するか，文法構造分析能力などのメタ認知能力強化とコミュニケーション能力育成のどちらを優先するか，といった教師の意識に影響を与えます（Nagamine, 2017）。

外国人教師については，地域人材を活用する動きもみられますが，便宜上ここでは ALT（外国語指導助手：Assistant Language Teacher）に限定して考察します。2013 年 11 月から 2014 年 3 月にかけて 1,807 名（小学校 655 名；中学校 890 名；高校 262 名）の ALT を対象に行われた大規模な実態調査（アンケート調査）があります。これまでに 2 回にわたって調査結果の報告が行われており（上智大学, 2015, 2018），自由記述データに関しては，別途，狩野・尾関（2018）によって分析結果が報告されています。これらをもとに，ALT と日本人英語教師の意識，特に小学校英語教育の文脈に関連する事柄を以下にまとめます。回答者の属性などを含む基本情報は，上智大学（2015, 2018）と狩野・尾関（2018）を参照してください。

小学校の英語指導に携わる 8 割以上の ALT が授業計画の大部分を任されている，と報告されています。経験年数 1 年未満であっても，約 4 割の ALT が授業のすべてを一任されています（狩野・尾関, 2018）。自分自身で作成した教材やインターネットから探し出した教材を活用しているため，教材と授業内容の適切さについて不安を抱いている ALT が少なくありません。本来，学級担任の日本人教師が行うべき作業を ALT が任されている実態が見えてきます。ALT は教師の役割を，「教える・教え込むこと」ではなく「英語を使ったコミュニケーションの相手を務め，動的な授業を展開すること」と認識し，自身を，英語の発音を確認するための「CD プレーヤー」ではなく児童の「対話相手」として活用されることを望んでいます。また，目的や状況に応じて英語と日本語を使い分ける必要性を認識しており，児童に英語で話し掛けるときには，「使用する語彙」「発話のスピード」「簡潔な英文の使用」に注意し，児童の理解度や意思疎通のしやすさを意識する ALT が多いようです。そのため，日本人教師が日本語による説明中心の授業を実施したり，ALT の英語の発話を逐一日本語訳することを問題視する傾向があります。児童の英語の間違いを訂正する頻度には個人差があるようですが，児童の間違いには比較的寛容な姿勢を示す傾向があります。さらに，日本人教師に対しては，クラス・マネジメントの役割やサポートを期待しており，「ほとんどの ALT が授業の内容のみならず児童の様子やクラス全体の運営を気にかけ，そのような事柄を日本人教員と共有したい」（狩野・尾関, 2018, p.119）と感じています。授業実施前に学習障害を抱える児童などの情報共有を求める声が多く，授業実施後には，日本人教師から授業改善のフィードバックを得たいと考えています。その一方で，日本人教師の多忙さを理解しているが故に，授業計画・実施のプロセスにおいて協働作業ができないことを複雑な思いで受け止めていることがわかります。

Breckenridge & Erling（2011）は，存在意義（職務，役割など）を見い出せず，学校の教員組織の中で孤立する ALT の実態を報告していますが，今日に至っても同様の問題が未解決であることがうかがえます。外国人教師を教員組織の一員として受け入れ，意思疎通を図るこ

とによって，意識の差を埋めるのではなく，異なる意識を理解しようとする努力が求められています。この点に関しては，後述する専科教員が果たす役割にも期待したいところです。

4. 異校種（小・中・高）の教員の意識の差違

　教師の指導観・信条は，目に見えるものではありません。しかし，教育と授業実践の方向性を決定づけるものであると考えられます。以下に紹介する，他校種の教師と比較して小学校教師がどのような指導観・信条の特徴を持つかという視点での研究から，中学校以降とは異なった，小学校における英語を通した教育の姿を捉えるための手がかりが得られるものと思われます。

　萬谷・中村・神林・中村（2010）は，ビデオを用いた質的データ収集法（multivocal eth-nography）を用いて，小中の教師の授業観，評価観などに関わる信条の違いを探索的に調査しました。小学校教師4名に中学校授業のビデオを，逆に，中学校教師3名には小学校授業のビデオを視聴させ，授業について教師が討論する中で観察された発言を分類し，分析しました。その結果，小学校教師においてはコミュニケーションへの積極性や個別化した丁寧な指導を重視する傾向，中学校教師においてはスキル習得それ自体を目標とする傾向が見いだされ，両者には異なった質の信条があることが明らかになりました。小学校教師の中学校授業に対する反応には，授業のゴールがコミュニケーション活動というよりは，教科書の暗記や発表活動などスキル練習であることへの疑問，中学校の授業では活動が短く速いペースであり，小学校に比べて生徒1人ひとりへの注意が十分に払われていないのではないかという疑問などが含まれていました。一方，中学校教師の反応には，難しい項目が十分に練習されていないことへの懸念やリピート量が不足していることなど，指導の効率や定着の工夫についての意見表明が見られました。

　志村・中村（2012）は，より系統的，量的に他校種の教師と小学校教師の認知を調査しています。小学校教師93名，中学校・高等学校英語教師94名（中学校48名，高等学校46名）に対する質問紙調査を行い，因子分析により，学習者や同僚との人間関係を重視しつつ，指導内容の充実を図ろうとする「理想的教師像」，文法を学ぶことや英語を訳すことを重視するような「言語形式重視」，学習指導要領の理解や英語指導の知識・技能を重視する「英語指導への自信」という，小中高の教師に共通した3つの因子が検出されました。これら3つの因子得点を用いて，小中高の教師の言語教師認知を比較した結果，第1因子「理想的教師像」については，小学校教師が中学校・高等学校教師より強く，第2因子「言語形式重視」，第3因子「英語指導への自信」は，中学校・高等学校教師のほうが小学校教師よりも強いことがわかりました。また，クラスタ分析により，小学校教師の中に，中学校・高等学校教師に比べて，英語指導に不安を感じている教師が多いこともわかりました。

　志村・中村（2012）の研究は，小学校教師と中学校・高等学校教師の信条の差異を理解するうえで，前述した萬谷他（2010）の研究結果とつながる部分が多く，示唆的です。志村・中村（2012）の研究結果から，中学校・高等学校教師が英語そのものの習得を重視する信条を持っているのに対し，小学校教師は良好な人間関係を作りながらコミュニケーションを通じて英語に親しませるという信条を持つ傾向があると言えます。小学校教師は英語を教える中で，中学校・高等学校教師が有する言語教育特有の信条とは質的に異なる，小学校で子どもを教育するための多面的な役割に関わる信条を持ち込んでいることが示唆されます（笹島・ボーグ，

2009；中村，2014，p.157）。

　小学校教師と中学校・高等学校教師は，発達段階の異なる学習者を対象とし，学級担任と専科の違い，学校文化の違い，教科・領域の目標の違いなどにより，指導の根幹となる信条や意識が異なっていると考えられます。教師認知を探ることは，小学校と中学校・高等学校の英語教育を繋げていくうえでの障害や共通点のありかをあらかじめ特定し，互いを尊重し理解することを促すための一助となり，また小学校英語と中学校・高等学校の英語指導を効率的に繋げていくための模索の一助ともなるでしょう。

5. 担任と専科の特徴・役割

　「平成30年度英語教育実施状況調査」（文部科学省，2019b）によると，全国の学級数全体の81％で学級担任が，11％の学級で専科教員が指導しており，専科教員が指導するケースはまだ多くありません。しかし今後，教科担任制の広がり，教師の業務改善，認定講習の実施などの動きを背景に，専科教員の配置が増加することが予想されます。

　専科教員が増えていく流れの中で，小学校の教師は外国語活動・外国語の担当者として誰が適任であると考えているのでしょうか。Benesse教育研究開発センター（2011）の調査（小学校教員2,326人）によれば，「学級担任が教えるのがよい」が26.3％，「専科教師が教えるのがよい」が72.9％でした。萬谷（2019）も335名の小学校教員に同様の調査を行い，38.6％が担任が望ましいと答え，57.9％が専科教員が望ましいと答えたと報告しています。米崎他（2016）も，小学校教員の不安に関わる自由記述のキーワード分析から，専科教員への要求があることを報告しています。小学校教員の総体としては，専科教員を望む声が多いことがわかります。

　この背景には，専科教員が一般に英語力・英語指導力が高いという認識があると思われます。専科教員（およびALT，地域人材）については，英語指導の視点から活動計画と授業展開を考えること，英語のインプットを与え適切なフィードバックを与えること，英語力を評価すること，異文化理解の指導など，その専門性の高さが認識されています（文部科学省，2017f，p.159）。またバトラー後藤（2018）が，小学校における初歩の英語指導にこそ高い英語力が必要である，と指摘しているように，英語力が高い専科教員が果たすことができる役割は大きいと言えます。ただし，前述の萬谷（2019）の調査では，「専科教員が望ましい」と答えた小学校教師が挙げた理由として，英語力・専門的指導力が必要であるという積極的な理由だけでなく，多忙感や時間的余裕からの理由も多く，専科教員の教育的意義以外の要素があることも示されています。さらに，英語指導の経験年数が少ない教師に「専科教員が望ましい」と考える傾向があること，「英語が好きではない」「自信がない」と考える教師も同じ傾向がありました。つまり階戸（2012）の研究結果と同様に，小学校教師にはまだ英語指導に前向きではない教師もおり，それ故に専科教員の指導を望む声があることが推察されます。

　以上をふまえると，今後の専科教員の増強は大きな課題であると言えるでしょう。ただし，専科教員の増強を進めるうえで重要な点は，専科教員が小学校で英語を指導することのすべてにおいて優れているわけではなく，課題を抱えるケースもあるという点です。バトラー後藤（2005，p.189）は，韓国の小学校英語専科教員の中で「担任に移行した教師」の意識を調査し，その理由として，担任の方が「児童の英語力や習得状況を把握しやすい」，「給食時間や休み時間などに英語の練習ができる」が挙げられた一方，専科教員の課題として「多くの児童を教えると児童理解が薄くなる」，「英語力，習得状況の把握がしにくくなる」，「児童を統制する教室

運営が難しくなる（心理的距離がある）」などが挙げられたと報告しています。また韓国の小学校英語の専科制度についての小学校教師の意見を調査した Kang（2011）は，専科制度に反対する小学校教師が50％おり，その反対理由として，専科教員の初等教育に対する理解不足，小学校教師としての専門性の脆弱さを挙げています。専科教員には，高い英語力・専門的指導力の強みがありながら，そうした悩みがあることを知る必要がありそうです。

　しかしながら，児童理解やクラス経営での課題は，専科教員のすべてに当てはまるわけではなく，優れた児童理解と指導力のある専科教員もまた多く存在します。さらに，上記のような児童理解やクラス運営の課題も，多くの学校・学級・児童をかけ持ちして指導する立場にある専科教員に特に当てはまるものと考えられ，指導クラス数や児童数が限られた学校環境で教える専科教員あるいは教科担任には必ずしも当てはまらない可能性もあります。いずれにせよ今後とも，専科教員の養成や制度の整備にあたっては，松川（2018）が指摘するように，単に英語力が高いというだけでなく，小学校の実態に精通した人材を育成すべきです。

　学級担任については，従来より英語指導の中心となる担当者として従事してきましたが，その強みは文部科学省（2017f）が指摘するように，クラスの実態に合わせた活動計画の作成や授業の展開，他教科との連携，児童へ安心感を与えるコミュニケーションのモデルを提示する，主に態度面を評価する，などの役割を果たすことができる点です。加えて Sharpe（2001）は，学級担任の特徴として，児童理解に基づいた柔軟な指導力を持っている，と指摘しています。同様に Driscoll（1999）も，学級担任が児童に合わせて，また学校現場ごとに異なる環境に柔軟に対応して教えるメリットを示す研究結果を報告しています。学級担任は英語指導力に課題がある，と考えられがちですが，英語指導の面でも，担任教師の力が発揮される側面も報告されています。杉本・湯川・森（2010）は，データ数は少ないものの，専科教員と学級担任による絵本読み聞かせの指導効果において差があるかどうかを検証し，学級担任でも遜色がなかった，と述べています。学級担任による英語指導の良さとして，わからない子たちの理解と動機づけを高めるための足場掛けへの配慮があったことが注目されます。

　前述のように，英語力や英語指導力の面で不安を抱える学級担任は少なくないため，今後も研修の必要性が高いことは確かです。しかし学級担任は，児童理解を深めやすい立場にあり，子どもの実態に合わせて指導できるという特性を持っています。松川（1997, p.148）が述べるように，学級担任が，児童の主体性を引き出しながら英語を通じたコミュニケーションの指導を進めることにおいて，大きなメリットを有しているということを意識したいところです。

　今後は，専科教員，学級担任のどちらがよいかという二択の論議にとどまらず，どのような指導の体制と協働が，教科の趣旨を実現するために，さらに子どもたちのために望ましいのかという視点でも，研究と実践，制度の整備を進めるべきでしょう。例えば，学級担任と専科教員などの特徴をふまえて，どのようなパターンのティーム・ティーチングが効果的かという視点での研究（例：バトラー後藤・武内，2006a，2006b）や，専科教員との協働によって，担任教師がいかに指導力・英語力を高め，自立してゆけるのかという視点での研究や実践（例：町田・内田，2015）も意義があるでしょう。

堀田　誠・横田　玲子

> Q1：小学校外国語活動や外国語科を教える教員を養成するため，大学ではどのような科目が開設されているのでしょうか？
> Q2：教員研修はどのように実施されてきたのでしょうか？
> Q3：学校内の教員研修をするとき，誰に講師をお願いしたらいいのでしょうか？
> Q4：自分自身で英語力を向上させていくためにはどうしたらよいですか？

1．小学校に英語が導入された当時の教員養成の状況

　平成14（2002）年度から完全実施となった『小学校学習指導要領（平成10年告示）』によって，小学校で英語活動を実施できることになりましたが，その当時，教員養成に関しては課題が見られました。広く認識されていた課題は，小学校教員の養成課程に在籍する大学生が英語を学ぶ機会が少ないこと，そして，英語の指導法を学ばずとも，小学校教員免許を取得して小学校現場に立つことができるということでした。Peck（2001）は，子どもに英語を教える指導者は，英語に関する知識，英語指導技術に関する知識・技能・経験，そして子どもに対する洞察力が必要である，と述べていますが，小学校に英語活動が導入された当時，そうした資質をもった教員を養成するための十分な準備や対応がなされていたとは言えない状況がありました。直山（2003）は，当時の小学校教員養成課程に在籍する大学生が，一般教養としての外国語4単位を取得するにすぎないことにふれながら，元来，小学校教員が英語を教えること自体が想定されていないため，コミュニケーションの道具としての英語力を備えることが小学校教員の条件になっていないことに言及しています。柳（2003）も，小学校教員が，一部の例外を除いて，教員養成教育を経て英語教育を行うことが考慮されていなかった，と述べています。北條・松崎（2004）は，公立小学校に教諭として採用された初任者151名に対して英会話活動に関する意識調査を行いましたが，その調査結果から，初任者が教材やカリキュラムを作る知識や技能に関して不安を感じていること，さらに，今後の研修において，英語のゲームの進め方，教材や教具の作り方，英語の歌の指導法，ALT（外国語指導助手：Assistant Language Teacher）と活動案を話し合う際の英語表現を学びたいという希望を持っていたことを報告しています。粕谷（2009）は，小学校の先生方が抱える指導の不安について，大学の教員養成課程で指導を受けることがなかった先生方が，英語を指導することに不安や抵抗感を持つことは自然なことである，と述べています。

　平成14（2002）年度には，小学校で英語活動の指導が行われるようになりましたが，小学校教員養成課程では，小学校現場で英語を指導することができる大学生を育成する授業科目は，全国的に十分に提供されていたとは言いがたい状況でした。松川（2004）は，当時，「専門基礎技能としての英語運用力，英語教育・国際理解教育に関連する諸科学についての知識及び技能，カリキュラム・デザイン能力」（p.200）を重視して教員養成を行う必要性がある，と述べていました。こうした状況下にあって，高橋（2003），泉（2008），松崎（2009）のように，教

員養成を行う一部の大学では，大学生に対して，小学校における英語の指導者としての力を育成する取り組みも行われていました。

2. 小学校教員養成課程における外国語（英語）コア・カリキュラムの登場

　平成27（2015）年，中央教育審議会（2015）は「これからの学校教育を担う教員の資質能力の向上について 〜学び合い，高め合う教員育成コミュニティの構築に向けて〜」という答申を取りまとめ，その中で，大学が教職課程を編成するときに参考とする指針（教職課程コアカリキュラム）を作成して，教員育成における全国的な水準の確保を行う必要がある，との提言を行いました。「教職課程コアカリキュラム」とは，「教育職員免許法および同施行規則に基づき全国すべての大学の教職課程で共通に修得すべき資質能力」（教職課程コアカリキュラムの在り方に関する検討会，2017，p.2）が示されたものです。文部科学省からの委託を受けた東京学芸大学は，平成29（2017）年3月に「英語教員の英語力・指導力強化のための調査研究事業」報告書を発行し，小学校教員養成を行う大学において修得させるべき内容を「小学校教員養成外国語（英語）コア・カリキュラム」（東京学芸大学，2017）としてまとめました。「小学校教員養成課程 外国語（英語）コアカリキュラム」（文部科学省，2019a）には，[1] 外国語の指導法，および [2] 外国語に関する専門的事項に関する科目の内容が，以下のように記されています。

※本稿では，原典に則し，「コアカリキュラム」と「コア・カリキュラム」を併用しています。

---

[1] 外国語の指導法（2単位程度を想定）
【全体目標】小学校における外国語活動（中学年）・外国語（高学年）の学習，指導，評価に関する基本的な知識や指導技術を身に付ける。
【学習内容】
　1．授業実践に必要な知識・理解
　（1）小学校外国語教育についての基本的な知識・理解
　　①学習指導要領　　②主教材　　③小・中・高等学校の連携と小学校の役割
　　④児童や学校の多様性への対応
　（2）子どもの第二言語習得についての知識とその活用
　　①言語使用を通した言語習得
　　②音声によるインプットの内容を類推し，理解するプロセス
　　③児童の発達段階を踏まえた音声によるインプットの在り方
　　④コミュニケーションの目的や場面，状況に応じた意味のあるやり取り
　　⑤受信から発信，音声から文字へと進むプロセス
　　⑥国語教育との連携等による言葉の面白さや豊かさへの気づき
　2．授業実践
　（1）指導技術
　　①英語での語りかけ方　　②児童の発話の引き出し方，児童とのやり取りの進め方
　　③文字言語との出合わせ方，読む活動・書く活動への導き方
　（2）授業づくり
　　①題材の選定，教材研究
　　②学習到達目標に基づいた，指導計画（年間指導計画，単元計画，学習指導案等）や1時間の授業づくり
　　③外国語指導助手（ALT）等とのティーム・ティーチングによる指導の在り方
　　④ICT等の活用の仕方
　　⑤学習状況の評価（パフォーマンス評価や学習到達目標の活用を含む）
【学習形態】
　上記の内容を学習する過程においては，教員の講義にとどまることなく，以下の学習形態を必ず盛り込むこととする。
　　①授業観察：小・中・高等学校の授業映像の視聴や授業の参観

②授業体験：授業担当教員による指導法等の実演（学生は児童役として参加する等）
③模擬授業：1単位時間（45分）の授業あるいは特定の活動を取り出した模擬授業の実施

[2] 外国語に関する専門的事項（1単位程度を想定）
【全体目標】小学校における外国語活動・外国語の授業実践に必要な実践的な英語運用力と英語に関する背景的な
　　　　　知識を身に付ける。
【学習内容】
1. 授業実践に必要な英語力と知識
　(1) 授業実践に必要な英語力
　　①聞くこと　　②話すこと [やりとり，発表]　　③読むこと　　④書くこと
　(2) 英語に関する背景的な知識
　　①英語に関する基本的な知識（音声，語彙，文構造，文法，正書法等）
　　②第二言語習得に関する基本的な知識　　③児童文学（絵本，子ども向けの歌や詩等）
　　④異文化理解

以上，文部科学省（2019a）から抜粋して引用

　これまでの教員養成に関する研究では，次のようなことが指摘されてきました。名畑目（2014）の研究では，初等教育を専攻する学生が，英語力を身につけること，英語を正しく発音できること，実際の指導法について経験的に学ぶことを強く望んでいることが明らかになりました。また，内野（2015）は，小学校教員養成課程を設置している大学の外国語活動指導法のシラバスを分析した結果，外国語活動の指導法がまったく実施されていない大学があったことを報告し，大学において外国語活動に係る授業が行われる必要がある，と述べています。さらに，酒井・内野（2018）は，初等英語科教育法を受講する国立大学教育学部に在籍する大学生に対して，その初回授業終了時に質問紙調査を実施した結果，受講のスタート時点では，受講者がコア・カリキュラムが提案する学習内容をほとんど理解していなかったことを明らかにし，コア・カリキュラムの学習内容を学ぶことに意義がある，と主張しています。

　これらの研究から考えると，「外国語（英語）コアカリキュラム」に基づいた教員養成の実施によって，小学校教員を目指す学生に対して有意義な学びの機会が提供されるものと思われます。各大学では，小学生に対する理解可能なインプットのあり方を指導したり，学生同士での模擬授業を実施したりするなど，「外国語（英語）コアカリキュラム」に基づいた教員養成を開始しています。「外国語（英語）コアカリキュラム」の登場によって，日本における小学校教員の養成は新たなステージに入ったと言うことができるでしょう。

3. 教員研修について

　2011年度からの小学校外国語活動完全実施に向けて，実際はその3年前から文部科学省中心として，さまざまな研修が実施されてきました。町田（2015）は，大学と教育委員会の協力のうえでの研修会の有効性を具体的に述べています。そして米崎（2016）は，教員研修のあり方について，トップダウンの研修よりも教員同士がコミュニケーションを取ることができるネットワークの構築の必要性を述べています。また町田（2017）は，専門家と学級担任とのティーム・ティーチングによる1年間の継続的な研修を実施して，担任の英語の授業に対する不安の値が軽減されたことを述べるとともに，教員研修モデルの開発を行いました。さらに池田（2017）は，教員の不安の軽減と効果的な指導力を伸ばすために，持続可能な校内研修システムを開発する必要性を述べています。

　2011年度以降の教員研修を，文部科学省によるリーダーを育てるための研修，各自治体が

主催する研修と自己研鑽のための研修教材，2016年から実施されている小学校教員の中学校教諭二種免許状［外国語（英語）］取得のための免許法認定講習，と大きく3つに分類し，以下に概略を紹介します。

4. 文部科学省による研修

文部科学省は，平成25年に公表された「グローバル化に対応した英語教育改革実施計画」に基づいて，平成26年度より5年間にわたって，外部専門機関（ブリティッシュ・カウンシル）と連携し，英語教育推進リーダーの養成に努めました。詳しい内容は，文部科学省から出されている『小学校外国語活動・外国語　研修ガイドブック』（文部科学省，2017f：以下，『ガイドブック』）に記されています。この研修はカスケード形式を取り，専門機関による研修が最終的には全国の小学校の現場へと流れるように計画・実施され，これが大きな形での，そして全国的に行われた教員研修と言え，概要は以下のとおりです。

4.1　英語教育推進リーダー中央研修

全国の自治体の推薦を受けた約200人の教員が表1に示す形態で，年間2回の中央研修を受け，1回目と2回目の間には授業実践の課題を，また2回目のあとには研修実習の任務を負い，各地区において中核教員を育てるべく，研修を受けました。その内容は，『ガイドブック』（p.164）に以下の表1，表2のように記されています。この中央研修を受けた教員は，文部科学省より「英語教育推進リーダー」として認証され，各地域で講師として中核教員を育てる任務を負い，以下の中核教員研修を行いました。

表1　中央研修の内容

① 集合研修Ⅰ	参加者自身の授業実践のための研修	
② 授業実践	集合研修Ⅰで研修した内容をもとに所属校において授業実践を行う	
③ 集合研修Ⅱ	研修実習を行うための研修	
④ 研修実習	講師として研修内容の伝達・普及を行う	

4.2 中核教員研修

上記の研修を受けた教員が，各地域の教育委員会が計画する「中核教員研修」の講師となり，各校からの中核教員を対象に中央研修で受けた内容を伝達する形で，各学校で中核となる教員のための研修を実施しました。14時間程度の研修が計画・実施され，中央研修の内容が伝達されました。14時間の研修内容で，中核教員研修は研修が，単に知識の伝達に留まらず，授業実践で生かされるべく計画・実施されました（『ガイドブック』，p.165）。

表2　平成29年度集合研修の主な内容

聞くこと	1	絵本の活用
	2	絵本の活用 マイクロティーチング
	3	歌の活用
話すこと	1	ロールプレイの活用
	2	マイクロティーチング
初期段階の 読み書き	1	アルファベットの活動
	2	教員のための知識
	3	文字が持つ音についての活動

4.3　校内研修

中央研修から中核教員研修へ，と専門機関による内容が各小学校へと伝わっていく流れが作られ，中

核教員として研修を受けた教員は，自身の英語力を高めるとともに，各自の学校において以下のことが期待され，各小学校における研修体制が構築，実施されていきました。

・外国語教育に関する校内研修の計画・実施
・校内研修における授業公開
・外国語活動・外国語の授業を行う他教員に対する日常的な助言・支援
・専科指導
・年間指導計画や授業で使用する教材等の作成

　各小学校の諸事情に合わせて，中核教員により研修内容が伝達され，また中核教員の公開授業によって，他の教員が授業の望ましい形を学んでいきました。文部科学省は校内研修で使用できる DVD 教材や『ガイドブック』を作成し，文部科学省が意図する研修は平成 30 年度末までに徐々に現場へと広がっていきました。

5. 自治体による研修および自己研鑽のための研修材料

　前述のような文部科学省の指導のもとに行われるカスケード型の研修のほかに，多くの自治体がそれぞれの指導主事や教育センターを中心とした研修を行ってきました。その内容は自治体によりさまざまですが，現場の教員の「英語を教えることに対する不安と苦手意識」を汲み取り，主に以下の 2 点がその研修の主な内容となっていき，それは今後も多少の形を変えながら継続されるものと思われます。

(1) 授業づくりのための研修
(2) 教員の英語力向上のための研修

　(1) の授業作りのための研修は，校内での中核教員やその他の教員の公開授業を中心に指導案作り，教材研究，また公開授業のあとの事後検討会によって進められます。また (2) については，クラスルーム・イングリッシュの練習，歌やチャンツの紹介とその練習，また教員同士が Small Talk やフリー・トークを続けることによって，自身の英語力を向上させ，授業の中で少しでも自信を持って英語を使うための研修となります。

　これらの実施には，各学校の管理職の前向きな態度が大切であることは言うまでもなく，学校から要請があれば，指導主事が派遣されてその学校のニーズにあった具体的な研修が実施されたり，教育委員会を通して，大学教員との連携の中で大学教員が小学校に赴いたりして研修を行う場合も多く存在します。もちろん，英語推進リーダーがいる学校では，その教員が研修を行うことも可能ですし，中核教員は各小学校でその学校に必要な研修を計画・実施できることでしょう。

　研修を計画するうえで大切なのは，現在英語を担当している教員だけではなく，校内の全教員が前向きに英語に取り組むための具体的なものの提示と，それを単にことばで伝えるだけではなく，内容が 1 人ひとりの教員の手のひらに乗るような工夫です。発音であれば，実際にそれをやってみる，チャンツを使ってやってみる，授業の内容づくりであるのなら，実際のたたき台としての指導案を提示して話し合う，といったことです。いよいよ教科化が始まり，主体的，対話的な学習を盛り込んだ授業作り，また評価についての研修はこれからさかんに行われることになるでしょう。

　自治体によっては，研修内容をパッケージにして小学校に提示し，研修経験がなくても研修

を実施できるように準備，配布している自治体もあり，『ガイドブック』の 200 ページ以降に詳しく紹介されていて大いに参考になります。

　そのほかに，インターネットを利用した教員のための研修材料がさまざま存在します。これらは自己研鑽のために個人的に教員が自己研鑽に利用することはもちろんでありますが，校内研修の内容としても非常に有効です。YouTube には，文部科学省のサイトに「発音トレーニング ～小学校外国語活動・外国語 研修ガイドブック」というシリーズがあります。日本人にとって苦手な発音をわかりやすく，また楽しく教師が学べるように工夫されています。また同様に，YouTube 上の大分県教育庁チャンネルには「どう教える？小学校英語」というシリーズで，いくつも動画が紹介されています。各自が容易にアクセスでき，研修が開かれるのを待つのではなく，自らさまざまな方法を用いて各自が研修を積むことが望まれます。

6. 中学校英語免許取得のための講習

　文部科学省は，「小学校英語教科化に向けた専門性向上のための講習の開発・実施事業」を平成 29 年度より開始し，各都道府県の大学において，小学校教諭が中学校教諭二種免許状［外国語（英語）］を取得できるプログラムが実施されています。週末利用型，長期休暇利用型と形式はさまざまでありますが，1 年から 3 年で，二種免許状取得に必要な 14 単位，内訳は，教科に関する科目 10 単位（英語学，英語文学，英語コミュニケーション，異文化理解）と，教職に関する科目 4 単位（小学校英語教科化に対応した新たな指導法，模擬授業，教材開発など）の取得が可能であり，終了とともに二種免許状が交付されます。これにより，より多くの小学校教諭が外国語（英語）の教員免許を所持することになり，高学年での教科化がより充実したものとなることが期待されています。

泉　惠美子

Q1：『小学校学習指導要領（平成 29 年告示）』での評価の観点を，どのように捉えればよいのですか？

Q2：外国語活動と外国語科の評価の違いは，どこにありますか？

Q3：評価は，どのような場面で，どのような方法で行えばよいのですか？

Q4：Can-Do による自己評価やパフォーマンス評価とは，どのようなものですか？

　『小学校学習指導要領（平成 29 年告示）』第 1 章総則「第 3 教育課程の実施と学習評価」によれば，「主体的・対話的で深い学びの実現に向けた授業改善」として，資質・能力の 3 つの柱の育成が偏りなく実現されるよう，単元や題材など内容や時間のまとまりを見通しながら，児童の主体的・対話的で深い学びの実現に向けた授業改善を行うことと，「学習評価の充実」として，「児童のよい点や進歩の状況などを積極的に評価し，学習したことの意義や価値を実感できるようにすること。また，各教科等の目標の実現に向けた学習状況を把握する観点から，単元や題材など内容や時間のまとまりを見通しながら評価の場面や方法を工夫して，学習の過程や成果を評価し，指導の改善や学習意欲の向上を図り，資質・能力の育成に生かすようにすること。」(p.93) と明記され，「指導と評価の一体化」の必要性が強調されました。さらに，学習評価の改善の基本方針として，①児童生徒の学習改善につながるものにしていくこと，②教師の指導改善につながるものにしていくこと，③これまで慣行として行われてきたことでも，必要性・妥当性が認められないものは見直していくこと，の 3 つが述べられています。

1. 『小学校学習指導要領（平成 29 年告示）』における評価の観点

　前述したとおり，学習評価は児童生徒の学習状況を評価するもので，学習の成果を的確に捉え，教師が指導の改善を図るとともに，児童生徒が自らの学びを振り返り，次の学びに向かうことができるようにするためにはきわめて重要です。また各教科等の評価においては，学校における児童生徒の学習の状況を複数の観点から分析的に捉える「観点別学習状況の評価」が，『小学校学習指導要領（平成 29 年告示）』に定める目標に準拠した評価として実施されています。観点ごとに評価することで，望ましい学習状況や課題が明らかになり，具体的な学習や指導の改善に生かすことが可能になります。なお，各学校において目標に準拠した観点別学習状況の評価を行うにあたっては，観点ごとに評価規準を定める必要があります。評価規準とは，観点別学習状況の評価を的確に行うため，学習指導要領に示す目標の実現の状況を判断するよりどころを表現したもので，児童生徒が学習を通して身につける資質・能力の状況を，学習評価を行うまとまり（4 技能 5 領域）に基づいて表したものです。つまり評価における観点とは，ねらいに応じてどのような点を評価するかという見方になります。この学習指導要領では，すべての教科等において 3 つの資質・能力を育成することが求められ，それらの指導目標に対する評価観点は，「知識・技能」「思考・判断・表現」「主体的に学習に取り組む態度」の 3 つです。すなわち，語彙，表現などの理解と知識の習得に主眼を置くのではなく，それらを活用して実

際にコミュニケーションを図ることができるような知識や自律的・主体的に活用できる技能を評価したり、コミュニケーションを行う目的や場面、状況などに応じて、情報や考えなどを的確に理解したり適切に表現したりするなど、伝え合うことができているかに留意して評価を行うことになります。それぞれの観点の趣旨と評価の工夫例は、以下のとおりです（文部科学省・国立教育政策研究所，2019；中央教育審議会，2019；文部科学省，2020，他）。

- ・「知識・技能」：各教科等における学習の過程を通した知識及び技能の習得状況について評価を行うとともに、それらを既有の知識及び技能と関連付けたり活用したりする中で、他の学習や生活の場面でも活用できる程度に概念等を理解したり、技能を習得したりしているかについて評価する。（例）ペーパーテストにおいて、事実的な知識の習得を問う問題と、知識の概念的な理解を問う問題とのバランスに配慮する。実際に知識や技能を用いる場面を設けるなど、多様な方法を適切に取り入れる。
- ・「思考・判断・表現」：各教科等の知識及び技能を活用して課題を解決する等のために必要な思考力、判断力、表現力等を身に付けているかどうかを評価する。（例）ペーパーテストのみならず、論述やレポートの作成、発表、グループでの話合い、作品の制作や表現等の多様な活動を取り入れたり、それらを集めたポートフォリオを活用する。
- ・「主体的に学習に取り組む態度」：「学びに向かう力、人間性等」には、①「主体的に学習に取り組む態度」として観点別学習状況の評価を通じて見取ることができる部分と、②観点別学習状況の評価や評定にはなじまず、こうした評価では示しきれない部分がある。①は、知識及び技能を習得したり、思考力、判断力、表現力等を身に付けたりすることに向けた粘り強い取組を行う中で、自らの学習を調整しようとしているかどうかを含めて評価する。②は、「感性や思いやり」など児童生徒一人一人のよい点や可能性、進歩の状況について、積極的に評価し児童生徒に伝えることが重要である。（例）ノートやレポート等における記述、授業中の発言、教師による行動観察、児童生徒による自己評価や相互評価等の状況を教師が評価を行う際に考慮する材料の一つとして用いる。

　また、各教科の学習評価においては、学習状況を分析的に捉える「観点別学習状況の評価」と、これらを総括的に捉える「評定」の両方について、学習指導要領に定める目標に準拠した評価として実施するものとされています。観点別学習状況の評価では、設定した評価規準のそれぞれについてどの程度実現できているかを ABC の3段階で評価することになりますが、評価規準に表されたものを「おおむね満足できる」状況（B）として捉え、それをふまえて「十分満足できる」状況（A）と「努力を要する」状況（C）を判断します。また、観点別学習状況の評価や評定には示しきれない児童生徒一人一人の良い点や可能性、進歩の状況については、「個人内評価」として実施するものとされています。なお、学習評価を行ううえでの各学校における留意事項として、「学習評価の妥当性や信頼性を高めるとともに、児童生徒自身に学習の見通しをもたせるため、学習評価の方針を事前に児童生徒と共有する場面を必要に応じて設ける。」「観点別学習状況の評価に係る記録は、毎回の授業ではなく、単元や題材などの内容や時間のまとまりごとに行うなど、評価場面を精選する。」とされています。また評価規準については、言語材料、目的等、事柄・話題、内容などを示し、児童と「めあて」を共有し、何が求められているかを理解させたのち、活動に取り組ませ、パフォーマンスなどを通して見取っ

ていく必要があります。

2. 外国語活動と外国語科の評価

　外国語活動は，今までどおり評定は行わず，文章表記となります。改善等通知には，「外国語活動の記録については，評価の観点を記入したうえで，それらの観点に照らして，児童の学習状況に顕著な事項がある場合にその特徴を記入する等，児童にどのような力が身に付いたかを文章で端的に記述すること」とされています。また評価の観点については，設置者が『小学校学習指導要領（平成29年告示）』等に示す外国語活動の目標をふまえ，設定します。

　一方，高学年の外国語科では，評定が必要になります。その際，英語4技能5領域を通じて，「英語を使って何ができるようになるか」という観点から学習到達目標（Can-Do 形式）を設定し，指導・評価方法を改善することが求められています。Can-Do 形式とは，ヨーロッパ言語共通参照枠（Common European Framework of Reference for Languages: CEFR）や，それをもとに日本人英語学習者用に作成された CEFR-J にあるように，どのレベルならどのようなことができるか，といった具体的な指標を文章で示したものです。例えば，読むこと（pre-A1）なら，「口頭活動で既に慣れ親しんだ絵本の中の単語を見つけることができる」「ブロック体で書かれた大文字・小文字がわかる」となっています。

　単元全体を見通したうえで，単元目標と年間指導目標とが有機的につながるよう，単元・年間を通して総合的に指導・評価を行い，実際に英語の知識というよりは英語の運用能力を Can-Do など行動指標を用いて評価することになります。なお，内容のまとまりを意識した5領域別の評価規準も示す必要があります。そこで，内容のまとまり（五つの領域）ごとの評価規準（例）は表1のとおりです。

表1 『小学校学習指導要領（平成29年告示）』の領域別の評価規準（例）（文部科学省，2020）（一部抜粋）

	知識・技能	思考・判断・表現	主体的に学習に取り組む態度
聞くこと	［知識］英語の特徴や決まりに関する事項を理解している。 ［技能］実際のコミュニケーションにおいて，自分のことや身近で簡単な事柄についての簡単な語句や基本的な表現，日常生活に関する身近で簡単な事柄についての具体的な情報を聞き取ったり，日常生活に関する身近で簡単な事柄についての短い話の概要を捉えたりする技能を身に付けている。	コミュニケーションを行う目的や場面，状況などに応じて，自分のことや身近で簡単な事柄についての簡単な語句や基本的な表現，日常生活に関する身近で簡単な事柄についての具体的な情報を聞き取ったり，日常生活に関する身近で簡単な事柄についての短い話の概要を捉えたりしている。	外国語の背景にある文化に対する理解を深め，他者に配慮しながら，主体的に英語で話されることを聞こうとしている。

　外国語科では，それまでの「聞くこと」「話すこと」に加えて，「読むこと」「書くこと」が入ってきます。そこで，英語を書くテストが多くなるかもしれないと思われるかもしれません。しかしながら，ひたすらアルファベットや単語を目的や意味なく書かせるようなテストは避けたいものです。また，「話すこと」を評価するためには，ペーパーテストではなく，実際に話させて評価するパフォーマンステストが重要になってきます。しかし，全員に1人ずつ発表をさせると，時間や労力がかかります。そのため，ペアやグループで発表させたり，毎回数人ずつ発表させる，あるいは録画をして，あとで評価するなどの方法を考える必要があるでしょう。

　児童英語教育における評価については，国内外で多くの研究や提案がなされていますが

(Cameron, 2001；McKay, 2006；湯川・高梨・小山, 2009；Shin & Crandall, 2014；Becker, 2015；泉他, 2015, 2016 など）。Shin and Crandall（2014, p.253）は、児童の評価の際のガイドラインとして、①教えたことを評価する、②児童と教師の双方にとって学習に役立たせる、③学習者を動機づけ自信をつけさせる、④学習者の異なる知性や学習スタイルに応じて多種多様なテクニックを含む、⑤全ての学習者に成功を体験させ、上級者には彼らの能力を示す機会を与える、⑥文脈を与え、児童に関連したタスクと言語を反映する、⑦時間をかけて行う、の7つを挙げています。評価をする場合は、あらかじめ目的、予想される結果、評価規準、事前の活動、時期、参加者、記録方法、プロファイルの仕方を検討する必要があり、特にCan-Doやルーブリック（評価基準表）など、基準を明確にして評価し、児童にどのようにフィードバックをするかを検討しておく必要があります。

3. 評価の場面と方法

　評価の場面と方法としては、単元などの最終にその単元で身につけたい既習の言語材料を用いて、目的・場面・状況などを設定したパフォーマンス課題などを通して評価を行う総括的評価と、毎時間の終了時に児童が自己評価シートでその時間の学習を振り返ったり、教師が児童の活動の様子を観察することで評価を行う形成的評価があります。小学校英語では、第1に「継続的で形成的な評価」（石川他, 2011）が求められ、総括的な「学習の評価（assessment of learning）」というよりは、児童の学びの促進を目的としたCan-Doによる振り返りシートや、簡単なリスニングクイズなどの「学習のための評価（assessment for learning）」、あるいは「学習者による評価（assessment by learners）」を大切にしたいものです。次に、自己評価をまとめてポートフォリオを作成したり、ルーブリックを用いたパフォーマンス評価など、「継続的で総括的な評価」も重要です。行動目標を示し、タスクや課題を与え、毎時少しずつ努力を重ねて最終的に到達した児童の姿を評価することにより、指導と評価が一体になり、児童が英語を使ってどのようなことができるようになったかを測る妥当性、真正性が高い評価となります。

　なお、評価方法としては、正しい答えを選ぶ多肢選択やリスニングクイズなどの「筆記テスト」、ルーブリックなどを利用して実際にスピーチをしたりスキットで演じたりする「パフォーマンス評価」、自己の学習のモニター、および自己修正または自己調整に役立てるための振り返りカードなどを用いた「自己評価」や「相互評価」、児童の作品やワークシートなどを蓄積しておき、それらを見直して評価を行う「ポートフォリオ評価」、グループで発表などを行う「プロジェクト」、児童の発表や行動の「観察」による評価、外国語への慣れ親しみがどれくらいできているかを見る「Can-Do評価」、学期の終わりなどに実施する「カンファランス」や「アンケート」などがあります。なお、外国語活動、外国語科の評価は、前述した評価方法のうち、複数の方法を用いて総合的に行うことが多く、特に外国語活動では、授業中の学習活動の様子を観察し、児童ができたこと、頑張ったことを取り上げ、励ましのある評価、やる気が起こる評価、次につながるプラス評価を心掛けることが重要です。例えば "Excellent." "Very good." "Good try." "Close." "Emi had a loud voice." など、さまざまなほめことばを投げかけ、優れた点を具体的にほめること、個々の児童をほめること、タイミングをずらさないことが大切です。自ら学ぶ意欲や、「声の大きさ」「ジェスチャー」「表情の豊かさ」「アイコンタクト」「応答・反応」などの態度面もほめることにより、やる気を引き出し、以後の授業の頑張りにつなげたいものです。児童が目標を知り、見通しが持て、自分の進歩・向上がわかり、頑張りが実感で

きるような自己肯定感や有能感を育む評価を行う必要があります。指導があってこその評価であり，目標に沿った評価であることを心に留めておきたいものです。

　さて，小学校英語で多く用いられる自己評価ですが，Butler（2016, p.303）は，実施時の重要な点として，①対象となる活動が特定の場面や状況と結びついていること，②児童と教師，児童同士の対話を通して何度も行われること，③自分の学習に関与させ，自律した学習者を育てること，を挙げています。自己評価を行わせる際には，その時間の指導目標に対する評価規準に基づいて，児童が評価しやすいように4段階程度の具体的な評価項目を用いて評価基準を作成し，それぞれに評価を行わせます。さらに，児童に Can-Do 評価を行わせることは，児童のメタ認知を高め，評価力を育成することにつながり，自己の成長を感じることができ，より具体的に到達点が示されることで自律した学習者に育てるうえでも有効です。その際，児童が目標や「めあて」を自分で定め，どのように学習するかといった方法を考えたり，工夫したりしながら，少々の困難に遭遇しても諦めずに，粘り強く取り組み，自らの学習の取り組みと成果を振り返り，何ができて何ができていないかを確認しながら，次の学習に向かうという自己調整学習が必要になります。そのためには，教員が評価場面を意識した授業デザインを考案すること（ときには単元や題材など内容のまとまりで）や，授業中や振り返りシートで発問を工夫したり，互いに話し合う場面や協働学習を通して理解を深めさせたりすることが大切です。それにより，「主体的・対話的で深い学び」の視点から指導や授業改善を図る中で，適切に評価できることでしょう。

4. パフォーマンス評価とルーブリック

　やりとりや発表を評価するためには，実際に目的やタスクを与えて英語を使わせるパフォーマンステストが重要になります。では，パフォーマンス評価とはどのようなもので，何が大切なのでしょう。また，その意義をふまえ実施するには，どのような工夫が必要でしょうか。

　パフォーマンス評価は，魅力的で実行可能で正当な価値あるテストだと考えられ，「習得・活用・探究」の過程における知識・技能の確実な習得と，それらの活用を図り，自ら学び考える探究的な学習にも生かされるなど，評価の真正性，妥当性，波及効果の点で有効だとみなされています。西岡・石井（2018）では，評価の文脈の真正性が重視され，「わかる」レベルから，実生活・実社会の文脈における知識・技能の総合的な活用力を問う「使える」レベルの課題を与えることが重要だとされています。そこで，パフォーマンス評価は，真正の学習を創り出しながら，使える学力を評価することでもあります。また，最終到達の望ましい姿をモデルで示して，繰り返し練習させてから実施することで，生徒のゴールの姿が具体的になり，指導計画にも役立ちます。その際，ルーブリックをあらかじめ児童生徒と共有しておくことが大切で，彼らの意見も取り入れつつ，協同で開発することが望ましいでしょう。パフォーマンス評価のあとには，自己評価や振り返りをさせ，教師からもフィードバックを行うことが肝要であり，そのような PDCA サイクルを通して，児童は学習の次の目標がわかり，教師は授業改善に役立ちます。また，ICT 機器などを用いて自主的な学習を行わせたり，IC レコーダーやタブレット端末などを活用して録音や録画をさせたりすると，練習や評価の際に役立ちます。

　一方，振り返りカードの Can-Do 評価尺度や，パフォーマンス評価で用いるルーブリック指標など，どのような方針によって評価を行うのかを児童生徒に事前に示し，共有しておくことは，評価の妥当性・信頼性を高めるとともに，児童生徒に身につけるべき資質・能力の具体的

なイメージを持たせる観点からも不可欠です。また，彼らに自らの学習の見通しを持たせる自己の学習の調整を図るきっかけとなることも期待されます。さらに，児童生徒に評価の結果をフィードバックする際にも，どのような方針によって評価したのかをあらためて共有することも重要です。その際，児童生徒の発達段階に留意する必要があり，特に小学校中学年の児童に対しては，学習の「めあて」やCan-Do振り返りやルーブリック指標の中に，児童がわかるようなことばで表記することが求められます。

5. まとめ

外国語科では観点別評価を行い，記録に残し，総括して評定を行います。しかしながら，毎時間の振り返りシートやワークシートなどを集積したポートフォリオ評価，指導者の観察の記録，学習者の実際のパフォーマンステストなど，膨大な評価業務を簡略化するためには工夫が必要です。また，児童のやる気を育て，学習改善や授業改善にも生かすための評価の留意点として，以下の事柄が考えられます。

① 評価の場面を複数設けるなどして，信頼性を高め，評価方法を工夫する。

② 授業中や授業後など，さまざまな場面で中・長期的スパンで，児童の成長と変容を見取るプロセス評価を重視し，授業に還元できるよう，適切な時期に適切な方法で評価を実施する。

③ 評価者は，担任，ALT（外国語指導助手：Assistant Language Teacher），JTE（日本人英語講師：Japanese Teacher of English），児童などが考えられる。それぞれ役割が異なるので，いろいろな場面や活動で，その立場を最大限に利用できるような評価を行う。

④ 指導案，ジャーナル，ビデオ，インタビューなどによる教師の授業の振り返りを行い，授業改善につながるアクション・リサーチに取り組む。

⑤ 評価により自律した学習者を育てるために，自己発信型コミュニケーション重視の活動を取り入れる。その際，児童が，自己決定能力，行動力を培い，互いの気持ちを伝えあい，意味を紡ぎ合い，英語を用いたコミュニケーション能力を養えるように励まし，支援する。また，日本と他の国の言語や文化の違いを認識したり，共生や思いやりといった態度が育成されるように努める。

⑥ 社会的集団における協働の学びにおいて，子ども同士が互いに認め合い，賞賛し合うことも重要である。児童と教師，児童同士のよい人間関係や認められたいという気持ちを大切に，自己肯定感を高める評価を実施する。

指導があるところに，評価は欠かせません。評価の観点や規準を設定し，児童の学びを支援し，授業改善につながるより良い評価について日頃から考え，実践する必要があります。教師の重要な役割の1つは，児童の良さを認めてできるだけほめ，主体的で対話的で深い学びができるように方向を示し，動機づけやメタ認知，自己効力感，有能感，自律性を育てることです。児童は教師に期待されている，また他者から価値ある存在であると認められ，英語を学ぶ意義を見いだしたとき，真剣に学習に向かうことでしょう。テストや評価も，その延長線上にあります。教師と児童，児童同士の良い人間関係や信頼関係の中で目標を持たせ，課題に取り組ませましょう。児童に外国語を使う理想の自己像を思い描かせ，不安を取り除き，コミュニケーションをしようとする態度を育てることも大切です。

板垣　信哉・古家　貴雄

Q1：小学校では，歌・チャンツ，ゲームなどの活動だけでよいのでしょうか？
Q2：自分の気持ちや考えを本当に英語で言えるのでしょうか？
Q3：複数形のｓや動詞の過去形は教えなくてもよいのでしょうか？
Q4：小中連携がなぜ必要になってくるのでしょうか？
Q5：カリキュラム上の小中連携は可能なのでしょうか？

1. 小中連携の議論の理論的観点

1.1　外国語学習：「言語知識」の問題と「処理プロセス」の問題

　第1の疑問として，「小学校と中学校の外国語（英語）教育では何が同じで，何が違うか」があります。外国語（英語）の学習の基本は，「意味」と「表現」の対応関係を理解学習することであります（第1章第2節を参照）。このことは，小・中学校の外国語（英語）教育において共通しております。つまり，意味がどのような語彙・構文として表現されるのか，また，具体的な表現（語彙・構文）がどのように理解されるのか，の認知プロセスを学習することです。さらに，意味と表現の対応の基盤が「言語知識」とその知識の「処理プロセス」によって構成されていると仮定し，小・中学校の外国語（英語）教育の観点から，それぞれを理論的にどのように捉えるかが重要であります。その理論化に基づいて，小・中学校の外国語（英語）教育の言語教材，指導のあり方，学び方が異なることになります。具体的には，①言語知識を「暗示的知識」と「明示的知識」の複合体として捉える，②学習者の言語使用の「正確さ」と「流暢さ」は，言語知識の処理プロセスの自動化に依存する，の2つが論点と言えます。したがって，小・中学校の外国語（英語）教育では，①暗示的知識と明示的知識のそれぞれをどのように捉え，どう指導するのか，②処理プロセスの自動化をどのように捉え，どう指導するのか，の2つが教授学習の課題と言えます。これらの論点の議論をふまえ，小・中学校外国語（英語）の7年間の教育課程を構想する必要があります。

1.2　小学校外国語（英語）教育の目標：暗示的言語知識と定型表現の学習

　外国語指導者の疑問として，「小学校外国語（英語）教育が目指す言語知識はどのようなものなのか，および知識の処理プロセスの自動化はどのようにして達成されるのか」があります。小学校外国語（英語）教育の目標は，外国語（英語）の「暗示的知識（implicit knowledge）」（例：「前にどこかで聞いたこと／見たことある」「よくわからないけど，なんかこんな意味かな」「正確にはわからないけど，こんなふうに言えばいいのかな」）の指導と学習と言えます。言語知識は，統語，意味，語用，音韻，音声，と多面的ですが，小学生は通常，それぞれの規則に関する暗示的知識の学習を目指すことになります。つまり，小学校外国語（英語）教育では，児童がそれぞれの英語表現の文法構造を明示的に学習することではなく，言語活動の体験

として，場面と意味に即した言語表現に「慣れ親しみ」，そしてそれを「真似ること」であります。その結果，小学生の基本的な「学び」は，目標言語の暗示的知識を「知らず知らずのうちに身に付けていく」ことと捉えることになります（板垣・鈴木, 2011）。

　小学生の言語活動の「正確さ」と「流暢さ」は，どのように学習・習得されるのでしょうか。この問題には暗示的言語知識として，「定型表現（formulaic sequence）」を仮定することで，理論的な説明が可能と考えられます。小学校外国語（英語）教育で扱われている教材の多くは定型表現であり，その具体的なタイプは次の2つです（Ellis, 2015）。

①「チャンク（chunk）」：語彙・単語の単位として学習され，実際に理解・発話される定型表現（例："How are you?" "Nice to meet you." "What time is it?"）

②「パターン（pattern）」：定型要素と非定型要素からなる定型表現（例えば，"How are you?" に対する応答の "I'm (fine, sleepy, hungry, …)" では，"I'm …" が定型要素，"fine, sleepy, hungry, …" が非定型要素と定義される）。同様に，"turn (right, left) ." "What (food, animal, subject, …) do you like?" "I want to be a (teacher, nurse, fireman, baseball player, …)" "I enjoyed (swimming, camping, hiking, fishing, …)" がパターン型の定型表現と言えます。

　児童がこれらの定型表現に慣れ親しみ，それらを創造的に操作する言語活動（例：「歌やゲーム」「やりとり・発表」）を通して，定型表現に基づく暗示的知識を身につけることになります。重要なことは，①定型表現は暗示的言語知識と捉えることができる，②定型表現を暗示的知識として身につけることで，言語知識の処理プロセスの自動化が達成される，と仮定することであります。具体例として，児童の多くが授業のはじまりに，"How are you?" を正確かつ流暢に発話・理解できることを，「暗示的知識を自動的に使いこなしている」と考えることができます。その意味で，小学校外国語（英語）教育では，定型表現に慣れ親しむ目的で，「歌・チャンツ」「やりとり・発表」を中心とした言語の体験・経験からの学びが基本である，と考えることになります。（ただし，"I want to be a baseball player." などの正確かつ流暢な理解と発話には，多少の練習が必要と考えられます。）

1.3　小中の連携：定型表現依存型運用能力から規則依存型運用能力への熟達化

　小学校教員の素朴な疑問として，「複数形のS，動詞の過去形，疑問文の語順などを教えなくてもよいのでしょうか」が考えられます。議論として，定型表現の学習と文法規則の学習の「連続性」を仮定し，「言語知識の熟達化」と「（言語知識の）処理プロセスの自動化としての熟達化」の2つの独立した熟達化を想定することが必要と考えます。知識の熟達化として，児童生徒が定型表現（例："How are you?"）を実際に理解・発話しながら，内部構造の暗示的・直観的理解から，徐々に明示的・形式的・抽象的な文法知識（例：「How は WH 疑問詞で，疑問文だから『be 動詞プラス主語 you』なんだよね…」）を身につける道筋を仮定することになります。つまり，「定型表現依存型の言語知識（暗示的知識）から文法規則依存型の言語知識（明示的知識）へ」の言語知識の熟達化・精緻化であります。一方，処理プロセスの熟達化として，「定型表現操作型の自動化から文法規則操作型の自動化へ」を仮定することが妥当と考えます（Wray, 2002, 2008）。

　前述のように，児童の多くが "How are you?" を正確かつ流暢に発話・理解でき，そのこと

から「暗示的知識としての定型表現を自動的に使いこなしている」と言えます。つまり，小学校外国語（英語）教育は基本的に，「定型表現依存型の言語知識」と「定型表現操作型の自動化」を目標にすることが理論的に妥当と言えます。しかし，中学生の多くは中学入学と同時に，小学校で慣れ親しんだ多くの定型表現について，徐々に文法規則の明示的知識を理解・学習し，その処理プロセスの自動化を目指す練習や言語活動を行うことになります。つまり，中学校では，「文法規則依存型の言語知識」と「文法規則操作型の自動化」を徐々に目指すことになります。ただし，"How are you?" のように「1語として処理できる」定型表現の場合，暗示的定型表現としての自動処理なのか（定型表現操作型の自動化），明示的知識の練習成果としての自動処理（文法規則操作型の自動化）なのか，を判断することは不可能と思われます（文法問題と実践的な言語活動で，使い分けていることが推測されます）。したがって，小中連携の議論として，言語知識に関しては，「暗示的知識と明示的知識の複合体」と考え，処理プロセスの自動化に関しては，「定型表現操作型の自動化と文法規則操作型の自動化の複合体」と仮定することが妥当と思われます。

　結論として，知識の熟達化と処理プロセスの熟達化に基づいて，小中連携の課題を「定型表現依存型運用能力から規則依存型運用能力への熟達化」を前提に議論する必要があります（ここでは，「運用能力」を「知識」と「処理プロセス」の所産と捉えます）。具体的には，定型表現中心の外国語知識から，徐々に文法知識をふまえた外国語知識への精緻化を前提に，小・中学校の指導者が統一した指導方針と教育課程を確認しておく必要があると言えます。例えば，どの表現をどの時点まで定型表現として指導し，どの時点でどういった文法規則をどこまで説明し，練習を指導するかを議論する必要があります（Itagaki, 2019）。

1.4　小中の連携：「学びのモード」の円滑な移行

　児童生徒の声として，「小学校での『外国語活動』は楽しかったのに，中学校の英語は違って，楽しくない…」が聞かれます。議論として，定型表現依存型運用から規則依存型運用への移行に伴う「学びのモードの違い」を理解する必要があります（市川，2004，p.117）。換言すれば，小学校外国語（英語）教育では，「習うより慣れよ」「学ぶより真似よ」と言われるように，児童は英語の定型表現に「慣れることとそれを真似ることで，知らず知らずのうちに外国語表現の暗示的知識を構築する」ことになると考えることができます。例えば，前述の "I enjoyed (swimming, camping, hiking, fishing, …)" が言語材料の場合，指導者はこの構文に関わる文法規則（例：「動詞 enjoy は規則動詞なので，過去形は enjoyed」「動詞 enjoy の目的語に動詞が来るときは動名詞」）を「教えない勇気」と理解し，これらの定型表現の暗示的指導に徹することになります。一方，中学校外国語（英語）教育では，生徒は英語を「慣れるより習う」「真似るより学ぶ」であり，徐々に文法規則の知識を学習し，その運用としての練習と言語活動を行うことになります。ここで，小中接続の課題である「学びのモード」の円滑な転換を指導する必要があります（つまり，定型表現の暗示的指導とその学びから，語彙・構文の明示的指導とその学びへの円滑な移行）。さらに言えば，小・中学校の教材自体の「量」と「複雑度」がこの点で妥当かどうかも，議論の対象とすべきであります（3年・4年の「活動型」，5年・6年の「教科型」，そして中学での「教科型」を通して）。小・中学校の外国語教育の担当者は，教材の選定と指導のあり方を検討する際，児童生徒の認知発達の段階をふまえ，児童生徒の「学びのモード」を十分に考慮することが必要と考えられます。

1.5　結語：知識と処理の運用能力の観点から

結語として，以下の 4 点を挙げます（詳細は Itagaki, 2019；板垣・鈴木, 2011）。

①言語運用能力を「言語知識」と「処理過程」の所産と捉えます。

②外国語知識の 2 タイプと処理過程の 2 タイプを以下の様に，仮定します。

　　A：定型表現依存型知識　　B：文法規則依存型知識　　C：統制的処理過程　　D：自動的処理過程

③外国語運用能力の熟達化モデルとして，次の 3 つの基本的段階を仮定します。

　　【A ＋（C ＋ D）】→【（A ＋ B）＋（C ＋ D）】→【（A ＋ B）＋ D】

　　（【　】は言語運用能力，（　）は複合体）

④小・中学校外国語（英語）教育の目標をそれぞれ【A ＋（C ＋ D）】と【（A ＋ B）＋（C ＋ D）】と捉え，小中連携を構想します。

2.　小中連携の類型と連携の方法

2.1　小中連携における内容と課題

『中学校学習指導要領（平成 29 年告示）』においては，小学校で慣れ親しんだ表現やコミュニケーションに関わる基礎的な技能をベースとして，中学校では身近な話題についての理解や簡単な情報交換や表現ができる能力を養うことが目的となっています。したがって，小学校で慣れ親しみ，繰り返し聞いたり発話してきた英語を，今度は中学校で，自分の身近な話題の中で表現をし，文法的な知識も用いながら，より高度な目的で高校でも使用できるようにその基礎固めをする必要があります。以上の理由から，特に小中連携においては，小学校で親しんだり活用した語彙や表現をその場面とともに洗い出し，中学校のカリキュラムの内容と結びつける努力が肝要となります。

小中連携の重要性について，例えば佃（2007）は，まだ小学校英語が必修化される前にすでに「小学校教諭として，小学校英語の実践を重ねるにつれ，中学校とのつながりを考えざるを得なくなってきた」（p.1）と述べています。この時期には，小学校では英語が「総合的な学習の時間」の中，あるいは構造改革特別区域，いわゆる「特区」として行なわれており，それぞれの英語活動の内容や授業時間数には相当のばらつきがあったため，それを受け入れる中学校は，生徒間の英語教育の格差が生じ，そのために両者の円滑な接続が当然問題となる，と当時は考えられていました。そのあと，平成 23 年に小学校に外国語活動が導入され，学習指導要領により教育の目標や内容，さらには指導計画の作成と内容の取扱いが指定されたため，それ以前にあった小学校ごとの外国語活動のばらつきはある程度抑えられ，問題となりにくくなってきました。そのかわり，今度は，5・6 年生の小学校外国語活動においては，特に音声を中心として外国語を用いたコミュニケーション能力の素地が育まれ，「聞くこと」「話すこと」の 2 技能を中心としたそれらの素地をふまえ，中学校では，4 技能のバランスのうえでコミュニケーションの基礎が育まれることが目標となりました（佐藤, 2014）。この場合には，アルファベットなど英語の文字の読み書きや単語の読み書きなどが，小学校と中学校の間でどのように扱われるべきなのかが問題となり，小・中において，この点で円滑な接続がうまく行われるかどうかが，小・中双方の英語担当の教師にとって大きな課題となりました。

2.2　小中連携の意義と現状

　小中連携の意義については，高橋・柳（2011, p.224）の提案が参考になります。彼らは，小学校外国語活動と中学校英語教育の指導内容には「相違点」あるいは「段差」が存在し，円滑な両者の連結のためには，その「段差」を最小限にする必要がある，といいます。その「段差」をなくすための指導内容として提案していることは，1つ目には，定型表現から自由度の高いコミュニケーションにつなげることが重要だ，と述べています。2つ目には，音声を中心にした指導から文字・文法指導へつなげることを重視しています。例えば，小学校の体験的な活動を通して音声として慣れ親しんだものを，中学校では言語で理解を深め，表現の幅を広げたり，また，小学校で音声で慣れ親しんだ定型表現の会話文を，中学校では文字で提示し，その文構造（語彙の並べ方，活用）を理解させることなどが重要であることを述べています。

　以上で述べたように，数多くの英語教育に関する有識者や実践に携わる教師からも，英語に関わる小中連携の重要性の声が挙がっています。では，実際に行われている小中連携の現状はどのようなものでしょうか。いくつかの調査を見てみます。例えば，実際に同じ小学校から児童が進学をする中学校区において，外国語教育に関して小中連携に実際に取り組んでいる中学校の全中学校区数に占める割合は，文部科学省の発表した「平成23年度公立小・中学校における教育課程の編成・実施状況調査（B票）の結果」によると，平成21～23年の間で55.5%，66.3%，72.4%と推移し，関心の大きさは上昇してきているということです。ただ，残りの3割はいまだ何らの連携にも取り組んでいないという現実があります。また，2010年に岐阜市内の小学校，中学校教員を対象とした山口・巽（2010, p.204）のアンケート調査においては，小中連携の必要性に対する意識について，小・中ともに90%前後の教員は小中連携が必要だと考え，特に中学校教員の方が連携は重要であるという認識が高いという結果が出ています。また，小・中相互の授業参観の有無，さらに小・中相互の研究会参加の有無については，小・中学校の英語科教員の80%が相互の授業参観を行った経験がある，と述べており，70%以上の中学校英語科教員が小学校英語活動の研究会などに参加経験がある，としていました。さらに，平成30年度に文部科学省によって調査された「平成30年度 中学校等における英語教育実施状況調査」の「英語教育における小中連携の状況」という調査項目の結果によると，調査対象の9,374校のうち，連携を実施した学校は7,553校（約81%），実施していないと答えた学校は1,821校（約19%）でした。小中連携の取り組み内容としては，授業参観や年間指導計画の交換などの情報交換が6,811校（約73%），指導方法などの検討会や研究授業後の研究協議などの交流を行った学校が5,290校（約56%），小中連携したカリキュラムの作成を行った学校が1,242校（約13%）という状況でした。実際の小・中学校の連携の割合は，平成23年調査から順調に伸びていることがわかるでしょう。

　なお，小中連携の現状として，2021年度からの『中学校学習指導要領（平成29年告示）』の全面実施に向けて，各中学校において小学校との円滑な接続，および授業改善を進めることができるよう，その支援のために，文部科学省初等中等教育局情報教育・外国語教育課外国語教育推進室より，2019年3月に「中学校外国語：移行期間における指導資料（小中接続・帯活動）」が発表されました。この資料においては，中学校第1学年の4月の12時間分の「小中接続単元」が作成・記載され，そのための当該単元の単元指導計画，および各単位時間における展開案が提示されています。

2.3　小中連携の種類と方法

　英語教育に関する小中連携の内容の枠組みとして，佃（2007，p.7）が提示している次の4種類（4分野）があります。その4つとは，①小・中の英語教育間の「情報共有」，②英語の授業の相互「交流」，③小・中の5年間の発達段階を見据えた系統性のある共同「カリキュラム」の作成，④小・中の連携の進め方を議論するための連携「組織」の形成です。まとめると，連携のキーワードとして，「情報共有」「交流」「カリキュラム」「組織」の4つが考えられます。現在では，文科省による「平成30年度 英語教育実施状況調査」で用いられている連携の3分類，「情報共有」「交流」「カリキュラム」が一般的です。高野・加藤（2014，pp.140-141）は，この3つを定義し，「情報交換」については，小・中の学校相互の授業参観や年間指導計画の交換など，互いの取り組みの情報交換を指し，「交流」とは，情報交換をふまえて互いの学校で合同・相互授業を行うことや，授業研究会や研究協議会，指導方法の検討会の実施などが含まれます。「カリキュラム」については，外国語活動と中学校外国語科との連携したカリキュラムを主に作成することとなります。なお，カリキュラムの連携について直山（2013a，p.118）は，「目標の一貫性」「学習内容の系統性」「指導法の継続性」の3つが連携の主要な要素だと述べています。残りの「組織」については，前述した情報交換や授業交流，さらには共同カリキュラムの作成の小・中の連携を組織する母体を作ることを意味し，例えば，小・中の教員で組織される連携推進委員会などがこれにあたります。ここに掲げた情報交換を小・中で行うことでは，例えば，小学校で教えた内容が中学校でどのように教えられているのかを小学校教員は把握ができ，また中学校教員の方は小学校での外国語活動の状況を知ることで，児童が中学校に入る時点でどのような態度や能力を持っているのかという実態が把握できる，というメリットがあります。このようにして，現在さまざまな学校で具体的な小中連携が実際に行われているわけですが，その具体的な取り組みの内容として，平成23年度に仙台市内の1つの小学校と1つの中学校が実際に行った事例があります。その事例では，以下の6つがあったようです（遠藤，2016，p.12）。それは，①小・中担当教師相互の授業参観，小学校での小・中教師のTTの授業，②小・中相互の年間指導計画の提示，③小・中のカリキュラムの照合（これは小学校で行う），④教材の共有（小学校の教材を中学校で使うこと），⑤小学校外国語活動への理解や研修内容の共有，⑥児童生徒の交流・交流授業，です。

2.4　小中連携における実践上の留意点

　小中連携における2つの教育段階が英語教育について連携することはたしかに重要なことではありますが，こうした小中連携については拙速に行うのではなく，数年の時間をかけて徐々に相互の関係性を築くことが重要です。そのことを指摘した北海道教育大学附属釧路小・中学校の実践にふれた木塚（2008）の研究があります。その附属釧路小・中学校では，3年計画の連携で最後に相互カリキュラムの作成まで行うプロセスが取られ，1年目は学校間の信頼関係を築くための期間とし，相互授業参観や教員間の意思疎通を行い，2年目は連携を意識した合同授業を行うなど，連携内容や方向性を模索する中で互いに協力して実践を行う素地を作る時期としています。最後の3年目は連携の基礎を確立し，小中一貫カリキュラムの構築を試み，そのための問題点や課題を洗い出す時期としています。こうした時間をかけた連携のプロセスの提案は，これからの各学校の具体的な小中連携プランとして良い参考になります。

柏木　賀津子・松本　祐子

Q1：なぜ英語を他教科と結びつけるとよいのですか？

Q2：英語とどの教科を結びつけるとよいのですか？

Q3：他教科は英語の習得にどの程度役立つのですか？

Q4：他教科は思考力・判断力・表現力にどの程度役立つのですか？

Q5：教材はどのように準備すればよいのですか？

1.　はじめに

1.1　学習指導要領との関連

『小学校学習指導要領（平成29年告示）』では，他教科と関連させながら，小学校外国語活動・外国語科の指導を進める可能性について言及されています。その背景として，現在私たちが直面しているさまざまな地球上の問題や社会的変化に対応しうる資質・能力を育成するために，「教科等横断的な学習」の必要性が高まっていることが挙げられます。また，「言語能力の確実な育成」や「外国語教育の充実」という，特に言語教育に関連した項目も含まれています。言語能力の育成には「各教科等における言語活動」を活用し，言語知識とその運用の統合を図ることが重要です。外国語教育に関しては，2020年度から中学年で外国語活動，高学年で外国語科が導入されます。中・高等学校へつながる教科的基礎作りのみならず，言語教育という大きな枠組みのもと，国語科との連携を通じた相補的な学びも期待されます。このように教科間連携は，カリキュラム全体を束ねる要として，また各教科の学びを充実させる促進剤として，その必要性がますます高まると考えられます。

1.2　他教科と関連させた小学校英語の可能性と意義

それでは，現在小学校で行われている外国語活動および外国語科と他教科をどのように関連させることができるのか，またその意義について考えてみましょう。

『小学校学習指導要領（平成29年告示）解説　外国語活動・外国語編』（2017b）では，具体的に，国語科，音楽科，図画工作科，および学校行事との連携事例を挙げています（pp.125-126）。例えば，国語科と連携し，ローマ字指導で日本語の音構造（基本的に子音プラス母音。第1章第2節を参照）を認識させたあと，英語の音との違いに気づかせたり，日本語の「主語と述語」の学習から英語の語順に対する気づきを促したりする活動が可能です。音楽科では，音のリズムや強弱の学習と関連づけ，チャンツや歌を用いて，英語の発話で重要なプロソディー（強勢，アクセント，イントネーションなど）を学ぶことができます。図画工作科との連携では，自分が作った作品について他人の前で発表する「ショー・アンド・テル」活動が紹介されています。この活動にはインフォメーション・ギャップ（自分しか知らない情報）が自然な状態で存在しており，活動を進めるためのモチベーションも持たせやすいと考えられます。

最後に，学校行事との連携では，英語劇を学習発表会で行う事例が挙げられています。このような発表活動は，個別の学習項目（授業ごとのターゲット表現など）が段階的に積み重なり，最終的に1つの大きな成果物となって共有されるため，学習者が自信や達成感を感じられる機会となりえます。

前述以外の科目でも，言語学習と教科内容を統合させた CLIL（内容言語統合型学習，Content and Language Integrated Learning）の実践が広がりをみせています。山野（2013）は，算数科，社会科，理科，家庭科，道徳などの授業に CLIL を取り入れた実践を詳細に分析し，学習者の興味や認知レベルに適した内容で，コミュニケーション活動や協同学習，および文化・国際理解の体験的学習が促進されうると指摘しています。

このように，外国語活動および外国語科と他教科との連携は有益だと考えられます。一般的に言語を学習する際，言語材料（語彙や文法に関する知識）を学んだだけでは不十分で，それを何度も使ってみて，はじめて自分のものとすることができます。なおかつ，それらの言語活動が自分自身に即した状況（身近な文脈）で，伝えたい情報（有意味な内容）を既習事項と関連付けながら行われれば，学習者は意欲と自信を持って取り組むことができるでしょう。これこそが，他教科と連携させる最大のメリットだと言えます。

2. CLIL のアプローチ

2.1 CLIL で目指す手続き的知識と 21 世紀型スキル

CLIL は，高い言語運用力と自信，より強い動機づけ，さまざまな方法によることばの使用，複雑な情報に対応する力を育てる教育のアプローチだと言えます。21 世紀型スキルに向かう学びとして，ことばで説明できる知識に加え，手続き的知識（植物の種類の見分け方や，実験のプロセスなど，繰り返し意識せずに手続きを通して学ぶ）を大切にします。そうやって知覚したイメージが心の中で表象となるため，似ている場面に再び遭遇したときには「転移」できる知識になると考えられています。

CLIL では，英語を母語としない学習者が，母語でないもう1つのことば（ここでは英語としますが，他の外国語も対象）で教科内容を学びます（Bentley, 2010）。英語以外のことばを話すスピーカー同士が協同して，地球に起こるさまざまな諸問題をともに解決する力を培うための指導法として発展してきました。その知識は，教員が学び続けて会得するもので，CLIL は教師中心の授業から生徒中心の授業へ，暗記から「思考」「創造」へと指導法を変革する媒介（catalyst）としての役割を果たします（Kashiwagi & Tomeksek, 2015）。

2.2 CLIL の定義と英語習得への効果

CLIL とは，「体育とか美術をイマージョン教育みたいに英語でやるもの？」「英語がうまくないとできないよね？」という印象がありますが，指導法や教材に従来の CBI（内容中心の指導法；Content-Based Instruction）やイマージョン教育とは少し違いがあります。CLIL での指導は，英語と思考力，汎用能力を育てるため，生徒が内容がわかるように工夫を凝らし，一定の文法項目に気づかせる手法も用います。一方，CBI やイマージョンは，教科内容を英語で行うものです。CLIL の授業では，4 つの C〔Content（教科などの内容），Communication（言語知識・対人スキル），Cognition（批判的・論理的思考），Culture / Community（協同学習・

地球市民意識）〕の要素を含みます。

$$\boxed{\text{内容}} + \boxed{\text{ことば}} = \boxed{\text{ことばによる内容の理解} + \alpha}$$

図1 CLIL における内容と言葉の関連

　CLIL は，言語学習では欠けてしまいがちになる学習者自身の意欲を引き出す可能性があり，学習者自身の発見と高い認知操作を促すとされ，ヨーロッパなどで広く実践されてきました。内容の選択については，見える教材の "reality" や創り出しの場面があることが重要なポイントとなります。例えば，図工と算数を連携した CLIL で，和紙の折り方から染めものをつくり，それを見せながら色や形を発表する，というような創造です。教えている教員は「担任や教科の先生」であることも海外では多いようです。教科の教員（content teachers）と言語の教員（language teachers）が協同する "co-teaching" も取り組まれています。また，CLIL だけで児童の英語が伸びるのではなく，カリキュラムの中で「英語学習」の柱と「CLIL」は2本立てです。英語表現の基礎の勉強を行いながら，週に1〜2時間や集中的なプロジェクトによって，「CLIL」で実際にことばを使い思考する場面を創出しているケースがよく見られます。CLIL は内容が50%，言語が50%であると言えるでしょう（Coyle, Hood, & Marsh, 2010）。

　言語の学びと思考は「内容」と切り離せないので，内容を深めるために5つのポイント（①オーセンティックな素材　②図版やグラフ・映像　③思考を深め話し合う場面　④地球市民としての視野　⑤ペアやグループなどの協同学習）を入れることが大切です。全体の授業構成を教師が考え，児童が学習を深められるよう段階的に介入して手助けをしたり，ポートフォリオで児童の学びを見取って修正を加えたりしていきます。

　日本でも CLIL に取り組む実践者が増えてきました。主に次のような点を，CLIL の「良さ」としてまとめることができます（Nakata, 2019；二五, 2013, 2016；山野, 2013；Yamano, 2013）。

・内容に引き込まれるため，「英語を間違ったらどうしよう」という不安が少ない。
・知的好奇心が湧くため，授業を楽しいと感じる児童が多い。
・教え合う必要があり，他人からの刺激を受けるので，意欲を持つ。
・児童自身が，英語を学ぶ必要性ややりがいを見つける。
・児童も教員も，英語を使って「何かをやりとげた」という達成感が残る。
・パワーポイント，図，チャートなどを使うため，児童はわかりやすいと感じている。
・内容を扱う際に Teacher Talk を意識するため，インプット量が多くなる。
・「聞く」「話す」の機会が多いと児童は感じている。

　また，二五（2013）では，算数を取り入れた CLIL で，英語学習だけを意識することなく，インプット量やコミュニケーションの機会を増やし，数の語彙の定着を図ることができる，としています。柏木・伊藤（2020）では，CLIL の文構造への気づきについて，CLIL で思考する場面で，ひとまとまりの表現が記憶に残り，丸ごと表現の一部入れ替えが自然に起こるため発話につながりやすいこと，また，1語1語英語を日本語に置き換えてわかろうとせず，ことばのかたまりで内容をわかろうとする学習習慣がつくことを挙げています（第1章第2節を参照）。今後の課題としては，CLIL への取り組みを良いものにするためには，教科内容に合った，

言語面でのターゲット文の絞り方や4つのCを実現する授業構成，ICTスキルの活用，評価のあり方について，実践的な教員研修が必要でしょう。

2.3　足場掛け活動の重要性

　CLILを小学校英語で生かしてみると，他教科で担任が心掛けている学習者中心の指導法（learner-centered）やアクティブ・ラーニングに似ていることに気づきます。ただし，英語を用いて行うときには，いくつかの足場掛け（scaffolding）のポイントが挙げられます（柏木・伊藤，2020）。

・導入は，背景知識の活性化・児童の興味からスタートする。母語で習った題材や絵本を活用し，教員のTeacher Talkを聞かせるようにする。インプットから類推する力を伸ばしていく。
・CLILにおける単語の「読む」について，内容にふれる中で新しい単語に出合うことがある。その場合，先頭の音，フォニックスジングル（音読み）に慣れてきていることで，読み方を推測しやすい（例：s,s, spider）。
・小学校での文字指導の「書く」について，音声からのひとまとまりの表現に慣れたあと，その表現をばらばらにせず，親しんだ文の一部を書き写す程度にする。
・内容に繰り返しふれて，ある程度理解して活動に入れるようにする。例えば，お話再構成タスク（絵本を聞いて内容を想起して挿絵を並べ替える）を入れる。
・発信活動は，Teacher Talkやストーリーのデモを参考にして，3文ぐらい発表にする。絵や写真，つくったもの（creation）はアウトプットの手助けになる。表現の「入れ替え」は，児童が主体的に考える場面で起こりやすい（浦田・柏木・中田・井手，2014）。
・教師の介入（ファシリテーション）が重要で，児童の思考を促すために質問をし，やりとりをする。

2.4　思考を引き出す教材の準備

　CLILでは，児童が考え学習言語を伸ばす場面や児童同士がやりとりをする場面を取り入れますが，児童の英語はまだ限られたものであるため，さまざまな工夫が必要です。例えば，次のようなタスクや活動が想定できるでしょう。

【CLILで使うタスクや活動】
・児童が今知っていることをシェアして絵に描いてみる活動（brainstorming）
・YesかNoかで，児童が協力して答えを出す活動（true or false）
・児童が協力して3つから1つを選ぶために考えるクイズ活動（three choices）
・インターネットの資料，スーパーのチラシ，ポスター，パンフレット，グラフや表の数値など，協同して探したり切り抜いたりして創る活動（information gathering）
・ギャップのある情報を簡単な表現で伝え合う（gap filling）
・2つ程度のやりとりやロールプレイなど協同で創る活動（creation）
・上記で創り出した，図，ポスター，セリフなどを壁面に掲示したり，フィードバックを伝え合ったりする活動（gallery talk）

筆者は，CLIL に取り組む中で，「つながりから生まれるシナジー（相乗効果）を生み出す」（笹島，2011）ということのすごさを，何度も目のあたりにしてきました。児童が学び合い，新しいものをつくり出すエネルギーが掛け算になったときは，教師が 1 人で教えきることができるレベルをはるかに超えると感じています。次の 2 枚のワークシートは，「動物のすみか」（CLIL）で筆者が作成したものですが，児童が他教科の背景知識を生かして思考を引き出せるようにした教材で，友達と協力して答えを出すように使います。

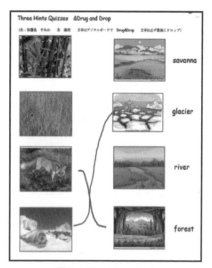

図 2　ワークシート 1
保護色で隠れているライオンがどこに
住んでいるか考えるワークシート

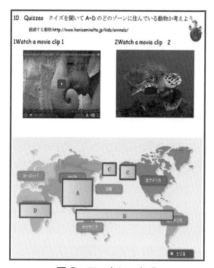

図 3　ワークシート 2
動物の Movie Clip を視聴したあと，絶滅に瀕する動物たちの住む場所を世界地図で考えるワークシート

3.　ことばの教育としてのアプローチ：国語科との連携

　ここまで他教科全般との連携について見てきましたが，このセクションでは，言語という共通項から日本語と英語のつながり，またそれらの科目としてのつながりについて考えてみます。

3.1　日本語（母語）と英語のつながり

　近年，日本語を母語としない児童の割合が増えており，適切な日本語指導や学習サポートは喫緊の課題です。この問題の重要性を認識しつつ，現状としては大多数の小学生が日本語を母語として育ち，英語を外国語として学んでいるという前提に基づいて，以下，日本語（母語）と英語のつながりについて考えます。日本語と英語を第一言語（L1）と第二言語（L2）とする場合，それらの関係性を示す考え方の 1 つに，バイリンガル研究で有名な Cummins（2001）の唱えた共有基底（言語）能力（common underlying proficiency）があります（第 1 章第 2 節を参照）。これによると，L1 で習得した言語能力と言語一般に関する知識（メタ言語知識）は L2 学習にも転用可能で，2 つの言語は潜在的な認知資源を共有していると見なされます。例えば，L1 で習得済みの概念は，L2 での「ラベル（表現）」さえ学習すれば容易に理解できます。つまり，L1 における言語能力の育成が，L2 学習を支える重要な土台となっているわけです。したがって，日本語と英語（国語科と英語科）を言語教育の両輪とし，双方をつなぐ相

補的な学習指導が重要な意味を持つと言えます。

　これらを考慮するとき，小学校の外国語活動・外国語には，大きな2つの役割があると考えます。まず1つは，L2コミュニケーションを成立させるための基礎作りです。従来の外国語活動で行ってきたように，英語の音や表現に対する慣れ親しみ，コミュニケーションに対する積極的な態度を育て，体験的な学習を繰り返すことで，この土台が作られます。新しく導入される外国語科での「読むこと」や「書くこと」で，さらに学習内容の定着も図られるでしょう。もう1つの役割は，前述したL1・L2共有の言語能力を活用し，伸ばすことです。例えば，両言語を比較分析する活動を通して，メタ言語能力（自身の言語活動を客観的に捉え，それを意識的にコントロールする力）の素地を作ることが可能です。また今後は，「言語技術」に関する指導も視野に入れる必要があると思われます。これは言語情報を多角的・分析的に理解し，自分の意見を適切に表現するための技術で，欧米諸国では修辞学をベースに，language artsとして指導が行われているものです（三森，2015）。これからますます国際的コミュニケーションが必要とされる中，このような言語活動に関わる共通ルールを学ぶことは，非常に重要だと思われます。

　前述のように，L1とL2を有機的に結びつけ学習指導に活用することは必須であり，このような活動は，国語科と英語科の連携という形でさまざまな実践や研究が行われています。次のセクションで研究事例を紹介します。

3.2　国語科と外国語科のつながり

　国語科と外国語科との連携事例研究を，以下に3つ挙げます。

　まず，メタ言語（能力）に関して，小学6年生を対象とした記述分析の研究では，国語科で学習した知識（文法規則や文法用語）を積極的に活用しながら英語を学んでいる様子が報告されています（西垣・安部・物井・神谷・小山，2019）。ある程度認知的に発達した小学校高学年では，言語を分析的に捉えることが可能になり，既存の知識（日本語のメタ言語知識）を英語学習に活用しうることが示唆されています。小学校の英語では明示的文法説明は行われませんが，言語機能として，気づきは国語科の学習を通じて高めることが可能です。また菅井・太田・大河内（2016）は，中学生を対象とした授業で，4つの項目（アクセント，機能語，進行形，動名詞）について，まず該当する日本語表現の自覚的理解を促し，そのあと英語の該当項目や表現を導入し，ボトムアップ的に理解に結びつける実践を報告しています。この研究は中学生が対象ですが，日本語と英語のアクセントの比較や，日本語の付属語が弱く発音されることをもとに，英語の機能語も弱く読まれることへの気づきにつなげるという活動は，小学校でも十分実践可能でしょう。

　次は，文字指導に関して，英語学習につなげるためのヘボン式ローマ字（ta, chi, tsu, te, to など）指導の研究です。山本・池本（2017）は，小学校3年生の国語科で従来行われてきた訓令式ローマ字（ta, ti, tu, te, to など）指導に関する問題点を，その理論的背景や教員への聞きとり調査から明らかにしました。さらに，ローマ字指導の利点と弊害を比較分析したうえで，そのあとの英語学習へつなげることを目的としたヘボン式ローマ字指導用教材を開発しています。この教材を用いて指導した実験では，訓令式ローマ字指導をした場合よりも定着率が有意に高い，という結果が報告されています。この実践研究は，新たに導入される外国語科の「読み・書き」指導にもつながる有益な示唆を含んでいると思われます。

第14節　小学校英語教育における特別支援

加賀田　哲也

Q1：特別支援教育について，どのような基礎知識を知っておくべきでしょうか？
Q2：発達障害とはどのような障害でしょうか？
Q3：発達障害のある児童への外国語指導はどうあるべきでしょうか？

1.　はじめに

1.1　特別支援教育とは

　昨今，日常のさまざま場面で「特別支援教育」ということばを見聞きするようになりました。文部科学省（2019c）は，特別支援教育とは，「障害のある幼児児童生徒の自立や社会参加に向けた主体的な取組を支援するという視点に立ち，幼児児童生徒一人一人の教育的ニーズを把握し，その持てる力を高め，生活や学習上の困難を改善又は克服するため，適切な指導及び必要な支援を行うもの」としており，現在，通級による指導，特別支援学級，特別支援学校のみならず，通常の学級においても特別支援に関する校内委員会を設置したり，特別支援コーディネーターを配置したりするなど，これまで以上に特別な支援を要する子どもたちの指導や支援の充実が図られています。

1.2　合理的配慮とは

　文字を書き写すことが難しい子どもがいる場合，授業の要点をプリント形式にして配布する，書き込む欄を大きくする，プリントを拡大する，などの配慮が考えられます。欧米では，ワープロの使用を認める，スマートフォンなどのカメラ機能の使用を許可する，などの配慮が挙げられます。つまり，障害のある子どもが，そうでない子どもと平等に教育機会を享有するための個人のニーズに合った変更や調整を行う必要があります。このような取り組みは「合理的配慮（reasonable accommodation）」と言われています。

　文部科学省（2010）は，合理的配慮を「障害者が他の者と平等にすべての人権及び基本的自由を享有し，又は行使することを確保するための必要かつ適当な変更及び調整であって，特定の場合において必要とされるものであり，かつ，均衡を失した又は過度の負担を課さないものをいう」と定義しています。ただし，合理的配慮は，同一の障害であっても当事者の発達やニーズによってさまざまであることを考慮したうえで，当事者，保護者，学校，医療関係者で，個人の教育・指導計画について合意形成を図る必要があります。

2.　発達障害

　ひとくくりに「障害」と言っても，多様な種類，捉え方があります。一般には，聴覚障害，視覚障害，肢体不自由，知的障害，情緒障害，発達障害，病弱・身体虚弱などに分けられますが，本稿では，発達障害のある児童を対象とする外国語教育における指導や支援について考え

ていきます。

　まず，発達障害とはどのような障害か見ていきましょう。発達障害者支援法（文部科学省，2019d）では，発達障害を以下のように定義しています。

　「自閉症，アスペルガー症候群その他の広汎性発達障害，学習障害，注意欠陥多動性障害その他これに類する脳機能の障害であってその症状が通常低年齢において発現するものとして政令で定めるもの」

　上述のように，発達障害は生まれつき脳の一部の機能が年齢相応に発達していない，つまり脳機能の偏りによって起こるもので，本人の努力不足や不適切な親によるしつけなどによるものではありません。そして，発達障害のある者は自閉症，学習障害，注意欠陥多動性障害などに見られる複数の障害をあわせ持っている場合が少なくありません。したがって我々教員は，診断名にこだわることなく，1人ひとりの児童をしっかり観察し，児童の特性をありのままに理解していくことが大切です。

　では，発達障害の可能性がある児童生徒は，通常の学級ではどのくらいの割合で在籍しているのでしょうか。文部科学省（2012）の調査では，公立の小・中学校において通常の学級に在籍する児童生徒のうち，知的発達の遅れはないものの，学習面または行動面で著しい困難を示す子どもたちが6.5%在籍すると報告されています。つまり，40人学級であれば，2〜3人いることになります。

　ここで，発達障害の種類について見ていきましょう。本稿では，下記に示すように，発達障害を「自閉スペクトラム症（ASD）」「学習障害（LD）」「注意欠陥多動性障害（ADHD）」に大別して考えていくことにします。いずれの障害も程度や現れ方には個人差があり，対応も個々のニーズに応じて行う必要があります（厚生労働省，2008を参考に一部加筆）。

　◇　自閉スペクトラム症（ASD）
　　・ことばの発達遅滞の可能性　　・コミュニケーションの障害
　　・対人関係・社会性の障害　　　・パターン化した行動，こだわり，興味，関心の偏り
　◇　学習障害（LD）
　　・「読む」「書く」「計算する」などの能力が，全体的な知的発達に比べて極端に苦手
　◇　注意欠陥多動性障害（ADHD）
　　・不注意　　　・多動・多弁　　　・衝動的な行動

　なお，加賀田他（2015）では，英語授業に見られる困難状況について調査していますが，上に挙げた発達障害の特性が確認されています。

3. 発達障害がある児童への指導のポイント

3.1　指導上の基本的な考え方

（1）望ましい行動はほめて強化する

　発達障害のある子どもへの対処法として大切なことは，できない点をしかったり，無理に頑張らせたりするのではなく，得意なところやできるところを伸ばしてあげることです。できることから少しずつ取り組ませ，望ましい行動が見られたときには，タイミングよくほめ，達成

感を味わわせましょう。肩をポンとたたいたり手を握ったりして，何らかの身体的な接触のあるほめ方が効果的です。また，望ましい行動が見られるたびにシールなどを与えることで，児童の自尊感情や自己有能感を認め，高めることにつながります（市川，2006）。問題行動については，その理由を伝えながら，感情的にならず落ち着いて諭していく必要があります。

（2）多様な指導・支援方法を取り入れる

　同一の診断を下されている場合でも個人差は大きく，ある児童に対する対処法が別の児童に適切であるとは限りません。大切なことは 1 人ひとりの特性を理解し，それぞれの行動特徴に合わせた指導や支援をしていくことです。例えば，単語学習を例に取ると，視覚優位な児童には文字，絵，イメージ，映像などを使用する，聴覚優位な児童には音楽，ライム，チャンツ，CD などを使用する，触覚優位な児童には砂の上や自分の手のひら，膝の上で書かせたりする，運動感覚が優位な児童には手拍子をつけたり体を動かしたりしながら学ばせることができます。実際には，この中の複数の感覚を駆使しながら，学びへとつないでいきます。このように複数の感覚を用いた指導や支援を「多感覚指導法」（コームリー，2001/2005）と言います。

（3）わからないことを伝える習慣をつけさせる

　授業中，わからないところがあれば，教員や友達に「助けを求める」習慣を身につけさせたいものです（加賀田・杉田，2019）。そのためには，子どもが常に受け入れられ，支持され，守られていると感じることができる教室環境を醸成する必要があります。そうすることで，わからないときには，躊躇することなく自ら手を挙げて質問できるようになります。ただし，どうしても挙手することが難しい場合，あらかじめ「ヘルプ」カードを作らせ，わからないときには机の通路側の教員が見えやすいところに置かせるとよいでしょう。（ちなみに，筆者は横 10 cm，縦 5 cm 程度で，赤色の下地のヘルプカードを勧めています。）

3.2　『小学校学習指導要領解説（平成 29 年告示)』による外国語指導上のポイント

　前述の文部科学省（2012）の調査結果を受け，我が国でも遅ればせながら，教育の権利としての児童生徒のニーズに加え，外国語学習を支援したいという教員からのニーズにより，特別支援教育の視点を取り入れた外国語授業のあり方についての研究が見られるようになってきました。また, 2020 年度から全面実施の『小学校学習指導要領（平成 29 年告示)』では，すべての科目において特別支援の視点から，以下のような記述が挙げられています（外国語科：p.162，外国語活動：p.177）。

　＜指導計画の作成と内容の取扱い＞
　　障害のある児童などについては，学習活動を行う場合に生じる困難さに応じた指導内容や
　　指導方法の工夫を計画的，組織的に行うこと。

　これは，障害のある児童が，個々の教育的ニーズに応じたきめ細かな指導や支援を計画的，組織的に受けることを通して，通常の学級においても，定型発達の子どもたちとともに学ぶ「インクルーシブ教育システム」構築の実現を目指すことを示唆しています。『小学校学習指導要領解説（平成 29 年告示）外国語活動・外国語編』によると，外国語科における配慮として，

以下のことが記されています。

◆音声を聞き取ることが難しい場合，外国語と日本語の音声やリズムの違いに気付くことができるよう，リズムやイントネーションを，教員が手拍子を打つ，音の強弱を手を上下に動かして表すなどの配慮をする。また，本時の流れが分かるように，本時の活動の流れを黒板に記載しておくなどの配慮をする。

◆1単語当たりの文字数が多い単語や，文などの文字情報になると，読む手掛かりをつかんだり，細部に注意を向けたりするのが難しい児童の場合，語のまとまりや文の構成を見て捉えやすくするよう，外国語の文字を提示する際に字体をそろえたり，線上に文字を書いたり，語彙・表現などを記したカードなどを黒板に貼る際には，貼る位置や順番などに配慮する。

(p.127)

3.3 障害別にみる外国語指導上のポイント

ここでは，障害別にみる外国語指導上のポイントについて見ていきましょう。

3.3.1 「自閉スペクトラム症（ASD）」傾向のある児童への指導

自閉スペクトラム症のある児童は，思ったことをすぐに言語化してしまうため，人と上手にコミュニケーションがとれない，対人関係が築きにくいことが特徴的です。したがって，これらが原因で，ペアワークやグループワークでトラブルが起こりやすくなります。このような児童には，仲の良い，信頼できる友達とペアやグループを組ませたりします。それでも難しい場合は，担任や ALT（外国語指導助手：Assistant Language Teacher）とペアを組んだり，個人ワークという選択肢を与えることもできます。ペアやグループでの学習は強要せず，周りが協働して楽しんでいる姿を見て，自分も加わってみたいと思うまで待つことも必要かもしれません。大切なことは，普段から話す態度・聞く態度，意見の出し方，交互な対話の仕方，など社会性を獲得させるためのソーシャルスキル・トレーニングを参考にしながら，友達との関わり方を学習したり，友達と関わる機会を多く持たせたりするように心掛けることです（竹田・花熊・熊谷, 2012; 塚田・吉田・中山, 2013, 他）。また，自閉スペクトラム症のある児童はこだわりが強いことから，自分の興味・関心と合わないと学習したがりませんが，いったん興味・関心を持つと自主的に学習し始めますので，教員は常に彼らが今，何に興味・関心を抱いているか（あるいは抱いていないか）をしっかりと把握しておく必要があります。さらに，このような児童は視覚的能力が高い場合が少なくありませんので（下山・村瀬, 2013, 他），授業では，絵カード，写真，ポスター，実物などを活用して情報を視覚的に提示する，重要なところはチョークの色を変えたり下線を引いたり囲んだりするなど板書の仕方を工夫する，マルチメディアなどの ICT 機器を有効活用する，とよいでしょう。

3.3.2 「学習障害（LD）」傾向のある児童への指導

学習障害のある児童は，特に読み書きに障害が見られるケースが多く，このような障害は「ディスレキシア（dyslexia）」として知られています。授業では，聞いたり，話したりすることに問題がみられない児童も，読んだり，書いたりすると，途端につまずくことがあります。今後，小学校でもアルファベットや基本的な単語，文を読んだり，書いたりする機会が多くな

ると，学習障害のある児童は，英語学習にさらに困難を感じることになるでしょう。読むことが苦手な児童には，文字がゆがんで見える，揺れて見える，二重に見える，など文字の見え方（視覚認知機能）に課題が見られることがありますが，その場合には視機能の検査を行うことをおすすめします。もし視機能に課題があれば，見ているものにすばやく視線を移動させたり，焦点を合わせたりするヴィジョントレーニングを行うことで改善されることが少なくありません（北出，2015; 本多，2012, 他）。視機能に課題がない場合は，行間に余裕を持たせたり，文字のフォントや大きさに配慮したり，用紙の色を変えたりするだけで改善される場合があります。また，正しく書き写しができない場合には，罫線を拡大コピーしたり，基本のベースラインをわかりやすくするためにハイライターなどで色をつけ，目立たせたりします。

　聴覚機能が弱いことも，学習障害の原因として挙げられています。音が正しく耳に入ってこない，よって音を正しく弁別できないことが，文字の読み書きにも影響してきます。このような場合，補聴や聴覚訓練を行うことで改善が期待できます（竹田，2019）。さらに，ワーキングメモリー，つまり，短時間に情報を保持し，同時に処理する能力の容量が小さいために，学習してもすぐに忘れるといった子どももいます。ワーキングメモリーを生かした支援については，湯澤・湯澤（2017）が「情報の整理」「情報の最適化」「記憶のサポート」「注意のコントロール」の観点から詳説しています。

　ここで，実際の文字指導について見ていきましょう。アルファベット指導では，例えば，絵カードの "D" を指しながら，「"D" はどんな形か言ってみて」と教員が尋ね，「左に棒が1本，右側にでっぱりが1つ」などと児童に説明させたうえで，それを粘土やモールで作らせることができます。パーツごとにわかれているアルファベットの模型を組み立て，そのあと，"D, D, D" と言いながら粘土やモールで作った立体的な文字を指でなぞらせたりするとよいでしょう（村上，2019）。また，砂の上や自分の手のひら，膝の上に書いたりすることで，単にノートに書く練習よりも定着しやすくなります。間違った場合でも書き直しが容易なので，間違いを気にせず何度も練習できるという利点があります。アルファベットは基本的に「縦・横・斜め・円（曲線）」からできているので，どの部分が得意あるいは苦手か，1つずつ確認していく必要があります。苦手とするアルファベットリストを作成し，学習の結果，克服できた場合にはそのアルファベットをリストから外していくとよいでしょう。

　これまでの研究からは，フォニックス指導の有効性が示唆されています（第1章第2節・第4節を参照）。フォニックス規則を知っていると，未習の単語でもある程度推測して読むことができるからです。しかしながら，いきなりフォニックス指導をするのではなく，まずは英語の歌，チャンツ，詩などを通して，英語のリズムやイントネーション，ライムなどに楽しませることから始めます。そのあとフォニックス指導に入りますが，ten, top, tub に共通する語頭音（/t/）に気づかせたり，ten の t を p に変えると pen，p を h に変えると hen になることに気づかせたりします。そうすることで，単語は音の足し算であることや，音を置き換えることで異なる単語が作られることに気づくようになります。

　フォニックス指導では，すべての規則を教え込むのではなく，1文字1音のアブクド読み（音読み）から始め，児童の負担にならない範囲で，使用頻度の高い規則から少しずつ，時間をかけて繰り返し教えていくことが大切です。また，フォニックス指導は，児童の「読めた！」という自信や達成感につながりやすく，「もっと読めるようになりたい！」という次の意欲へとつなげることができます。つまり，自尊感情や自己有能感が低い児童には大きな自信へとつな

がる可能性を秘めています（加賀田, 2017）。

　なお，学習障害のある子どもへの指導については，大谷（2017）や村上（2009）でさまざまな指導に関する書籍や論文が紹介されていますので，ぜひご参照ください。

3.3.3 「注意欠如多動性障害（ADHD）」傾向のある児童への指導

　注意欠陥多動性障害は，年齢あるいは発達に不釣り合いな注意力，及び／又は衝動性，多動性を特徴とする行動面での障害です。授業中に教員の説明や指示に対して注意を向けることが困難で，そのため学習内容を理解できず，授業がわからなくなるほか，落ち着きがない，話を聞いていない，などと叱責され続け，学習意欲を失ってしまう学習者が少なくありません。突発的にキレるといった行動も見られます。質問すると，場の雰囲気を読めずに，すぐに答えを言う児童もいます。クラス全体で考えさせたい場合でも，衝動的に発言してしまう児童もいます。そのような場合は，「隣の人と考えてみましょう」「グループで話し合ってみましょう」などと声掛けするとよいでしょう。

　ゲーム活動では，勝敗へのこだわりが強い子どもの場合，必要以上に興奮してしまったり，ゲームに負けると気持ちの切り替えが難しくなってしまったりする場合があります。そのため，ゲーム活動を計画する際には，勝敗にこだわりすぎない活動を設計したり，負けた場合でもレジリエンス（立ち直る力）を高めたりすることができる集団作りを常に心掛けておく必要があります。また，ゲーム活動においては，活動のはじまりと終わりをしっかりと明示し，ルール説明は視覚的な支援を交えながら簡潔に行うことが大切です（加賀田・杉田, 2019）。

　さらに，授業では，1つひとつの活動に集中させるため，比較的短時間でできる「静」と「動」の多様な活動を組み合わせます。例えば，リスニング，絵本の読み聞かせ，文字を書いたり，読んだりするなど，どちらかと言うと「静」を伴う座学学習と，起立して歌を歌ったり，周りの人とゲームやインタビューをしたり，ジェスチャーなどを取り入れたりしながら，適宜「動」を伴う活動をバランスよく計画します。

　加えて，集中できる環境を作るために，掲示物を減らしたり，窓から外を見えなくするためにカーテンを閉めたりするなど，周りからの不必要な刺激を減らすことも大切です（柘植, 2014）。また，多動性の強い児童に対しては，立ち上がりたくなる前に教員に声を掛けるとか，あらかじめカードや色紙などを児童に渡しておいて，児童が立ち上がりたくなったらそのカードなどを机の上に置かせるなど，一定のルールを決めておくとよいでしょう（武田・加賀田, 2019）。

4. さいごに

　ここで紹介した指導の多くは，発達障害のある児童など特別な支援や配慮を要する児童には「ないと困る」ものであり，すべての子どもにとっては「あると便利」なものでもあります。外国語教育における特別支援に関する研究は始まったばかりです。今後は，教員の1人でも多くが，発達障害についての理解やその支援や指導のあり方について理解を深めていく必要があります。特別支援に関する悩みを持っている先生方は少なくありません。1人ではできないことも学内・学外の多様な教育資源を有効に活用し，同じ悩みを抱いている先生方のネットワークを作り，それぞれの思いを共有することで，課題解決につなげていくことが期待されます。教員に特別支援に関する学術的な知識があれば，対処はしやすくなり問題を未然に防ぐことができます。そして何よりも，子どもたちの潜在的な力をさらに開花させることにつながっていきます。

第15節 異文化理解

川上　典子・山崎　祐一

Q1：なぜ異文化理解の要素を外国語教育に取り入れるとよいのですか？
Q2：授業の中で，どのように異文化理解の内容を取り入れたらよいですか？
Q3：外国語学習で異文化理解について学ぶことが，子どもたちの将来にどのように役立つのですか？

1.　はじめに

　子どもたちに外国語を学ばせる大きな目的の1つは，異文化圏の人々と円滑にコミュニケーションを実現するための能力を向上させることです。特に英語は，国際語として圧倒的に強い通用力を持つ言語ですし，たとえコミュニケーションの相手が英語圏の人ではなくても，共通媒体が英語になる可能性は非常に高いと言えます。「ことば」はコミュニケーションにおいて重要な役割を果たしますし，頭の中にあるイメージを相手に伝える重要な道具として機能します。世界の人々とやりとりをするために，ことばとしての英語を習得することは，子どもたちにとってはとても有益です。しかし，子どもたちが英語を使って何ができるようになるのかということを考えたとき，もしそれが異文化圏の人々とのインタラクションを通して，適切かつ効果的にコミュニケーションを実現するための能力の基礎を培うことであるならば，ことばとともにその背後に見え隠れする社会文化的要素にも目を向けていく必要があります。子どもたちが外国の人々とお互いに意思疎通を図り，その独特のコンテキストの中で，自分とは違う世界や考え方を知り，それらを柔軟に認めながら，適切に目的を達成できるかどうかというところに，外国語学習の本当の楽しさがあります。

　子どもたちは，語句や表現を覚えて言えるようになっただけでは，そのことばを使う国のことを理解したことにはなりませんし，その国の人々と円滑にコミュニケーションがとれるようになるとは限りません。例えば，日本語を学ぶ海外の学習者たちが，日本人の心を寛容に認め理解することなしに，日本人とうまくコミュニケーションがとれるとは考えにくいです。日本語を流暢に話す日本人同士でも，「この人とは話がかみ合わない」ということがあるのは，お互いに相手の考え方が理解できないから，あるいは認めることができない，または認めようともしていないからではないでしょうか。異質な他者への寛容性があってはじめて，ヒトとヒトとの居心地のいいコミュニケーションは成立します。

　本節では，外国語教育に異文化理解の要素を取り入れることがなぜ有用なのか，外国語教育の中で異文化理解を学ぶことが子どもたちの将来にどうつながるのか，また，実際に異文化理解の内容を授業の中でどのように伝えることができるのか，について論じます。

2.　外国語教育に文化的要素を取り入れることの意義

　Brown（2007）は，外国語学習に対する2種類の動機づけとして，目標言語が道具として必要であるという道具的動機づけ（instrumental motivation）と，異文化について学び，それに

統合されたいという願望がもとにある統合的動機づけ（integrative motivation）について言及し，外国語学習者にはこれら両方の動機が同時に存在することが多いことを説明しています（第1章第8節を参照）。つまり，外国語学習者は，目標言語と同様に目標文化に興味を持っている場合が多いということを主張しています。

　日本における韓国語ブームや海外における日本語ブームについても，韓国ドラマやK-POP，日本のアニメという一種の文化に興味を持ったことが，韓国語や日本語の学習につながった可能性があるという指摘も少なくありません（ドラージ土屋, 2008; 纓坂, 2008）。日本の子どもたちが，国内のアメリカンスクールとの異文化交流を通して，英語学習の動機を得た事例もあります（山崎, 2014）。

　アメリカでは，ACTFL（2006）が外国語教育基準を策定し，それに準拠した形で教育が進められていますが，その中には自分の世界とは異なる目標文化の理解の重要性が明記してあり，外国語教育と異文化理解が不可分であることが述べられています。ヨーロッパで展開されている内容と言語を統合したCLIL（内容言語統合型学習，Content and Language Integrated Learning）においても，文化については当然のごとく強調されています。いずれも，ことばと文化を一緒に教えるというスタンスです（Coyle et al., 2005; 第1章第13節，第2章第8節を参照）。『小学校学習指導要領（平成29年告示）』（文部科学省, 2018）の中でも，音声や表現など「技能面」の重要性がフォーカスされる一方，「相手意識」や「他者理解」など，コミュニケーションの「態度面」や異文化を理解することについても，引き続き論及されています。子どもたちが異なる思考方法や行動様式を学ぶということは，学びを人生や社会に生かそうとする「学びに向かう力，人間性等の涵養」に大きく関わる問題でもあります。

　Celce-Murcia, Dörnyei, & Thurrell（1995）は，独自のコミュニケーション能力のフレームワークの中で，社会的文脈を決定する規範や期待についての知識と，それらを使う社会文化的な能力の重要性を主張しています。Byram（1997）も，異文化圏の人々とのコミュニケーションには，目標言語が主要なコミュニケーションの媒体である活動に参加するための知識・技能や能力が必要であることについて論じています。「知識・技能」は，行動や表現の内面にある文化的要因を感じ取り，理解する力と結びついてはじめて生かされます。子どもたちが学習過程で培ってきた英語に関する知識と技能を，国内外を問わず，将来実際の国際的なコミュニケーションの現場でどのように役立たせることができるようになるか，つまり，英語能力を実践の中で通用するコミュニケーションスキルへと転換できるかどうかが，「英語を使って何ができるようになるのか」という目標達成の鍵となるのです。

　子どもたちは，異なる言語や文化について知ることで，それらに興味・関心を持ち，それをもとに，より多くの情報を得ようと自ら調べたり，さらなる知識を身につけようとしたりします。また，そうすることで，コミュニケーションの際に相手の持つ文化について冷静，かつ客観的に考え，他者に配慮できる心が育まれます。異なる文化・習慣に対して寛容な姿勢を保持し，それらの暗黙のルールをそれぞれの目的や場面，状況の中で理解していくことが，のちの実社会における外国語による円滑なコミュニケーションには必要です。異文化を尊重し，文化の差を優劣視しない文化相対主義（ethnorelativism）が，異文化圏の人たちとの相互作用を通して自分の目的を達成したり，異文化のさまざまな状況の中で適切に行動をとったりする能力に結びついていきます。

3. 表現方法における文化的特性

　Charlebois（2016）は，どのような場面でどのように発話するかという語用論的理解や能力の欠如が，異文化コミュニケーションにすれ違いをもたらす，と主張しています。外国語で他者とかかわる際，目的や場面，状況に応じたコミュニケーションにおける表現方法が，文化的に異なる場合があるからです。例えば日本語では，誘いを受けても相手の気持ちを傷つけまいとして「考えておきます」などと答え，はっきり断らない場合がよくあります。本当に考えてくれているのか，それともその場では断りづらいので，とりあえず「考えておきます」と言ったのかは，きわめて曖昧です。聞く側がどちらかを判断しなければなりません。ところが，英語の場合，曖昧に断ったつもりで数日間放っておくと，「考えておく」と言っておきながら返答しない不誠実な人だとさえ思われることもあります。

　また，依頼に対する返答として，日本語では「ちょっと難しいです」と間接的に断ることがありますが，それをそのまま英語で，"That's difficult." と表現してしまうと，「難しいけれどもできる」という意味にとられてしまいます。英語の場合，"I'm sorry, but that's not possible."（すみませんが，できません）のように，断りの意志をはっきりと相手に伝えるのが通例です。このようなコミュニケーションの行き違いは，日本語では「聞き手に判断責任」があり，英語では「話し手に発言責任」があることが原因で，英語圏では，メッセージに誤解が生じないように，間接的で回りくどい表現は避けたほうがいいと考えられます（山崎，2011）。清水（2009）も，依頼に対して「"No" と言わない」ことを優先する日本語の規範を英語に転移した事例研究について言及しています。このように，考え方の相違の認識が不足していれば，日本語が英訳できても真意が伝わりにくい状況は頻繁に起こりえます。

4. 何のために子どもたちに英語を教えるのか

　外国語学習は，子どもたちに日本を振り返らせ，母語と外国語，自文化と異文化を冷静に見つめる機会を与えてくれます。異文化にふれることは，今まで無意識であった自国の言語形式や価値観を意識化し，それに「誇り」を持つことにもつながっていきます。両言語，両文化を客観的に比較することにより，主観的，一方的な判断から解放され，それぞれを正しく深く理解することができます。外国語を学ぶことで，異文化コミュニケーションには欠かせない複眼的視野や柔軟性・協調性も身についていきます（山崎，2014）。

　教師は「子どもたちに英語を教えて，将来子どもたちにどうしてほしいのか」についてしっかりと認識しておくべきです。外国語を学ぶことは「新しい視点」を得ることです。1つの世界を2つの視点から見て，子どもたちはもっと楽しく面白く生きていくことができます。教師自身が広い視野と柔軟性を持ち，子どもたちが英語でコミュニケーションをとることの楽しさと喜びを感じられるような授業内容にしていくことが大切です。子どもたちが異なる考え方を持つ他者を理解し，前向きに臆することなく英語でコミュニケーションをとる姿勢を身につけることができたかどうかで，教師の資質と力量が試されます。

　このグローバル化した時代の中，伝統的な地域社会とは異なる新しいコミュニティは，「地球規模で考える」という生き方を基軸としており，外国人居住者の増加という現実は，異文化を背景とする他者との共生・異文化コミュニケーションの成立がコミュニティの重要な指標であることを如実に物語っています。子どもたちは外国語を学ぶと同時に，外国の生活や文化に

興味を持ち，諸外国の人々の価値観を認め，協調して生きていこうとする態度を養う努力を怠らないことが重要です。そしてそのことは，遠い外国の人たちのことだけでなく，実は，教室で今となりに座っている異なる考え方を持つ友だちのことも理解し，認め，お互いにわかりあえる方法であるということに，子どもたち自身が気づくことにもつながっていくのではないでしょうか。

5. 『小学校学習指導要領（平成 29 年告示)』に異文化理解がどのように書かれているか

『小学校学習指導要領（平成 29 年告示)』の外国語活動の目標には，「言語や文化について体験的に理解を深め」と書かれています。言語と文化は切っても切れない関係であり，外国語教育においては言語だけを無機質に扱うのではなく，それを包括する文化も含めて扱う姿勢が大事です。しかしながら，英語には他の言語にない特殊性があります。イギリス，アメリカなど，複数の国々で第一言語として使用されているだけでなく，インドやシンガポール，ケニアなど多くの国では，公用語の 1 つとして大事な役割をはたしています。世界には英語を勉強している人も多くいますから，英語の使用者は他のどの言語の使用者より多く，英語が事実上の共通語の役割をはたしていると言えるでしょう。そうした状況をふまえ，英語という言語を学ぶにあたっては，イギリスを発祥の地として，そこからアメリカをはじめ世界各地に散らばり，それぞれの土地でそれぞれの文化の中で英語が使われている現状をおさえておきましょう。

また，前述の目標の中では，言語や文化について「体験的に」理解することが，小学校段階での特徴となります。つまり，教師が一方的に教えるのではなく，異文化について見たり聞いたりする体験から児童が世界にはさまざまな文化があることを実感し，自文化との共通点や違いに気づき，それを教室の皆と共有していくことが，多様性を認める教室の空気を作っていきます。多様な文化にふれる中で，生活や習慣の違いを善悪で判断をするのではなく，「違い」として認識する態度の育成が大事です。そして，なぜそのような違いが生まれるのか，その文化背景に少しでも踏み込むことで理解を深め，同時に異文化への興味も高まっていくでしょう。体験させたまま放置するのではなく，正しい認識や深い理解へ向かうように仕向けていく教師のファシリテータとしての役割が大変重要になってきます。

また異文化への理解を深めることは，自文化を意識し，その理解を深める良い機会になります。外国語活動では，「外国語や外国の文化のみならず，国語や我が国の文化について」理解を深めるだけでなく，「関心を高め，理解を深めようとする態度を養う」（文部科学省，2017e, p.153）ことが求められています。外国語科においても，「世界の人々や日本人の日常生活，風俗習慣，物語，地理，歴史，伝統文化，自然などに関するものの中から」（p.160）適切な題材を扱うことが明記されています。グローバル化が進む時代だからこそ，自分や自文化の根っこを認識し太くする，自文化に関する教育の充実が求められていると言えるでしょう。

さらに，前述の外国語活動の目標の続きに，「相手に配慮しながら，主体的に外国語を用いてコミュニケーションを図ろうとする態度を養う。」と述べられています。外国語科でもほぼ同様の目標が掲げられていますが，外国語活動が「相手に配慮しながら」活動を行うのに対し，外国語科では「他者に配慮しながら」と，対象が広がっています。中学年から高学年への成長に合わせて，目の前の親しい相手だけではなく，普段ことばを交わす機会のない児童や地域にいる外国人とのコミュニケーションへと，関係性や話題が広がるのです。また，外国語科の「指導計画の作成と内容の取扱い」に配慮すべき点として，「多様な考え方に対する理解を深めさ

せ，公正な判断力を養い豊かな心情を育てることに役立つこと」，「我が国の文化や，英語の背景にある文化に対する関心を高め，理解を深めようとする態度を養うことに役立つこと」，「広い視野から国際理解を深め，国際社会と向き合うことが求められている我が国の一員としての自覚を高めるとともに，国際協調の精神を養うことに役立つこと」（p.160）と書かれています。つまり，異文化理解教育は，相手，つまり1人ひとりの人間を尊重し，相手への理解を深め，さらに他者へ目を向け，視野を自分の地域から世界へ広げて，多様な文化に関心を持ち，理解を深め，国際社会に貢献する人材を育てていくことだと言えます。

6. 小学校外国語教育における教材分析

　海外の異文化理解の教材分析としては，渡部（2009）のフィンランドの小学校英語科教科書に描かれている異文化研究などがあります。また日本の研究としては，本多・志村（2018）が異文化理解の観点を中学校英語教科書と比較しており，小中連携を考える一助となります。

　異文化理解を授業でどのように扱っていくのか考えてみましょう。具体的に「言語や文化について体験的に理解を深める」活動として，文部科学省作成の『小学校外国語活動　研修ガイドブック』に挙げられているのが，①あいさつなどの簡単な表現　②世界の様々な文字　③外来語について　④世界の国々の文化や位置　⑤世界の人々の生活です。これらのトピックについて，例として，移行期に文部科学省から出されている3・4年生の *Let's Try! 1，2*（以下，LT1／LT2）と5・6年生の *We Can! 1，2*（以下，WC1／WC2）の単元を見ていきましょう。

　あいさつなどの簡単な表現は，LT1とLT2の両方で扱われています。LT1の 'Hello!' では，フィンランド・中国・ドイツ・日本・ケニア・インド・韓国・アメリカ・オーストラリアの9か国の国旗とそれぞれのあいさつが出てきます。あいさつは人と人をつなぐことばであること，どの国にも1人ひとり思いを込めてつけられた名前があるということを感じることができます。名前を扱うことは，自尊感情を持たせる良い機会になります。異文化との共通部分にも目を向けましょう。3年生という発達段階においては世界の認識ができていないかもしれませんが，自分がいる日本を認識し，その周りにはいろいろな国があり，いろいろな人々がいろいろなことばを使って生活しているということを映像を見ながら体感できます。LT2では，11か国の国旗とそこで使われる文字が出てきます。いくつかのあいさつの映像から，ことばだけでなくジェスチャーや表情も，コミュニケーションを図るうえで大事であることがわかります。

　文字については，アルファベットの大文字はLT1で，小文字はLT2で扱われています。LT1の 'What's this?' には，漢字クイズとして「海星」「海月」「海馬」が出てきますが，似たような発想で作られている英語の単語があることに気づくことができます。また，漢字が表意文字であるのに対し，英語は表音文字であるという違いにふれることもできます。

　外来語については，LT1の食べ物やスポーツ，LT2の文具などの語いを通じて，身のまわりのことばが外来語で英語に近いもの（オレンジ，バナナ，ハンバーガーなど）とそうでないもの（ノート，ホチキス，シャーペンなど）があることに気づいてきます。外来語で英語に近いものでも発音の仕方が違うことに気づくのは大事なことです。外来語を知っているということは，英語学習の初期段階でも相当な数の単語の意味を推測できるので授業に活用したいところですが，外来語をそのまま日本語の発音で言っても通じないことが多いため，発音指導は丁寧にしていく必要があります。また，パン，てんぷら，シュークリームなど英語由来でない外来語についても語源を探ることは，ことばに対する興味を高めることになるでしょう。一方，

外来語とは逆の日本語が英語で使われているケースもあります。食べ物では，sushi, sake, sukiyaki など，スポーツでは，judo, karate, sumo など，日本の文化的なものとして，kabu-ki, manga, bonsai など，日本の自然現象を表す typhoon, tsunami などが挙げられます。WC2 の 'Welcome to Japan.' では，これらの語を世界で活躍する日本由来の英語として意識させることで，自文化への認識を深め，興味を高めることにつながるでしょう。

　世界の国々の文化や位置については，LT2 の 'What time is it?' で，ロンドン・東京・サンフランシスコ・ニューヨークの都市の時刻から時差に気づくようになっています。WC1 では，月ごとの世界の行事が取り上げられており，その土地に根ざしたいろいろなお祭りや行事があることがわかります。12月のクリスマスは，オーストラリアでは夏であることに気づくことができます。南半球では季節が逆であること，常夏の国もあること，それに対し，日本は四季がはっきりと存在することが認識できます。WC1 の 'I want to go to Italy.' では，フランス・イタリア・エジプト・中国・韓国・インド・ロシア・日本・オーストラリア・カナダ・アメリカ・ブラジルなどの国々が取り上げられ，それぞれの国の有名な建物や食べ物などが出てきます。この単元に入る前に世界の国々についての理解と関心が児童にないと，この単元での活動が盛り上がりませんので，日頃から世界の大きなニュースなどを話題に出したり，スポーツの試合の場所や選手の国などを折にふれて世界地図で確認したりするとよいでしょう。そして，教材として出てくる写真や映像はその国の有名なものであっても，それはその国の一部分で，その国全体を表すものではないことに留意しておきましょう。つまり，タージマハルの白い建物を見て，インドの建物は白いとは言えないということです。また，聞きかじりの情報をもとにその国の人々や文化を語るのは，児童に誤った認識を植えつける可能性があり危険です。異文化については教師も児童と一緒に調べるなど，児童の異文化への興味を高めるように工夫しましょう。

　世界の人々の生活については，LT2 で 4 か国の子どもたちの放課後の生活，時刻と日課，外国の市場の様子が取り上げられています。スーパーでの買いものしか知らない子どもに，市場の量り売りの様子は新鮮に映ることでしょう。先進国での廃棄食料やプラスティックゴミの問題などに関連づけると，市場の売り方は合理的なのかもしれません。WC1 では，世界の学校生活や世界の子どもたちの日課，世界の食文化が取り上げられています。学校生活の映像では，児童は自分たちに身近なこととして興味深く見るでしょう。そして授業時間が長い・短いなどから良い・悪いといった反応が出るかもしれませんが，それぞれの国の事情がありますので，短絡的な反応に教師が同調するのではなく，なぜそうなのか，少しその国の事情にふれるとよいでしょう。食文化も児童に大変身近な話題で入りやすく，異文化を考える話題が豊富です。世界には，お箸文化，ナイフ・フォーク文化，手食文化とあることは知っておく必要があります。例えば，インドでの手食の映像を「汚い」と捉えるのは日本の価値観であり，児童がそのように反応したときには，ヒンズー教の右手と左手の役割を伝えるべきでしょう。

　このほか，異言語の数の言い方や虹の色の扱いなど，異文化を含む話題は豊富にあります。まずは教師自身が異文化を色眼鏡で見ないよう心掛け，児童に異文化や自文化の面白さを感じてもらうような文化情報が隠れていないか日頃からアンテナを張っておくようにしましょう。

石塚　博規・猫田　和明

Q1：外国の小学校での英語教育は，どのような状況になっていますか？
Q2：地域によってどのような違いがありますか？
Q3：日本の小学校英語教育に対する示唆はどのようなものですか？

1. アジアの早期英語教育の状況から

1.1　一般的な動向

　アジアの早期英語教育に関しては，シンガポール・香港・フィリピン・マレーシアなどの英語が公用語あるいは準公用語となっている国々・地域における導入状況と，中国・台湾・韓国・タイ・ベトナムなどのいわゆる EFL（外国語としての英語：English as a Foreign Language）教育環境にある国々・地域の導入状況を分けて考察する必要があります。英語（準）公用語圏は，歴史的にイギリスやアメリカの統治下にあったことから，早期英語教育はかなり以前から取り入れられており，小学校低学年あるいは幼稚園から英語教育が始まります。国や地域によっても異なりますが，体育・音楽・理科・算数など一部の教科，あるいは全部の教科を英語で教えるイマージョン教育も取り入れられています。これらの国や地域では英語に対する社会的なニーズも高く，TOEFL スコアで見た英語力では，アジア諸国の中でトップクラスとなっています。2017 年の ETS（TOEFL の実施機関）が公開しているデータによると，シンガポールが 1 位で，インドが 2 位，マレーシアが 4 位，フィリピンが 5 位，香港が 6 位と続いています。また EFL 教育環境にある国・地域においては，中国・台湾・韓国・タイ・ベトナムなどでは，ほぼ同じ時期の 2000 年前後から小学校で英語教育が始められており，小学校 3 年生から教科としての英語の授業が，おおよそ週 2 回（40 分 × 2 回）ないし週 4 回（20 分 × 4 回）以上行われています（文部科学省，2006）。経済的・政治的な情勢の違いから教育環境や教育内容は多様ですが，東アジアに位置する韓国・台湾・中国での小学校英語教育は国策によって強力に進められており，その成果も明らかになるなど注目されています。さきほどの TOEFL スコアで見ると，アジアの中で韓国は 11 位，台湾とタイは 14 位，中国は 18 位となっており，受験人口比率を考慮しても，26 位の日本と比較するとかなり高いと言えます。

1.2　国別の状況

　ここでは，英語（準）公用語圏の 1 つである香港と，EFL 教育環境の国・地域の 1 つである台湾を取り上げて，小学校で行われている英語指導とその内容や方法について紹介します。

1.2.1　香港

　香港は，1997 年に中国に返還されるまでイギリス領であったため，以前から英語が公用語とされ，教育言語は広東語，教科書は英語版が使用されていました。返還後，母語教育政策が

進められ，学校ではそれまでの英語・広東語に加えて北京語を教育する 3 言語政策がとられるとともに，中学校での英語による教育が制限されることになり，75％あった EMI（英語による教育：English-Mediated Instruction）を提供する学校を半数以下にすることが方向づけられました（香港ポスト, 2009）。しかし，そのあと EMI への進学熱が高まったこともあり，今では以前より EMI を自由に学校が取り入れられるようになっています（石川, 2012）。

英語教育は幼稚園から始まり，毎週 1 時間から 3 時間程度英語にふれます。小学校では，英語は算数・北京語と並んで重点科目とされており，専科教員あるいはネイティブスピーカーと専科教員のティーム・ティーチングにより，低学年から週当たり 8 時間程度実施されています。"All English from the first graders" の方針のもと，英語の授業では英語だけで授業が行われ，4 技能を最初から教える "PLPRW"（Primary Literacy Program–Reading/Writing; Hong Kong Education Bureau, 2008）にそって，Reading と Writing が重視されます。Graded Readers などを授業でテキストとして使い，グループ学習で英問英答により教材の内容を確認していくなど，内容理解に焦点化した指導が行われます。また，フォニックスが 1 年生の最初から導入され，文字と音の関係を学習するとともに細かい発音や文法指導もなされ，正確さも重視されます。筆者の訪問した学校では指導は厳しく，椅子は色分けされ，児童の英語の成績によって座る位置が決められていました。また英語図書も多く用意され，図書館の英語図書の割合も高くなっていました。

1.2.2 台湾

台湾政府は，2001 年に「全国民が英語を学ぶ時代が来た」とのスローガンを掲げ，国力強化のために英語教育を強力に推し進める政策を打ち出し，同年に英語が教科として小学校 5，6 年生に導入されました。それ以前にも特別活動のような形での英語指導の実践が続けられていたため，導入にあたっては大きな反対論はなく，2005 年には小学校 3，4 年生に英語教育の開始年齢が下げられました。背景には，国を挙げての観光客の招致や，ビジネス界での英語ができる人材に対する高い需要がありました。

台湾では，小中一貫教育課程が作成され，英語の 4 技能ごとに Can-Do リストが示されます。小学校では，例えば，「簡単な英語で自己紹介をすることができる」「簡単な英語で家族や友達を紹介できる」などが目標とされています。学習する語彙も，オーラル用語彙として 300 語，ライティング用語彙として 180 語が規定されています。教科書は，1996 年に国定教科書から検定教科書となり，10 社程度から出版されています。またフォニックスの指導が推奨され，国内で独自教材が ICT 機器の利用を前提として作成・販売されています。授業は専科教員が行います（文部科学省, 2005a）。

指導方法については，筆者が訪問調査をした印象からすると，どちらかと言うと教師主導で，活動も多く取り入れられていますが，スキル・トレーニング型が多い傾向があります。評価は必ずしも数値評価をすることが求められておらず，学校ごとに評価方法・基準を決められますが，英語能力測定のための学力テストが各学年段階で行われ，到達目標に達していない場合は補習が行われます。多くの学校の教室には黒板の中央に電子黒板やスクリーンが設置され，ICT 機器が効果的に利用されています。また，英語授業を担当する専科教員の英語力は，教員養成制度の厳格さゆえに総じて高いと言えます。

1.3 日本の早期英語教育への示唆

これらのいわば「早期英語教育先進国」から，我が国は何を学ぶことができるでしょうか。

その1つは，早期英語教育を受けた子どもたちは，将来その英語力が向上する可能性があるということです。1.1の「一般的な動向」で述べたとおり，香港やシンガポールなどの英語（準）公用語圏ではTOEFLのスコアが圧倒的に高く，アジアで上位を占めています。香港やシンガポールのような早期英語教育では，最初から4技能を重視し，文字を介した指導を行っていることがこの試験での高得点につながっているとも言えます。一方，香港では，返還後英語力が下がったという報告があります（香港ポスト，2009）。2018年のスウェーデンのEF英語標準テストの結果によると（Education First, 2019），香港の英語力は世界30位で，標準的な英語力の国とされています。シンガポールが世界3位であるのと比較すると，高いとまでは言えません。これは，返還後英語教育にかける時間が減少したことと関係がありそうです。一方，シンガポールが小学校低学年から週17時間の英語の授業を設定している（財団法人 自治体国際化協会シンガポール事務所，2015）ことを考え合わせると，将来身につく英語力はインプットの量次第であるとも言えます。また，韓国や台湾など小学校への英語教育の導入から20年ほど経つ国々・地域では，当時小学生だった子どもたちが社会で活躍する年齢になっており，その教育の成果が検証できる段階にあります。表1は，2003年度と2004年度の日本・韓国・中国の3か国の高校1年生GTEC for Students（ベネッセ社の絶対評価型の英語テスト）の得点の伸びの比較です（文部科学省，2005b）。韓国の生徒のみ，小学校英語を学んだ経験が有り無しでの集団間の比較となっています。この表からわかるように，3技能の伸びにおいて韓国が突出して高い結果となっており，小学校英語の導入をその原因と考えることができます。この結果から言えることは，早期英語教育は将来の英語力を向上させることにつながるということでしょう。

表1　2003年度と2004年度の日本・韓国・中国の3か国の高校1年生
GTEC for Students の得点の伸びの比較

	TOTAL	Reading	Listening	Writing
日本	400.1→408.0（＋7.9）	162.1→164.0（＋1.9）	155.0→158.4（＋3.4）	83.0→85.5（＋2.5）
韓国	408.6→448.6（＋40）	185.3→195.1（＋9.8）	168.5→187.4（＋18.9）	54.8→66.0（＋11.2）
中国	438.2→453.5（＋15.3）	185.8→193.0（＋7.2）	164.2→173.0（＋8.8）	88.2→87.6（−0.6）

日本のように週1，2時間の英語指導では，将来それほど高い英語力は期待できないと予想されるため，課外で絵本やGraded Readersを読む時間や，ICTを利用して英語にふれる時間を確保し，自律的に学習を進めていく環境を整えることが必要だと言えます。しかし，注意すべき点もあります。教育方法が子どもたちの動機づけに与える影響です。年齢の低い子どもたちに暗記や文法練習・発音練習などを強要すれば，落ちこぼれが出て，英語嫌いを作ることにつながりかねません。「英語の高成績」＝「英語教育の成功」ではありません。英語教育を通して，自律的でグローバルな視野を持った世界で活躍する人材を育成することが，我々の英語教育の目的であることを忘れてはならないでしょう。

2. ヨーロッパの早期英語教育の状況から

2.1 一般的な動向

　ヨーロッパでは，外国語教育の早期化が進んでいます。European Commission ／ EACEA ／ Eurydice（2017）の報告では，2014 年時点で，EU 加盟国全体の 83.8％の小学生が少なくとも 1 つの外国語を学んでおり，2005 年時点の 67.3％から 16.5 ポイント増えています。また，小学校から英語を学んでいる生徒の割合も 2014 年時点で 79.4％に達しており，2005 年時点から 18.7 ポイント増えています。ヨーロッパのほとんどの国では，第一外国語の学習開始年齢を 6 〜7 歳，または 8〜9 歳にまで引き下げており，10 歳以上としている国はオランダ，ベルギー（ドイツ語共同体を除く）とそのほかの限られた地域のみとなりました。

　これに先だってヨーロッパでは，2007 年から 2010 年にかけて「早期言語教育計画（ELLiE）」における大規模な研究プロジェクトが行われました。参加国は，イングランド・イタリア・オランダ・ポーランド・スペイン・スウェーデン・クロアチアの 7 か国，各国から 6〜8 校，計 48 校 1,400 人の生徒とその教員が参加しました（Enever, 2011）。Hayes（2014）は，この研究結果に言及していくつかの興味深い指摘をしています。参加校における英語の指導法は，年齢に応じたコミュニカティブ・アプローチという基本的な考え方は共有していても，その解釈には差があり，秩序ある雰囲気の中で教師が児童に教えるという比較的伝統的な手法から，ペア・グループワークを多く使ってリラックスした雰囲気の中で英語を使いながら学ぶものまで，多様な指導法が混在していました。また，教師の英語力，英語を使う割合や教材への依存度などもさまざまでした（Enever, 2011）。

　その中で成果をあげたケースに共通していたのは，教師が授業を楽しんでいること，児童との関係性を基盤としたポジティブなクラス環境であること，児童の成功体験を大切にしていることであり，これらは個別の方法論とは無関係に作用する，と結論づけています。また，児童は成熟するにしたがって，自らの学び方にも注意を向けるようになり，伝統的な形態を好む児童も，徐々にグループワークなど異なる学習形態にも適応して成果をあげていく姿が報告されるなど，早期英語教育が児童の外国語学習観（学習の仕方に関する児童の認識）に影響を与えることが指摘されています（Hayes, 2014）。また，この研究から得られた重要な示唆として，学校外での英語との接触は重要ではあるが，成功の唯一の基準ではない，という指摘があります。7 か国における児童の置かれた言語環境はさまざまであり，それによって発達のスピード，発話の量や質に差は見られるものの，発達過程に見られる発話の特徴は類似しており，多くの児童がコミュニケーションの目的を果たせるほどの力（A1 レベル）を身につけることができました（Enever, 2011）。このことは，英語学習には比較的不利と言われる環境においても，適切な教員研修と教材，楽しい授業体験，言語学習に協力的な学校の環境などによって相応の成果を上げることが可能であることを裏づけています（Hayes, 2014）。

2.2 国別の状況 〜オランダの場合〜

　オランダの小学校では，1986 年に英語が小学校 7 年生（10〜11 歳）からの必修科目として公式に導入されました。そのあと，他のヨーロッパ諸国と同様に開始年齢を下げることが議論され，より早い時期からの導入が認められていますが，64％の学校は 7 年生から，17％は 5・

6年生（8〜10歳）から，15％は1年生（4〜5歳）から開始しています（Thijs, Tuin, & Trimbos, 2011）。教育内容を規定する文書としては，英語の中核目標（Kerndoelen）として「簡単な英語で話されたり書かれたりしたテキストから情報を得ることを学ぶ」「英語で表現しようとする態度を育み，簡単な内容について英語で尋ねたり答えたりする」「日常的な事柄についての簡単な単語の書き方を学ぶ」「辞書を用いて英語の意味や書き方を調べることを学ぶ」の4つのみが示されています。英語に限らず，オランダの学校教育では，教材や教育方法に関しては個々の学校の方針に一任されているため，多様な実践が展開されています。

　オランダの教育の特徴はその多様性にあるため，典型的な小学校英語の教材や指導法をあげることは困難ですが，教員養成の視点からみると，いくつかの特徴が見えてきます。Vereniging Hogescholen（2018）は小学校教員の資格を得るために必要な資質・能力を規定した文書で，オランダ全土の教員養成機関がこれに従ってカリキュラムを作成しています。その中の「英語」についての記述では，身につけるべき力の中にCLIL（内容言語統合型学習，Content and Language Integrated Learning）の指導能力も含まれています。オランダでは近年，英語教育の早期化とバイリンガル教育の拡大の流れの中にあってCLILの需要が増しており，教員養成においても対応が求められています。一口にCLILと言っても，ごく限られた機会に実験的に試してみたり特定のテーマを取り上げて英語で活動する場合から，教科学習を英語で行う本格的なものまで幅広くあります（第1節第13節を参照）。本格的なものはバイリンガル学校を除いてまれですが，通常の学校でも，全授業時間の15％までは英語でCLIL的な授業することは認められています（Bodde-Alderlieste, Salomons, & Schokkenbroek, 2018）。また教員養成においては，「4段階モデル」と呼ばれるステップ・バイ・ステップの指導法が広く取り入れられています。ここでは，CLILと組み合わせた授業展開例を紹介します（Bodde-Alderlieste, Salomons, & Schokkenbroek, 2018, pp.196-201）。

　第1段階（導入）：新しいトピックへの動機づけ，既存の知識の活性化
　　例）ひまわりを題材にした絵本を読み聞かせる，植物が生活にどのように役立っているか
　　　考える
　第2段階（インプット）：新出事項の提示，受容的活動
　　例）ひまわりの一生を説明した動画を見て単語（grow, seed, bud, soil, roots, stem, flower
　　　など）を学び，学んだ単語と写真を結びつける
　第3段階（練習）：新出事項を中心としたドリル的産出活動
　　例）学んだ単語や表現を繰り返し話したり書いたりして慣れ親しむ
　第4段階（活用）：既習事項と新出事項の融合を図るための場面を設定した自由な産出活動
　　例）プレゼンテーションのポスター「その食べ物は何から採れるの？」を作って対話形式
　　　で発表する（児童A: Is that mango? I like that. 児童B: Me, too. It comes from a
　　　tree. など）

　この場合は，「ポスターの内容」「ポスターのレイアウト」「言語の正確さ」「チームワーク」の4つの観点から評価されます。このようなCLIL的な授業は，さまざまな頻度やレベルで展開され徐々に普及しているものの，市販の教材への依存度が高い伝統的な授業が行われている小学校も少なくありません。オランダで比較的広く使われている教材であるTake it Easy

(ThiemeMeulenhoff 社）から話題を拾ってみると，「人との出会い」「食べ物」「余暇」「道案内」「健康」「家庭生活」「人の描写」「買いもの」「時間」「旅行」「学校」「外出」など，子どもに身近な場面から題材が構成されています。その場合も基本的には上記の「4段階モデル」に沿った授業展開が推奨されています。

　以上のような実践を支えるための指導者の英語力として，2018年入学生から小学校教員の資格を得るためにはCEFRのB2レベルに合格することが必須条件になりました。英語を副専攻とする学生だけではなく，小学校教員資格にかなり高いレベルの英語力が義務づけられたことの意味は大きく，オランダの小学校における英語教育の質向上への社会的要求が高いことがわかります。オランダでは，英語圏で制作された番組がオランダ語字幕付でそのまま放送されます。オランダ語と英語は言語的な特徴が似ている部分も多く，子どもたちは字幕で内容を理解しながら英語の音声にふれる体験をたくさんしているため，小・中学生の英語を聞いて理解する能力は相当に高いと言えます。しかし，実際に小・中学校の英語授業の様子を観察すると，話すことには苦労している場面が少なくありません。最初から高いレベルで英語を使いこなせているわけではなく，定型表現の使用から複雑な文法処理を必要とするものへと，アウトプットとエラーを繰り返しながら徐々に英語を使えるようになっていきます（第1章第2節，第12節を参照）。

2.3　日本の早期英語教育への示唆

　ヨーロッパの研究や事例から得られる日本の早期英語教育への示唆として，3点を挙げます。

　第1に，制度的な学習開始年齢の引き下げだけでは，学習成果にはつながらないという点です。得られる成果は，子どもたちの置かれた言語環境，カリキュラム，教材，コミュニカティブな活用の場を提供し，学習者の意欲を高めることのできる教員の質によって左右され，それを支える養成・研修システムなどが全体として機能するための多角的な取り組みが必要であるということです。日本では英語にふれる機会が少ないとは言っても，ICT技術の発展と普及により格段にアクセスが良くなっており，最近の教材はQRコードで音源や関連サイトにアクセスできるものもあるので，活用するとよいです。

　第2に，内容中心の英語教育の可能性です。日本の公立小学校では，オランダのバイリンガル学校で見られるような本格的なCLILの授業は難しいとしても，教科横断的なテーマを取り上げてCLIL的な授業を行うことはできます。コミュニケーション中心の授業のためには，コミュニケーションの中身が充実していることが大切です。例えば，地域の文化や自然に関する情報，バランスのよい食事やごみの分別などの生活知識，外国の料理や風物などの異文化題材などについて，ALT（外国語指導助手：Assistant Language Teacher）に紹介したり教えてもらったり，あるいは児童同士で意見交換をしたりする機会を持つことができれば，「知りたい」「伝えたい」という意欲も増すことでしょう。

　第3に，おそらくこれが最も大切なのですが，指導者の英語教育への関わり方です。ELLiEの研究結果が示しているのは，英語力や個別の方法論にばかり固執するのではなく，子どもとの関係づくりを基盤として授業を楽しみ，児童が英語を使う意欲と自信をつけられるような活動という視点から授業づくりがなされれば，相応の成果につながるという点です。また，学び方を学ぶという点では，コミュニケーションの目的を持って英語を使う経験をたくさんさせることは，中学校以降の学習で積極的に英語を使う姿勢を育てることにもつながりますので，意識して実践したいものです。

第2章

<実践編>

荒井　智・塩井　博子

1. はじめに

第1章第2節では，言語形式における FMC（form-meaning connection）に焦点を当てる意味のある繰り返しの重要性について述べられています。また＜理論編＞第1章第5節では，インプットを促すための教師の発話の工夫について述べられています。この節では，これらの＜理論編＞を受けて，インプットへの注意を高め，理解可能なインプットを増やし，インタラクションをつなげていく具体的な実践例について提案します。

2. 実践の提案

2.1　児童の注意をインプットに向かせることに焦点を当てた実践（CD の聞かせ方）

第1章第5節の考え方に基づけば，CD を聞かせる際には，流しっ放しにするのではなく，児童の注意をしっかりとインプットに向かせることが重要です。ここでは，その具体的な方法について紹介します。

【5年生の授業例】

(1)　単元名　'What do you like?'「何がすき？」

(2)　ねらい

　　日本語と英語の音声の違いに気づくとともに，食べ物や果物の言い方に慣れ親しむ。

(3)　教材　　CD："Are You Hungry?"（阿部，2000）

(4)　手順

　①　"Listen carefully." とだけ指示し，CD を流します。

　②　何が聞きとれたかを尋ねます。児童からは，複数の食べ物の名前が挙がると考えられるので，挙げられた順番に絵カードを掲示します。

　③　再度 CD を流し，さらに聴きとれた単語を児童に出してもらいます。

　④　③を繰り返し，全部の食べ物が出そろったら，出た順番を尋ねます。

　⑤　順番にフォーカスしてもう一度聴くように指示し，CD を流します。

　⑥　児童から出た意見をもとに，絵カードの順番を並べ替えます。

※低・中・高すべての学年で実施できますが，低学年の場合は3つ聞かせたら CD を止めて確認するなど，発達段階に合わせた指導を行うとよいでしょう。

(5) 実際のやりとり

教師の発話	児童の反応	指導上の留意点
① HRT: Listen carefully. （CDを流す。） ② HRT: What did you hear? HRT: Yes. Chicken. （チキンの絵カードを貼る。） HRT: Anything else? HRT: Pizza.（ピザの絵カードを貼る。） HRT: Anything else?	S1: Chicken. S2: Pizza.	・聞きとれた食べ物の絵カードを掲示することにより，聞きとれた喜びや達成感を感じることができるようにする。 ・児童からの発言が出なくなるまで繰り返す。
③ HRT: Listen one more time. （CDを流す。） HRT: What else did you hear? HRT: Ice cream. （絵カードを貼る。）	S3: Ice cream.	・すべての食べ物が出るまで，繰り返し聴かせる。
④ HRT: Which food is first? HRT: OK. The first is chicken. What is next? ⑤ HRT: Listen one more time. ⑥ HRT: What comes after chicken? HRT: That's right. Fish. （魚の絵カードを並べ替える。）	Ss: Chicken. Ss: … Ss: Fish.	・正しい順番に並べるために，次の食べ物が何かを予測しながら聴くことで，英語の発音に注意を向けることができるようにする。

(6) 成果と課題

　1度目と比べて，聴きとった食べ物を答えるという目的を持って聴いた2度目は，児童の集中度が格段に高くなりました。まさに，「聞く」から「聴く」に変化したと言えるでしょう。そして，クラス全員で歌に出てくるすべての食べ物を出し合い，正しい順番に並べ替えるまで，次を予測しながら注意深く何度も聴いているうちに，結果として6回も7回も聴いていたという状況をつくることができました。最後に全員で歌いましたが，多くの児童がいつの間にか歌えるようになっていました。

　今回はCDを用いた歌の指導について述べましたが，映像を用いる場合は，映像を見せるタイミングを熟考する必要があります。映像が歌の内容理解を助ける場合もありますが，逆に聴くことへの集中を妨げる場合もあります。"Rain, Rain, Go Away"を最初から映像付きで聴かせたところ，登場人物の動きに目を奪われ，児童が聴くことに集中できなかったことがありました。まずは，音だけを聴かせてから映像を見せるようにした方が効果的でしょう。歌詞を見せるタイミングも同様です。いずれも，ねらいと児童の実態に合わせて，効果的なタイミングを学級担任が選択することが大切です。

2.2　児童の理解を助けることに焦点を当てた実践

　第1章第5節では，絵や具体物，ジェスチャーなどを用いて，なるべくシンプルに話すことにより，児童に気づきや理解を促す重要性について述べています。ここでは，その具体的な方

法について紹介します。

【4年生の授業例】
(1) 単元名 'Let's play cards.' 「すきな遊びをつたえよう」
(2) ねらい　天気の言い方を知る。
(3) 活動の手順
　　① 児童に絵カードを見せ，児童の理解を助けます。
　　② 活動に慣れてきたら，まず音声を聞かせたあとに，絵カードを見せます。
　　③ ジェスチャーを交えることで，"I don't like…" の意味をつかませます。
　　④ 日本語での発言を認め，自由に発言する雰囲気を作ります。
　　⑤ 瞬間見せや，部分見せを行い，児童の興味を喚起します。
　　⑥ 「まだ天気のカードを持っているよ」というジェスチャーを入れることで，児童の興味を高めます。
　　⑦ 教師の考えを児童に伝えることで，児童に興味を持たせます。
(4) 実際のやりとり（絵を用いて児童の理解を助ける方法）

担任	児童	指導上の留意点
（太陽が輝いている絵を見せて） ① How is the weather? Yes. It's sunny. I like sunny days. ② It's cloudy. （曇りの絵を見せて） ③ I don't like cloudy days. （顔を振りながら） ④ It's … rainy. （雨の絵を見せて） 　I don't like rainy days. （顔を振りながら）	Sunny? Cloudy? 雨だ。 僕も雨が嫌い。	・瞬間見せや部分見せを行い，児童の興味を喚起する。 ・日本語での発言を認め，自由に発言する雰囲気を作る。 ・音声を聞かせたあと，カードを見せることで音声を正確に聞きとろうとする態度を育てる。
⑤ It's snowy. （雪の絵を見せて） I … I don't like snowy days. ⑥ （カードを出す素振り） It's thunder and lightning. （雷の絵を見せて） ⑦ It's windy. I don't like windy days. （風の絵を示しながら，不快な顔をして）	え〜。雪で遊べるから，私は雪が好き。 まだカードあるの？ 何だろう？ 雷だ！サンダー？ 風だ。 ハリケーン？	

(5) 成果と課題
　本時のキーワードとなる天気について Small Talk を行いましたが，ピクチャーカードを提示したり，快・不快の表情をしたりすることで，児童は自然と英語の表現を理解することができました。lightning や windy など，児童になじみのないことばもすんなりと理解できたようです。
　児童が日本語で答えたときに，教師が目標とする語彙や表現についてはすぐに英語で児童に

返すという英語力をつけていくことが必要だと感じます。

【4年生の授業例】
(1) 単元名 'This is my day.' 「ぼく・わたしの一日」
(2) ねらい 1日の行動を，時間を追って英語で言う。
(3) 活動の手順
　　① 時計を指さすなどして，時間の話であることを理解させます。
　　② ジェスチャーを取り入れ，wake up time, bed time の意味をつかませます。
　　③ 例を挙げることで，児童に答えやすくさせます。
　　④ 教師も教師自身のことについて話をすることで，児童の興味を高めます。
　　⑤ 児童が単語で発表したら，教師がセンテンスに言い換えます。
(4) 実際のやりとり（絵やジェスチャーで補ったり，例を挙げて説明したりする方法）

担任・ALT（外国語指導助手：Assistant Language Teacher）	児童	指導上の留意点
ALT : What time is it? ① HRT : （時計を指さして）Yes. It's nine. ALT :（「目を覚ます」イラストを提示しながら） What time is your "wake up" time ? ② HRT : I wake up at five. （目を覚ますジェスチャーをしながら） ③ HRT : What time is your wake up time? Five? Six? Seven?（児童に聞く） HRT : OK. Your wake up time is six. ALT :（「寝る」イラストを提示しながら） What time is your bed time? ④ HRT : I go to bed at ten. （寝るジェスチャーをしながら） ③ HRT : What time is your bed time? Eight? Nine? Ten?（児童に聞く） ⑤ HRT : OK. Your bed time is nine.	 Six. Nine.	・時計を実際に指さし，児童の理解を助ける。 ・What time~? の質問に対して，児童からの反応があまりないときには，例を挙げることで答えやすくする。 ・児童の six という答えを，センテンスに変えて言い直す。

(5) 成果と課題
　教師が話す英語とともに，「起きる」「寝る」ジェスチャーを加えることで，児童が英語と意味を結びつけやすくなりました。また，"What time～？" と児童に聞いたあとで，"Eight? Nine? Ten?" などと例を挙げることで，児童は何を答えればよいのか理解しやすくなりました。
　聞くことに集中させるために，カードやジェスチャーを見せるタイミングを児童の実態に合わせて変えていく必要があります。

2.3 やりとりを続けることに焦点を当てた実践

　ここでは，第1章第5節で述べられている児童とのインタラクションを続けるための教師の発話に焦点を当てて，実践例を紹介します。

【3年生の授業例】
(1) 単元名　「好きな食べ物は何？」
(2) ねらい
　　野菜や果物についての問い掛けに答えようとする。
(3) 手順
　　① 絵カードの一部を見せて，何の野菜かを児童に尋ねます。
　　② 児童の英単語の発話をリピートします。日本語での発話の場合は，英単語に直して聞かせます。その後，文章に直してもう一度聞かせます。
　　③ 複数の解答が出たら，正しいと思うものに手を挙げるように指示します。こうすることで，主体的に発話できない児童も意思表示をすることができます。
　　④ 答えがわかったあと，児童に好き嫌いを尋ねます。
　　⑤ 教師自身の好き嫌いについて話します。
　　⑥ 好きな児童が多いと予想される野菜について，どんな料理が好きか尋ねます。
　　⑦ 児童が理解できない場合は，例を挙げたり視覚情報を用いたりして理解を助けます。
(4) 実際のやりとり

教師の発話	児童の反応	指導上の留意点
① ALT: What's this?	S1: Broccoli.	・瞬間見せや部分見せを行い，児童の興味を喚起する。
② HRT: Broccoli.		
Is this a broccoli? Are you sure?	S2: かぼちゃ。	・日本語での発話も認め，英語が苦手な児童も活動に参加しやすくする。
② HRT: Pumpkin.		
Is this a pumpkin?		
③ HRT:	Ss: （挙手）	・挙手することにより，発話できない児童にも意思表示をする機会を設定する。
Who thinks this is a broccoli?	S3: そんな気がする。	
HRT:	Ss: （挙手）	
Who thinks this is a pumpkin?		
ALT: It's a broccoli.		
① ALT: What's this?	Ss: えー。	
HRT: One more time.	S4: 黄色だったね。	
ALT: What's this?	Ss: Potato.	
② HRT: Potato.		・何度も "potato" に関する発話を繰り返すことにより児童のインプットを促す。
Is this a potato? Are you sure?		
ALT: OK. It's a potato.		
④ HRT: Do you like potatoes?	Ss: （うなずく）（挙手）	
⑤ HRT:		
I like potatoes very much.		・教師自身の好きな食べ物について話し，発言しやすい雰囲気を作る。
⑥ What kind of potato 料理		
do you like? Potato 料理.	S6: Potato salad.	

HRT: Potato salad. Who likes potato salad?	Ss:（挙手）	
ALT:（挙手）		
HRT: I see. Who likes potato グラタン？	Ss:（挙手）	
ALT: Who likes French fries?	S7: フレンチフライ？	
⑦ HRT: French fries. You can eat French fries and hamburgers at MacDonald.	Ss: あー。	・児童がよく知っているマクドナルドを例に挙げ，理解を助ける。
ALT: Who likes French fries?	Ss:（挙手）	
HRT: Oh, you like French fries. OK. Who likes potato chips?	Ss:（挙手）	
HRT: So many. I see. Any other potato dishes?		
ALT: Ummmm.		
HRT: Who likes こふきいも？ Who likes じゃがバター？	Ss:（挙手） Ss: 好きー（挙手）	・英語の表現がない場合などは，正しい語順に日本語を当てはめて使用する。

（5）成果と課題

　児童の発話を拾い，リピートしたり英文に直して聞かせたりすることにより，インプットを増やすことができました。また，児童の日本語での発話に英単語をかぶせて聞かせることにより，新たな語彙を獲得した児童もいました。さらに，教師自身の好みについて話し，好きなポテト料理を尋ねることで児童の興味関心が高まり，活発にインタラクションを続けることができました。

　小学生の実態から考えて，発話は日本語か英単語の場合がほとんどでしょう。その発話を拾い，英単語や英文にして聞かせることがインタラクションを続けるためには大切です。ときには，児童からの反応がない場合もあるかもしれません。そこであせって日本語で説明するのではなく，もう一度繰り返したり，具体例を挙げたりして理解を助けるテクニックも必要です。つまり，児童にとって興味がある話題で，彼らの発話を拾い修正しながら返していくこと，頑張りに対しては，ほめたり励ましたりして意欲の継続を図ること，これらを繰り返していくことが何よりも重要だと考えます。

粕谷　恭子

1.　はじめに

　第1章第5節では，第二言語習得から得られる知見が紹介されています。その中で，小学校の授業で意味と言語形式を結びつけやすくすること，音韻認識を高めること，そして児童の気づきを促すことの重要性が述べられています。こうした知見を生かす実践とは具体的にどのようなものなのか考えてみましょう。

　言語形式，というとなんだか難しいことのように感じますが，小学校では音声中心の授業が行われますので，言語形式は音声に宿ることになります。話されている内容と音声が一致しやすい授業とはどのようなものでしょうか。

　音韻を認識させる，というと，発音の練習を機械的かつ受動的に繰り返すイメージをお持ちかもしれませんが，もっといきいきと能動的に取り組むことはできないでしょうか。

　また，気づきを促す際には，指導者は近道と思われる説明を避け，子どもを信頼して遠回りに働き掛けることが求められるため，なかなか忍耐強さが要求されます。具体的にどんな指導技術が考えられるでしょうか。

　実際の授業場面を思い描きながら，一緒に考えたいと思います。

2.　実践の提案

2.1　言語形式と意味を結びつける指導

　未知の言語の音声が何を意味しているかをわからせる手っ取り早い方法は，全部日本語に置き換えることですが，それでは日本語という記号と英語という記号を置き換えているにすぎません。異なる言語の間で，単語や文が1対1で対応しているわけではないのに，初学段階で日本語と英語が置き換え可能であるかのような印象を持たせてしまうかもしれません。子どもたちがすでに持っている生活レベルの情報を上手に使って，何が話されているか，子どもたち自身に「わかった！」という経験をさせたいものです。

　よく例に出すのですが，"I am *Doraemon*. I like *dorayaki*." と言えば，子どもたちは「好きだと言っている！」ということがわかります。このように，子どもたちが意味を特定しやすいような話を聞かせるためには，児童理解が不可欠なのです。どんなことに関心があるのか，他教科でどんな学習をしているのか，どんな行事が迫っているのか，といった児童の日常を把握している人が指導に加わることで，言語活動がますます活発に行われることでしょう。『小学校学習指導要領（平成29年告示）』で目的・場面・状況が強調されているのは，ことばを本当に使い合う意味のある場面の必要性が強調されているのだと考えています。どんな場面ならその表現が使いたくなるか，思いをめぐらせたいものです。

　意味と音声を結びつけるには，耳に入る音声の量も重要です。授業が増えるといっても，年に35時間・70時間は語学学習としては決して多い時間ではありません。その少ない時間の中

で，目標とする表現を多くインプットとして与えることで，「この意味に対応する音声」にふれさせることができます。「一度言えばわかるだろう」と思わず，意味を届けるつもりで繰り返し目標とする表現を聞かせたいものです。

外国語活動の中で，例えば，先生が "I like baseball!" と言うと，子どもたちが野球のカードを取るというようなカルタタイプの活動を拝見することがありますが，子どもたちは文全体が持つ意味ではなく単語（baseball）の部分にだけ注意をはらいますので，音声に親しむことはできても，意味を抱えたことばのかたまりとしての音声にふれることができないのです。今でもある先生から受けた相談が忘れられないのですが，その先生がおっしゃるには，「うちのクラスの子は，like と have と want の区別がついていません」とのことでした。ある単元を学習している間はずっと like と言っていればよく，次の単元になれば want と言っていればよいというような言語経験では，意味と言語形式が結びつくのは難しいかもしれません。

小学校では，自己紹介を中心に自分のことを伝える英語表現が多く扱われています。公開授業などの場で，クラスの子どもたちが参観者の所へ来て英語でお話をする機会があることも珍しくありません。そうした場面で，例えば，ある子どもと好きな色のやりとりをしたあと，こちらが "I like orange. You like blue. I like orange. You like blue." と話し掛けると，「直された」と勘違いしてあわてて "You like blue." と自分のことを言い直してしまう事例が大変多いのです。これは，"I" という語の「真の意味」を理解していないと考えられます。

ことばを使いあう中で，子どもが頭を働かせて腹の底から意味を聞き，腹の底から意味を伝えるような言語経験を授業で行うことで，子どもたちが意味と言語形式をしっかり結びつけられるようにしましょう。

2.2 音韻を認識させる指導

第1章第2節で述べられているように，日本語の「た」の中に子音と母音が含まれていることには，日常的には気づきませんね。私たちが最小の単位と思っているよりさらに小さい単位があることに，どうやって気づかせればいいのでしょうか。

これは，久埜百合先生から紹介された活動です。"What is this animal? Iger, iger.（アイガー，アイガー）" と聞かせると，子どもたちは頭を働かせて，"Tiger!" と答えます。"Then, what is this animal? Ion, ion.（アイオン，アイオン）" と聞かせると，"Lion!" と答えます。/t/ や /l/ だけ取り去るので，母音は残るのです。この活動をカタカナで行うと，「イガー」とか「イオン」のように，子音と母音のかたまり（タイガーの「タ」やライオンの「ラ」）を取り去るので，母音だけが残留して耳に残るということがありません。こうした「ちょっとクイズ」的な活動で，日本語と英語の音のしくみの違いに気づかせることができます。

また，英語らしい音を作るために，大人ならば「舌の位置をここに持ってきて」というように説明してもわかってもらうことができますが，子どもたちの中には，見えない口の中の舌の位置を言われてもわからない子もいるかもしれません。そのため，ALT（外国語指導助手：Assistant Language Teacher）などに依頼して，次のような活動をなさってみてください。何という語を言っているか当てさせるのですが，指導者は音を出さず，口の動きを少しオーバーに見せながらその単語を言うのです。例えば，数字を当てるなら，思いきりくちびるを突き出して "One."，ちょっと歯の間から舌をのぞかせて "Three."，などと無声で言うのです。子どもたちは，「ああいう顔をして作る音」ということが理解でき，説明抜きで音の作り方を

伝えることができます。その作った音をためすために，同じ語を指導者と子どもたちが一緒に言う，ただし子どもたちは心の中で，もしくは口パクで言うということにします。こうすることで，お手本の音と自分が出さんとしている音を照合することができ，違いに気づいて自分の音を修正することができます。

　きちんと通じる子音を身につけるために，アルファベットの名前をしっかり聞かせて発音させるのも良い機会になります。

　英語の脚韻に気づかせるためには，唱え継がれてきた子ども向けの詩や縄跳び歌が効果的です。新聞の見出しや大人向けの歌の中でも脚韻が踏まれることが多く，英語の特徴の1つなのだと感じさせられます。縄跳び歌を1つご紹介します。

> Tomatoes, lettuce, carrots, peas.
> Mother said you have to eat a lot of these.
> 　　　　　（Joanna Cole（1998）*Anna Banana* より）

　peas と these が韻を踏んでいますね。こうした韻を踏んでいる詩などを扱うと，子どもたちは「ダジャレだ」と言うことがあります。音のおもしろさに気づいているのだな，と感じる場面です。上記の縄跳び歌では，1行目も2行目も，4回縄を跳びます。リズムよく4回跳ぶためには，長い2行目はどこで跳ぶようにすればいいでしょうか（しばし口元で転がしてみてください）。mother, have, lot, these の4カ所で跳びます。少し早口になりますね。こうした音の整え方を経験することで，英語らしい音の流れにふれることも期待できます。

　縄跳び歌が教材としてよいのは，縄跳びを跳ぶという体の動きが伴うという性格上，リズムが途中から変わったり，リズムから逸脱した「合いの手」が入ったりしないことだと捉えています。初めから終わりまで同じリズムで進むので，初学者にとって取り組みやすいのではないでしょうか。

2.3　単数・複数への気づき

　小学校では，複雑な文構造を持つ英語表現を扱うことはありません。比較的平明な表現が多いのですが，それでも避けて通れないのは名詞です。単数・複数の区別や冠詞など，日本語を母語とする身としては，「なぜこんなにややこしいのか，よくわからないなぁ」と言いたくなります。が，これが英語なのです。

　「ぶどう」や「眼鏡」や「お箸」はいつも複数扱い，ということや，「月」や「海」は唯一無二なので the がつく，ということなど忘れてしまっている場面が多いですが，ほんの少し意識を高めておきましょう。教材選びにも気を配り，サクランボが2つ描かれている下に，"cherry" と単数で書かれているカードを使うかどうか，各指導者の指導観にしたがって決めなければなりません。

　子どもたちが「同じサクランボでも "cherry" と聞こえてきたり，"cherries" と聞こえてきたりする」ということに気づけるよう，不自然にならない程度に語尾までしっかり聞こえる音声を提供したいものです。これは担任の先生だけの役割ではなく，CD や外部人材など，活用できるものはどんどん活用していくことが有効ではないでしょうか。

　インプットが不十分なまま話さなければならなかったりすると，子どもたちが "I like dog."

と話してしまうことは，ごく自然なことです。そうしたときに，指導者はきちんとリキャストするように心掛ける必要があります。無責任に "Gooooooood!" とほめてしまうと，それでよいのだと思ったまま，中学校に進学してしまうかもしれません。指導者は，"Oh, you like dogs. I like dogs, too. I like pandas. I like bears." と，「子どもが言いたかった意味」と対応する「音声」を聞かせます。勘のよい子は，自主練習のように小さく口元を動かしながら，"I like dogs ……" と言っていることがあります。子どもたちは説明や手順でなく，意味に対応する音声に身を置くことで学んでいくのだな，と痛感させられます。まさに「言語活動を通して」です。

2.4　語順への気づき

　『小学校学習指導要領（平成 29 年告示）』外国語科の「書くこと」の目標に，「ア　大文字，小文字を活字体で書くことができるようにする。また，語順を意識しながら音声で十分に慣れ親しんだ簡単な語句や基本的な表現を書き写すことができるようにする」（文部科学省，2017b）と記載されており，どうしたら語順に気づかせることができるのか，関心が高まっています。単語が書かれたカードを正しく並べかえたり，品詞ごとにカードの色を変えたりする活動が見られるようになってきました。

　語順を意識しながら書き写すためにも，目からのインプットが重要です。同じ英語表現を黒板に縦に揃えて書いたり，同じ英語表現が書かれたワークシートを配布したりして，語順のデータを視覚的に捉えさせてみることをおすすめしています（図 1）。耳から入り，口から出て行った音声が，紙の上ではこういう姿をしている，というのを「見せる」ことで，音声の連なりが実は単語の集合であったことに気づくこともできます。
文字言語のインプットを大量に与えようと思うと，どうしても「こんなに読めるようにさせるのか！！」と思ってしまいがちですが，読めるようになる前の，音と文字をすり合わせる経験と捉えてはどうでしょうか。

　縦に主語の "I" が並び，次に "like" が並び，最後に違う語がばらばらと並んでいるのを目にすることで，子どもたちは「この最後のばらばらしたところが，スポーツの名前の部分にちがいない」と気づくことができます。「とすると，この前の部分が I like 担当部分だな」とわかってしまうのです。さらに，「I はアルファベットの名前そのものだし，欲しいもののときも，できることのときも初めにあった。ということは，この 2 つ目が like にちがいない」と，類推が進みます。こうした気づきやすいデータを通して語順に慣れ親しんでおけば，単語のカードを並べるときも手がスイスイ動こうというものです。

2.5　音と文字のつながりへの気づき

　ある程度英語の単語に慣れ親しんでから，初頭音に共通の音素を持つ単語を集めて味わう活動をさせてみましょう。例えば，/p/ という音がつくと思う語を，子どもたちにどんどん言わせてみるのです。子どもたちから出た語は，黒板に絵でササッと書き，縦に並べて文字を書きます。piano, penguin, potato, purple, pig, pencil などの語が，子どもたちから出るかもしれません。ひと段落したら，絵を示しながら単語を丁寧に発音して同じ音で始まっていることを味わい，そのあと文字を示しながら，もう一度丁寧に発音して味わいます。子どもたちは，「あれ，みんな同じ字がついている」と気づくことができます。

　例えば，j という文字で始まる語（jump, jam など）を期待して，/dʒ/ という音がつくと

思う語を挙げさせると，giraffe とか giant という語が出てくるかもしれません。また，f という文字が含まれる語（fox，soft など）を期待して，/f/ という音がつくと思う語を挙げさせる中で，elephant という語が出てくるかもしれません。このとき，みなさんはどう対応しますか？正解はありませんので，各指導者が自身の指導観にしたがって対応するしかありません。少しずつ指導観を耕していきましょう。

2.6　なぞったり，書き写したりする際の気づき

　高学年の授業では，鉛筆を使う場面も多く見られるようになってきました。なかには，ピリオドをつけたり，単語と単語の間をあけて書くことは何とも釈然としないと感じる子どももいることでしょう。

　ピリオドを書き忘れる子どもの気づきを促すには，ひとこと「惜しい！！！！」と言ってみましょう。本人は完璧になぞったつもりでいるので，「えっ」と驚いて，自分で注意深く自分が書いたものとお手本を照合して，自力でピリオドの書き忘れに気づきます。先生から「ピリオドを書いて」と言われても指示に従うだけですが，自分でどこが惜しいのか探すことが，「ピリオドが必要」と深く気づくことにつながります。

　単語と単語の間を空けなかったり，気ままに空けたりする子には，「お手本にかたまりはいくつある？　じゃ，あなたのにはいくつある？」と尋ねます。「じゃ，お手本のとおりのかたまりになるようにしようか」と促します。「ここを空けて，ここは詰めて」と伝えれば，子どもはそのとおり指示に従いますが，どこを空け，どこを詰めるか自分で気づかせる機会を大切にしたいものです。

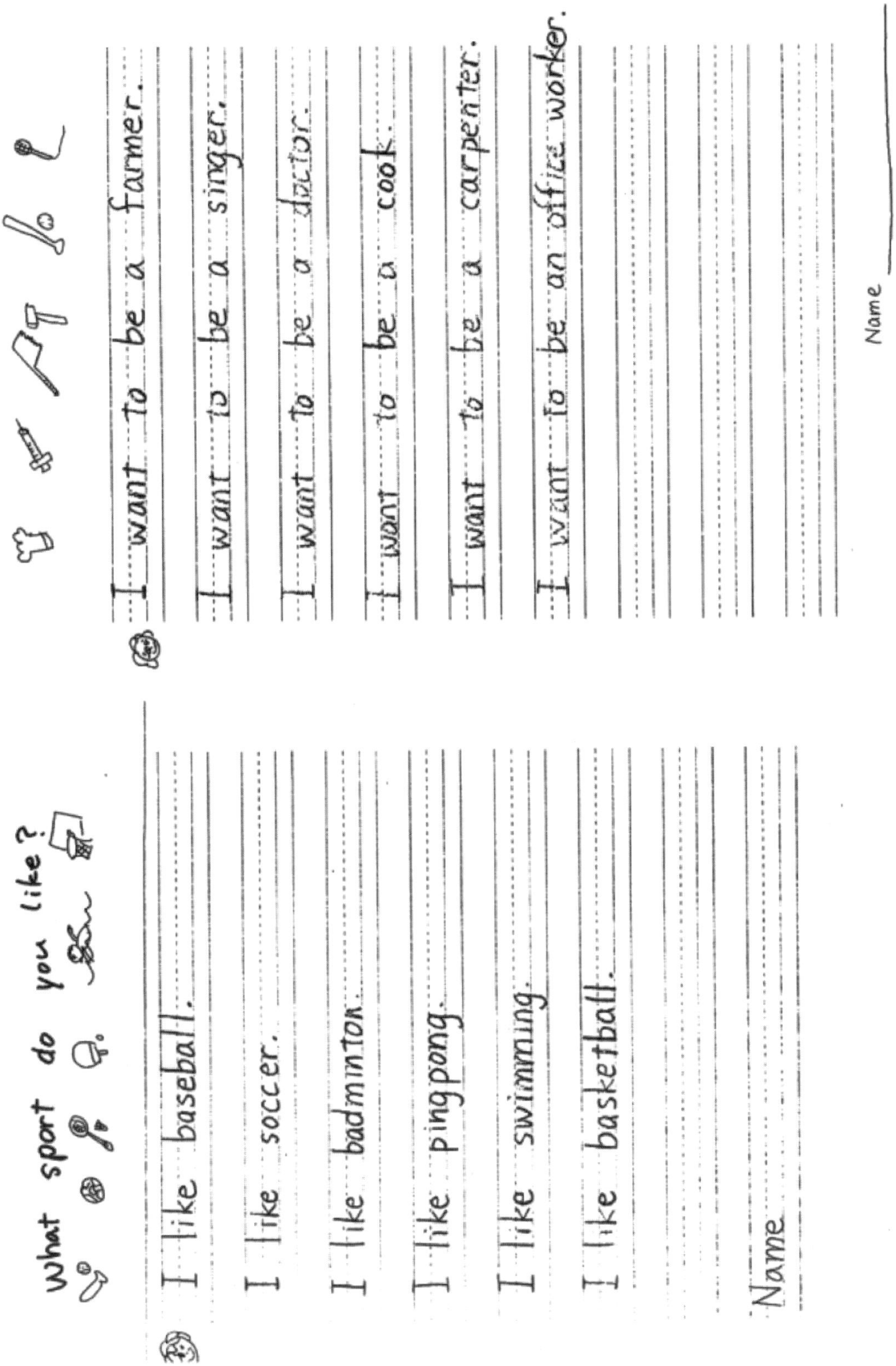

What sport do you like?

I like baseball.

I like soccer.

I like badminton.

I like pingpong.

I like swimming.

I like basketball.

Name

I want to be a farmer.

I want to be a singer.

I want to be a doctor.

I want to be a cook.

I want to be a carpenter.

I want to be an office worker.

Name

図1　語順を視覚的に捉えさせるためのワークシート例

第**3**節 聞くこと・話すこと［やりとり，発表］の授業提案

大谷　五十二・佐藤　玲子

1. はじめに

第1章第3節では，やりとりや Small Talk，発表の指導の重要性についてふれられていますが，＜実践編＞では，言語習得におけるインプットの重要性を意識し，既習表現や新しい表現を使った「やりとり」と，十二分なインプットのあとの「発表」の指導実践と実践にともなう工夫や配慮点を説明します。

2. 実践の提案1

2.1　Small Talk から始める児童との「やりとり」

教師の朝のできごとを伝え，児童とのやりとりに結びつけた活動を以下，紹介します。

黒板に，その日の日付を書きます。

T：I got up at five o'clock this morning.
　　I washed my face.
　　And then, I had breakfast.
　　I had a banana for breakfast.
　　Did you have a banana for breakfast?
C1：Yes!
T：Yes, you did? You had a banana, too.
　　Well, did you have milk for your breakfast?
Class：Yes. / No.
T：Oh, you had milk.
　　No, you didn't. You didn't have milk.
　　What did you have for your breakfast?
C2：Juice.
T：I had coffee for breakfast. C2?
C2：I had juice.

はじめに，「朝，教師がしたこと」についての Small Talk から児童とのやりとりにつなげて，"I had …. Did you have …?" を何度も聞かせます。さらに，児童の積極性を出すために，sit-down game をする教師もいます。この活動は，児童全員立ったままで，教師が問い掛け（例："Did you have rice for breakfast?"）に "Yes." ならば座る活動です。なかなか "Yes." と答えられず，座れない児童が残ってしまった場合は，Yes / No の質問のあと，"What did you have for breakfast?" と聞いていきます。この Small Talk は，児童が "I'm hungry." と言ったことをきっかけに，"I had breakfast this morning. You didn't have breakfast. / Did you have breakfast?" から展開することもできます。

＜活動を通して＞

児童は過去形を習っていなくても，教師が話の状況を説明することで，「朝，何をして，何を食べたか」を理解しています。そして活動の後半には，座った児童からは「まだ立っている友達が何を食べたか」を考え，教師に伝えたり，"Did you have …?" と言ったりする児童も出てきます。また，立っている児童からは，"I had …." と返答する児童も出てきます。児童の発話は，Teacher Talk によって左右され，児童から無理のない自然な発話を引き出してやりとりするには，単なるリピートとならない，教師の心のこもった児童への語り掛けがとても大切になります。

2.2　決められた英語表現を用いて繰り返し行える言語活動

　「担任教師（HRT）と児童とのやりとり」において，児童が思わず使いたくなるほど教師が
インプットをしたあと，「児童同士でやりとり」し，そして，再び「教師と児童のより豊かな
やりとり」につながる授業実践（青梅市立D小学校5年1組，男子15名 女子15名 合計30名）
を紹介します。

【指導略案（第4時）】

We Can! 1　Unit3：'What do you have on Monday?'	
本時の ねらい	・教科について聞いたり言ったりすることができる。また，活字体の小文字を識別し，読むこ とができる。 ・他者に配慮しながら，時間割やそれについての自分の考えなどを伝え合おうとする。
評価の 視点	・友達の言った曜日や教科を理解する事ができたか自分で振り返ることができているか。 ・曜日，教科の言い方や "I have…on…." "Do you have … on …?" を理解し，時間割について 伝え合ったりすることができる。

学習の流れ	児童の活動	☆指導上の留意点 ○評価規準
Greeting Time 8分	1. 挨拶 "What Japanese food do you like?" クラスの男子・女子1人ずつに教師に尋ねていく活動 "One boy, one girl, one teacher. Let's start."	☆意欲的に挨拶を するようにことば 掛けする。
Input Time 10分 Listening 5分 Today's Main Activity 15分	2. 教科名を復習しよう。 flash card と picking card を使って教科名の言い方を復習する。 3. Let's Listen *We Can! 1* (p.20) の Let's Listen を聞きとり，*We Can!* に書き込む。 4. インタビューをしよう ・*We Can! 1* (p.22) の Activity を行う。自分の時間割は事前に記入 させておく。先生の時間割は，demonstration を，practice と兼ね て行い，児童は2人の友達に聞いてくる。 ・全員月曜日の時間割を作成したことにして，"What do you have on Monday?" とインタビューして表を完成させる。	○曜日と教科につ いて Q&A が出来 ているか。 ☆インタビューを するときにはワー クシートは持たず に，戻ってきてか ら日本語か教科の 頭文字で書く→教 科名を英語で写し 書きすることは宿 題とする。
Goodbye Time 7分	今日の授業のまとめを記入する。 感想ではなく，学習したことや次への課題を記入させる。	○時間割について 自分の考えを言っ たり，友達の言っ たことを理解する ことができたかを ふりかえる。

① Greeting Time の活動について

　毎回，教師が What のあとを入れ替えて，教師とクラスで何往復か十分やりとりを行っています。そのあと，児童同士のインタビュー活動に移ります。

　　T：Today's question is 'What Japanese food do you like?'
　　C：What Japanese food do you like?
　　T：I like Unagi.

＜活動の様子＞

　教師にとって，「やりとり」に使っている "I like ….. What do you like?" という英語表現は，なじみがあるもので使いやすいです。児童にとっては，日本食ということで教師の言っていることがわかりやすく，教師が次にどんな日本食が好きと言うか興味を持って聞いていました。ここで大切なことは，教師が本当のことを言っていると児童に思わせていることです。真実味のあるものだから，児童もワクワクしながら本気で教師に尋ねていると思えます。機械的なパターンプラクティスとならず，聞いてみたい・答えてみたいという気持ちと意味のあるやりとりとなっていました。教師とのやりとりで問い掛けや答え方に慣れたところで児童同士の活動に移っていること，また，日本食ということで好きな食べ物の英語表現に悩まず答えることができることで，児童はとても活発に英語を使っていました。

　そして，この活動のまとめとして，教師はまず1人の児童に以下のように質問したあと，女子男子交互に数人に，インタビューした相手についての質問をしていき，likes の表現も自然に聞かせていました。

　　T：Who did you ask?　　　　　　　　　　　　　S：A-san.
　　T：What Japanese food does A-san (she) like?　　S：*Udon.*
　　T：A-san, do you like Udon?　　　　　　　　　　S（A）：Yes.
　　T：（クラスに向かって）A-san (She) likes Udon.
　　　　A-san, who did you ask?

② 学習目標表現について

　インタビューで，"What do you have on Monday?" を児童が言えるかという心配がありましたが，インタビュー活動の前に，その表現を使って Q&A カルタゲーム（児童 -Q，教師 -A）を行ったので，インタビューで質問はうまく言えていました。その半面，答えるときは科目名のみで答え，"I have …." と言っている児童が少なくありませんでした。児童同士のインタビュー活動に至るまでに，I have を使ってのインプットばかりでなく，教師と児童のコミュニケーション活動が十分でなかったことが考えられます。

＜授業を通して＞

　教師と児童，児童同士，そして教師と児童（教師の指導），再び児童同士の活動となるように活動の流れを工夫し，教師の指導が入ったあと，児童は再度英語を使う機会を設けるようにしていました。全体的には，児童を飽きさせない，とてもテンポのよい授業でした。また，児童に質問して答えに窮したときは，あまり困らせすぎないよう短い間のうちに，例えば，"You like *Udon.* I like *Unagi.* You like …? You …?" と，児童の様子に合わせて教師は支援を行っていました。児童からの発話を待つあまり，逆に児童を困らせてしまうことのないように，教師

の支援の度合いとタイミングは大切です。

2.3　発表

　十分なインプット（リスニング活動）のあとの発表として，計画（すること）や体験（したこと），自分の気持ち・思い，学校や町・日本紹介，自己紹介・将来の夢，下級生への読み聞かせ活動，プロジェクト活動などのさまざまなことが実践されています。その発表が意味を持つには，不自然でない場面や状況で発表することが大切です。誰にどのような場で発表をするかが要です。以下，校内交流会での6年生による1年生への読み聞かせ活動を報告します。

【年度末の1年生と6年生の異学年交流会】

ねらい：荒川区立R小学校では，2学期末と3学期末に，各学年の学習のまとめと異学年交流という目的で，異学年交流会を設定して発表の場を設ける（開催時期は，年度によって学校行事などで異なる）。

《読み聞かせ発表までの流れ（12月から3月）》

※11時までは15〜20分の活動（児童の様子を見て次の段階に移る），12・13時は45分授業

時	主な活動
1-4 （12月）	授業の帯活動として，2学期後半から，1年生がまだ読んでもらっていないビッグブックの絵本を毎回1,2冊ずつ，ALT（外国語指導助手）の読み聞かせやCDで聞いていく。
5 （1月）	読み聞かせの絵本を決め，3，4人のグループに分かれて，各グループの絵本を見ながらCDを聞く。絵本の付録CDや絵本CDがない場合は，ALTの読み聞かせを録音したものをタブレット端末やCDプレーヤーを用いて聞く。 ＊CDプレーヤー使用の場合は，グループ数の分を他のクラスから借りる。
6-8 （1月）	絵と一緒に単語や文を見ながら「聞き読み」し，同時に自分でも声に出す。 「そっくり読みをしよう！」の活動をする。 ＊何度も絵本の読み聞かせを聞いて，児童が絵本の音声表現に十分慣れ，自分で言えるように指導する。 ＊絵本の中の絵を見て，英語表現が言えるようにする。
9 （2月）	絵本に出てくる絵や，単語・文（4線カード使用）を写し書きしてカードを作る。
10 （2月）	カルタゲームをする。教師が読み上げて，その英語表現に合う絵カードや単語・文字カードを児童がとるリスニング活動をする。
11 （2月）	1年生に意味がわかるように，各グループで，読み方，理解を促す質問（"What is this?"，"Is he happy?" など），ジェスチャー，視覚的補助，絵本のページの見せ方などを考える。工夫して，読み聞かせ練習をする。HRTやALTにコメントをもらい，改善する。
12 （2月）	1年生に発表する前に，クラスの前で読み聞かせをして，他のグループからコメントをもらい，さらに1年生にわかり易いように改善していく。
13 （3月）	交流会：1年生に読み聞かせをする。1年生から感想をもらったり，1年生の発表を聴き，コメントを述べたりする。"Thank you." "(It was) Nice / Fun." など，簡単な表現は使うようにする。

＜交流会までを振り返って＞

　児童は，まず自分たち自身が絵本を読んでもらうことを楽しみます。次に，自分たちが1年生に読み聞かせをするという明確な目的を持って，音声を聞きながら文字を読んだ気になる

図1　「読み聞かせ」の様子

「聞き読み」から，十分音声が入った段階で，文字を自力で読んでいく活動に移っていくようにしていました。この学校では，6年生の活動として10年以上続いている活動ですが，単語や文を読もうとしてぎこちない発音にならないように音声での活動を十分に行い，音声指導から文字指導への移行が早すぎないように留意しています。そして，どうすれば発表内容を1年生に理解してもらえるかと児童同士でさまざまな意見を出し合い工夫する協働・協同学習から，自ら学びを深めることができていました。

3．実践の提案2：プロジェクト型学習のまとめ

　既習の英語表現や学習内容を総合的に新たなテーマで発展させた活動です。日本に来た外国人観光客へのインタビュー，下級生や中学生への行事・体験報告，留学生と一緒にする体育の授業，児童の代理マスコットの外国の学校訪問，ICTを活用した姉妹校との交流などが行われています。

【外国人観光客にインタビューしよう！】

　滋賀県甲賀市内3小学校の6年生（85名）が，観光客に実際にインタビューした活動である。

(1) 活動の目的

　①修学旅行中，外国からの観光客に，簡単な英語で自分の学校や自分の町について紹介したり，好きな日本の食べ物や好きなスポーツなどを尋ねたりすることができるようになる。

　②外国人観光客との「やりとり」を通じて，さまざまな国から観光客が来ていることを知り，外国の文化に興味を持つようになる。

　③授業で学習していたことが実際のコミュニケーションで使えるという体験を通して，次に，もっとやりたいと思えるようになる。

(2) 単元展開の概要（全7時間）

　◆ねらいの確認後，毎時間，○ classroom chant，○ Small Talk の学習活動を入れる。

　　また，授業の場面設定において児童のアイデアを生かし，既習の表現を使う。

第1次：修学旅行事前学習（4時間）

　①国名の言い方（国旗），自己紹介（*We Can! 2* Unit 1 "This is ME!"），学校・町の紹介

　②自分のことについて話したり，相手のことについて尋ねたりする。（Small Talk）

　③昨年度の6年生のインタビューの様子や，指導者の実際のインタビューの動画を視聴する。

　④世界地図，プレゼントの準備，グループの名刺作成：

　　S小学校では，代表的な日本語「漢字」を児童が話し合い決めて，書いてプレゼントする。

　　例えば，「愛」love，「夢」dream，「友」friend，「心」heart など。

　　K小学校では，折り紙の「鶴」をプレゼントする。

第2次：外国人観光客にインタビュー（3時間）

①インタビューの練習

　インタビューで尋ねたい内容についてグループ（4〜5人）で考え，質問内容を分担する。

初対面の人に失礼のないように留意させる。また，インタビュー練習中に使っていた不完全な文，"From America?"，"From China?"，"You like, Udon? Tempura ?"，"Good trip." などは，児童の発話に無理が出ないように配慮し，児童にやりとりしながら，児童と一緒に完全な文にした。

図2　インタビューの様子

②修学旅行先で海外からきた観光客にインタビュー

　返事がくるための工夫として「お手紙ください。」のことばを伝えた。

③インタビュー後の話し合い：K小学校では，グループごとに模造紙にまとめ全校集会で発表

図3　振り返りの様子

(3) 振り返り

　K小学校6年生の活動の振り返りから，児童には以下のように，コミュニケーションの楽しさやさまざまな気づきがあったことがわかりました。

①予想以上にさまざまな国からの観光客が多かったが，気さくにインタビューに応じてくれ，自分たちの英語が通じた喜び。さまざまなアクセントの英語があることに気づいた児童が多くいた。

②普段の授業でのALT（Assistant Language Teacher）（イギリス・アメリカ・フィリピン）を外国人だと認識していない児童がいた。

③中国や韓国からの旅行者にインタビューしたグループは，「発音が違うことばもあって伝わりにくかったが，旅行者の中に英語で応えてくれる人がいた。その結果，英語を使うとコミュニケーションがとれることがわかった」と書いていた。

　昨年はドイツのミュンヘンからのご夫婦から返事が届き，何回か手紙のやりとりがあり，卒業式には「卒業おめでとう」のメッセージが届きました。今年はアメリカ・バージニア州やスイスから子牛の置物（カウベル付き）が届きました。お礼の返事を書き，交流を深めています。相手が何を尋ねているのか，「話す力」とともに「聞く力」に着目した指導も必要です。

　小学校外国語活動では，十分なインプット活動を通して聞く力を養い，そのうえでアウトプットすることで話す力を育成するとともに，コミュニケーション能力の素地を作ることが理想であると考えます。

畑江　美佳・堀田　誠

　本節では，児童がアルファベットに関する知識を身につけられるようにするための指導にはどのようなものがあるのか，複数の英文を児童が書かなければならない単元があるとき，児童が負担なく英文を書くことができるようにするにはどうしたらよいか，また，読むこと・書くことの発展的な指導にはどのようなものがあるのか，などについてお話しします。

1. 読むことの指導

1.1　アルファベットに関する知識を身につけるための指導

　児童がアルファベットに関する知識を身につけることは大切なことです。アルファベットに関する知識を持つことで，児童は，読むこと・書くことをそれまで以上に楽しむことができるからです。アルファベットの指導において，指導者が目指すべき目標は，①アルファベット26文字（大文字と小文字）を児童が視覚的に識別できること（見て区別できること）②アルファベットの名称とアルファベットが持っている音の違いを児童が理解できること　③それぞれのアルファベットが持っている音の違いを児童が弁別できること，になります（文部科学省，2017f）。これらのねらいを達成するために，指導者は，中学年から高学年にかけて計画的に授業の中にアルファベットに関する指導を配置していく必要があります。例えば，以下のような活動が考えられます。

【①文字で書かれたアルファベットを視覚的に識別する学習】
- ・トランプゲーム「神経衰弱」のルールを用いて，同じアルファベットのカードをそろえる学習
- ・指導者はアルファベットが書かれたカードを児童に見せて，児童がそれと同じカードを探す学習
- ・教室内にあるアルファベットを見つけたり，ある特定のアルファベットだけを探したりする学習

【②アルファベットの名称とアルファベットの音の違いを理解する学習】
- ・アルファベットジングル（/bíː/, /b/, /b/, /béə/ とリズムよく聞いたり言わせたりする活動）を用いるなどして，名称と音の違いに繰り返しふれる活動
- ・アルファベットの名称と，アルファベットが持っている音のつながりに気づかせる学習（"英単語の秘密発見ゲーム" cat can cup などの単語カードを児童に見せて，"c"には，「スィー（シー）」という名称があるが，3枚の単語カードの語頭音から類推させて，/k/ という音があることに気づかせる活動）

【③アルファベットの持っている音の違いを意識して，聴覚的にアルファベットを弁別する学習】
- ・カルタゲームのルールを用いて，子どもたちは指導者が発した音を聞き，その音と同じ音を持っているアルファベットが書かれたカードを取る活動

・子どもたちは，◯と×のカードを持つ。指導者が，Ｓのカードを見せて，/t/ と言ったときに，×のカードを掲げて指導者に見せることができた子どもは，シール（例えば，丸い形のもの）を「世界一周すごろくゲーム」のようなシートの１コマに貼ることができる。「すごろくゲーム」のようなワークシートに，シールを１つひとつ貼っていき，世界一周を目指す活動

1.2　単語や文を読むことの指導

　読むことの指導は，音声による英語のインプットがないまま，いきなり児童に英語を読ませることを求めるものではありません。また，英語の文字をいきなり読ませて意味を言わせる（翻訳させる）ような指導でもありません。小学校段階における読むこととは，「音声で十分に慣れ親しんだ英語が，アルファベットでどのように表示されるのかを確認する」ところから始まります。「音声で十分に慣れ親しんだ英語が，アルファベットで記載されたら，こんなふうになるんだ！」ということに，まずは気づかせることが重要です。Fox（2011）によれば，子どもはまず単語のつづり字全体の形（whole word shapes）に注目したり，語頭や語尾のアルファベットに注目したりします。やがて，つづり字の１つひとつに着目するようになり，アルファベットが持っている音に関する知識を活用して，英単語の持つ音韻を推測することにつなげていきます。このとき，音声としての英語（例：/viètnɑ̀:m/）がその児童の記憶として残っていれば，アルファベットのつづり字（Vietnam）から想起した音（/v/ /i/ /è/ /t/ /n/ /ɑ̀/ /m/）と，すでに自らが音声として記憶している英単語の音（/viètnɑ̀:m/）を結びつけて，意味（ベトナムという国）を理解することができます。

　こうした経験を積み重ねることによって，児童は，英文や英単語に含まれる文字と音との関係に注意を向けることができるようになり，自らの読む力を高めていきます。ただし，比較的短い単語や児童がよく目にする単語は，つづり字１つひとつの文字に着目するのではなく，単語のつづり字全体の形から丸ごと音を想起することができる場合もあります（本節3.2を参照）。読むことの活動を１単位時間の中にいかに位置づけるかという点については，指導者が指導する児童の実態に応じて検討する必要があります。読むという活動が，言語活動のなかで必要感のあることとして位置づけられていること，他の技能（話すこと，聞くこと，書くこと）と絡み合って用いられる活動であること，そして，音声として十分に慣れ親しんだ英単語や英文が文字となって児童に提示されていることが重要であると言えるでしょう。

表１　読むことに関する１単位時間の授業の流れ（一例）

指導過程	指導の具体	
はじめ	（1）あいさつ，前時の復習	文字で書かれた単語や文の提示（文字を提示することが中心）
習得の段階	（2）その時間に学習する単語や文を見せる。 （3）その時間に学習する単語や文の音声面での習熟を図る。	文字で書かれた単語や文を見せながら音声面での習熟を図る。（文字を提示することが中心）
活用の段階	（4）言語活動 　　言語活動のタスクを達成する過程において，読む活動を組み入れる。	言語活動で発話する単語や文が書かれたワークシートを見て言語活動に取り組む。ただし，音声による対話の際，英語で書かれた文字原稿すべてを読み続けながら対話することがないようにする。
まとめ	（5）振り返り	

2. 書くことの指導

　書くことは，児童が音声で十分に慣れ親しんだ単語やフレーズ，英文を書くことにほかなりません。音声で習熟したあとに書く活動があることを，指導者は強く意識する必要があります。45分間の1単位時間に，音声面での充実を図りながら，最後に複数の文からなる英語の文章を書くことは児童の実態によっては難しい場合もあります。そのような場合は，次のような英文の書かせ方，発表資料の作成のさせ方があります（例：堀田, 2019; 山中, 2018）。

【*We Can! 2*：'My summer vacation'】
自らの夏休みについて，発表資料とともに英語で友達に伝える活動。［堀田（2019）を引用し，4線追加等改変］

［単元指導計画］

第1時	単元 'My summer vacation' の見通しを持つ。'My summer vacation' の発表用カードを持ちながら発表する姿を，指導者が Small Talk の中で実演する。went to を用いた英語表現を使って，友達とそれらの語彙を使ったコミュニケーション活動をする。例：I went to Lake Saroma / Asahikawa / Sapporo.
第2時	swimming, fishing, など，〜ing の英語表現を用いたコミュニケーション活動をする。例：running, swimming, fishing, hiking
第3時	I enjoyed 〜ing. の表現を用いて，したことを友達に伝えることができる。例：I enjoyed running / swimming / playing tennis.
第4時	I saw 〜. の表現を用いて，見たものを友達に伝えることができる。例：I saw a beautiful sunset / dolphins.
第5時	I ate 〜. の表現を用いて，食べたものを友達に伝えることができる。例：I ate ice cream / pizza.
第6時	It was 〜. の表現を用いて，その時の様子を友達に伝えることができる。例：It was delicious / fun / exciting / beautiful.
第7時	発表（発表用カードを使って発表する）
第8時	まとめ（教室に掲示された発表用カードを読む）振り返り

［発表用カード］

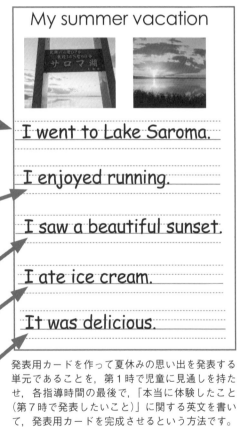

My summer vacation

I went to Lake Saroma.

I enjoyed running.

I saw a beautiful sunset.

I ate ice cream.

It was delicious.

発表用カードを作って夏休みの思い出を発表する単元であることを，第1時で児童に見通しを持たせ，各指導時間の最後で，「本当に体験したこと（第7時で発表したいこと）」に関する英文を書いて，発表用カードを完成させるという方法です。この方法を用いると，1単位時間に書く英語の量をコントロールすることができます。※児童の実態によって，発表用カードを1単位時間だけですべて記入し，完成させる方法もあります。

　書く活動は，指導のねらいや児童の実態に合わせて実施することが重要であり，児童が英語を書きたくなるような必然性のある場面設定をすることが大切だと言えるでしょう。

3. 読むこと・書くことの発展的な指導

外国語科では，「聞く」ことと「読む」こととを切り離さずに，統合的に学習できるような配慮が必要だと指摘されています（竹内, 2000）。日本で生活する児童は，英語の「音声」だけではなく，英語の「文字」にふれる機会も非常に足りないと考えられます。「聞く」「読む」のインプットを楽しみながら自然な形で与えることができれば，「話す」「書く」のアウトプットにも良い影響を及ぼすと考えられます。そのためには，読むことになじませるための教材の工夫が必要となってきます。そこで，教科書を離れて，短時間学習や帯活動で活用可能な教材を紹介したいと思います。

3.1 アルファベットの発展的な指導 ～小文字の成り立ちに迫る～

アルファベットには大文字と小文字がありますが，児童はどちらの読み書きのほうがスムーズにできるでしょうか。ほとんどの児童は，大文字の読み書きのほうが簡単だと答えます。大文字は日常生活の中で目にすることも多いので，それほど困難ではありません。ところが小文字となると，letter name が瞬時に出てこない児童も少なくありません。小文字習得には，大文字の2倍，3倍の時間を要するとも言われています（アレン玉井, 2014）。

現在，3，4年生用の *Let's Try!* では，3年生で大文字が，4年生で小文字が1単元ずつ扱われています。このように大文字と小文字を別々に教えることに，私たちは何の疑問も持ちません。実は，ネイティブスピーカーの幼児用のワークブックなどを見ると，ほとんどが Aa, Bb, Cc のように，大文字と小文字をセットで扱っています。これは当然のことですが，大文字も小文字もどちらも同じ letter name と letter sound を持っている同じアルファベットだからです。日本の英語教育において，大文字と小文字は別々に指導され，児童が大文字との脈絡もなく小文字を覚えなくてはならないとしたら，それは記号を暗記するような辛い作業となるでしょう。だからといって，ネイティブスピーカーの指導法をそのまま適用するには無理があります。大文字と小文字をセットで提示するタイミングは，現在の英語教育の中では，中学年である程度大文字と小文字に慣れ親しんできた5年生の最初の頃が良いと思われます。そして，次のような指導を始めます。

「みなさんは，大文字が700年をかけて小文字に変化した歴史を知っていますか？」と，A が a に変化した経緯（石濱, 1988；五島, 1985；若林, 1980）を例にして問い掛けます。児童からは「D はなんで d になったの？」「先生，G は？」と矢継ぎ早に声が上がります。そこで，小さなホワイトボードを配り，グループで考えさせて発表する活動を行います。そのあと，変化の過程を DVD の動画を見ながら確認します。さらに，ワークシートに書かせる活動も段階的に取り入れていきます（畑江・鳴門教育大学小学校英語教育センター, 2017）。

この活動の前後に，大文字の隣に小文字を書くテストをしたところ，活動後に小文字の認知が上がるという結果がでました（畑江・段本, 2017）。活動の中で，「漢字がひらがなに変わったのと同じだ！」との気づきもあり，小文字への親近感が沸いたようです。注意点は，先に答えを与えないことです。まずは自分たちの頭で考える，手を動かして書いてみることが大切です（図1，図2）。

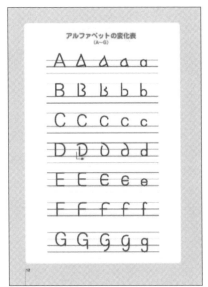

| 図1　大文字から小文字への変化表 | 図2　大文字と小文字のマッチング |

3.2　「単語や文を読む」発展的な指導 〜サイト・ワード・リーディングの活用〜

　サイト・ワードは，Edward William Dolch によって，1948 年当時の児童書の中から，子どもが流暢に文を読むために必要とする頻出度の高い名詞以外の機能語を中心に 220 語が抽出されました。例えば，I，you などの人称代名詞や，see，ride などの動詞，at，in などの前置詞を含みます。不規則な高頻出語を効率的に覚え，スムーズに読み書きできるようにするために，英語を母語とする国では，幼児期からのサイト・ワードの指導が必須だと言われます（Beech，2003）。アレン玉井（2010）は，小文字がかなり定着し，音素に対してある程度の認識ができたことを確認してから，フォニックス指導とフォニックスのルールでは読むことのできないサイト・ワード・リーディングの指導を始めるべきとしています。頻出度の高いサイト・ワードを中心に教えていくと，子どもは簡単な文が読めるようになり，「英語の本を読んでいる」という達成感を得，リーディングに対してより強い関心を持つようになる，と述べています。

　これらは「見ること（sight）」によって覚えるものです。指導法は，サイト・ワードに焦点を当てて作成された簡単な絵本を利用し，文脈の中で繰り返し目にすることで，語や文を包括的に認知させる方法がふさわしいと考えます（畑江・段本，2016）。1 ページに絵と 1 文のみが載り，サイト・ワード 2 語が繰り返し現れ，全 8 ページで話が完結する 25 冊セットの *Sight Word Readers* を採用しました（Beech，2003）。

　今回紹介する一冊は，*Farm Friends* という絵本です。"I" と "see" のサイト・ワード以外に，"a, cow, horse, hen, sheep, duck, pig, goat, farm" の 9 語が出てきて，"I see a cow." の動物の部分だけを入れ替えたシンプルな文が続きます。まず，児童はスクリーン上の絵を見ながら，"I see a cow." "I see a horse." "I see a hen." を聞きながら，話を楽しみます。そのあとスクリーンを見ながら，全員でリズム良く声に出します。次に，冊子を 1 人一冊ずつ配り，「文字を追うようになぞり読み」しながら発話します（図3）。全体で練習したあと，ペアで交互に読み合い，最後には好きな 1 ページを先生に読み聞かせ，スタンプをもらいます。そのあと，付属のワークシートに「声に出しながら書く」作業をします。ワークシートの最後に，自

分に関連する内容の文を書かせます。このとき，わからない語彙は，教室に準備してある絵辞典や電子辞書を使って，できるだけ自分で探します（図4）。

　「単語を聞いてつづりを選ぶ」「文を読んで意味を表す絵を選択する」テストを事前と事後に行い，検定にかけたところ，合計点で有意な差がでました（畑江・段本，2016）。この絵本の使用目的は，あくまでも児童に「英語が読めた，わかった」という成功体験をさせることです。そのための初めの一歩は，できるだけ簡単なものを与えます。自由記述にもあった，「もっと難しいものを読みたい」，「書くこともしてみたい」という意欲につながれば，徐々に本のレベルを上げていくことができるのです。気をつけたいのは，最初はごく簡単な1文からの絵本を選択することです。

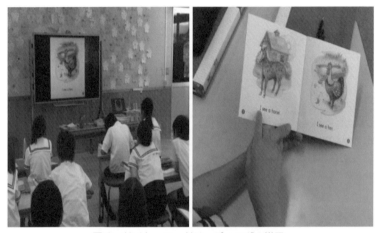

図3　サイト・ワードリーディングの様子

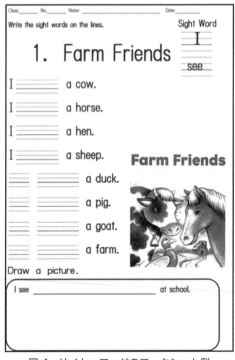

図4　サイト・ワードのワークシート例

第5節　動機づけ理論からの授業提案

野呂　徳治・秦　潤一郎

　動機づけは，小学校における外国語の学習に限らず，あらゆる学習活動において，その成否に影響を及ぼす重要な要因であることは疑う余地のないことでしょう。特に，授業の開始年齢の引き下げと正式教科としての導入がなされた小学校英語においては，児童の学習に対する動機づけをどう高め，また，それをどう維持していくかは，授業担当教員はもちろんのこと，学校全体で取り組んでいくべき喫緊の課題と言えるでしょう。

　本節では，第1章第8節「動機づけからみた小学校英語」で紹介されている動機づけ理論を参照しながら，小学校英語において児童の動機づけを高め，それを維持する指導はどうあればよいのか，その指導原理を抽出し，実践事例を通して，それに基づく指導（授業）の提案を試みたいと思います。

1.　動機づけの指導原理

1.1　動機づけプロセスを重視した指導

　動機づけの指導原理の1つ目として，「児童一人一人の動機づけプロセスを重視した指導」をあげたいと思います。第1章第8節でみたように，Dörnyei, Z. が提唱した第二言語学習の動機づけにおける「動機づけプロセスモデル」（Dörnyei, 2001）では，動機づけを時間とともに変動するものとしてダイナミックに捉え，その影響要因や条件を特定することで，外国語の学習のような長期にわたる学習の動機づけの形成・発達をより的確に理解することができ，それにより，効果的な動機づけの指導が可能となると考えられます。Dörnyei が構築した「動機づけプロセスモデル」では，学習段階ごとにそれぞれ異なる動機づけとして，「選択動機づけ」「実行動機づけ」「動機の振り返り」の3種類の動機づけが概念化されています。そして，それに基づいて，動機づけの指導プロセスを，「動機づけの基本的な条件の整備」「初発の動機づけの形成」「動機づけの維持と保護」「振り返りによる肯定的な自己評価の奨励」の4段階に分けて指導することが提案されています。「児童一人一人の動機づけプロセスを重視した指導」は，学習段階に応じたこれらの動機づけを各児童の興味・関心や個性，また，英語の熟達度に応じて指導していくことで，より望ましい動機づけの形成・発達を促そうとするものです。

　「児童一人一人の動機づけプロセスを重視した指導」の原理は，これも第1章第8節で取りあげた，Keller, J. M. による ARCS 動機づけモデルでも説明をすることができます。ARCS 動機づけモデルでは，学習課題に対して，まず，「面白そうだ」「何かありそうだ」という学習者の「注意（Attention）」が喚起され，次いで，「やりがい」や「自分の価値との関わり」である「関連性（Relevance）」に気づくとされています。そして，課題の成功体験を通して「やればできる」という「自信（Confidence）」が生まれ，さらに学習を振り返り，「やってよかった」という「満足感（Satisfaction）」が得られることで，次の学習への意欲につながっていくというプロセスが想定されています（Keller, 1979, 1983, 1987；鈴木, 1995）。ARCS モデルは，授業をより「魅力ある」ものにすることで学習意欲を高めることをねらいとしています。

小学校英語の授業においても，ARCS モデルにある「注意（A）」「関連性（R）」「自信（C）」「満足感（S）」の 4 つの要因に働き掛けることで，「動機づけプロセスを重視した指導」が目指す，学習活動への児童の興味・関心と参加意欲の段階的な向上が期待されます。ARCS モデルは，次の 1.2 で述べる，より自律的で内発的な動機づけの形成・発達にもつながるものであり，その意味においても，「児童一人一人の動機づけプロセスを重視した指導」の原理は有用なものと言えるでしょう。

1.2　外発的動機づけから内発的動機づけへ

　2 つ目の指導原理は，「外発的動機づけから内発的動機づけへ段階的に発達させる指導」というものです。これは，直接的には，Deci, E. L. と Ryan, R. M. による自己決定理論に基づくものですが，広く Gardner, R. C. と Lambert, W. が提唱した社会心理学的なアプローチによる第二言語学習における道具的動機づけと統合的動機づけの枠組みや，さらには，Dörnyei による第二言語動機づけ自己システムにおける第二言語理想自己と第二言語義務自己の概念も参照して考えてみたいと思います。

　自己決定理論では，学習者の動機づけは，動機づけがまったくされていない，いわゆる「無動機」と，報酬の獲得や罰の回避のような，学習活動とは直接関係のないものが目的となっている「外発的動機づけ」，そして，その活動自体の興味・関心やその達成の満足感といった，いわゆる「内発的動機づけ」に分類されます。そして，これらの動機づけは，その自律性の程度に応じて，「無動機」から「外発的動機づけ」へ，また，外発的動機づけでも，学習活動とは直接関係のない外的なものから，その活動の価値の承認・自覚，自己への統合といった，より内的なものへ，そして，最終的に「内発的動機づけ」に至る連続体をなしていると仮定されています。ここで挙げた報酬の獲得や罰の回避のような動機づけは，Gardner と Lambert が提唱する「道具的動機づけ」に相当するものであり，また，活動自体の興味・関心は，「統合的動機づけ」と軌を一にするものであると言うことができます。小学校英語の授業のみならず，特に，低年齢児童を対象とした学習指導においては，児童の活動への意欲を高める「報酬」が用いられることがあります。小学校英語において，そのような外発的動機づけをどう英語学習への興味・関心につなげ，その達成の満足感を得るという内発的動機づけに高めていくか，が英語学習の成否の鍵を握るものといっても過言ではないでしょう。

　「外発的動機づけから内発的動機づけへ段階的に発達させる指導」は，また，Dörnyei の第二言語義務自己と第二言語理想自己の概念からも捉えることができます。義務自己については，周囲の人間が自分に期待している姿を達成しようとする動機づけのことで，外発的なものと言うことができますが，この義務自己と，それから，教師やカリキュラム，クラスメートなど学習経験からの影響も受けながら，自分が目指す理想の姿である，より内発的な理想自己が形成・発達していくと考えられます。動機づけの指導のためには，児童が義務自己をイメージしながら，より具体的な理想自己を形成し発達させるための多様な情報を得られるような活動を設計・実践することが大切になると考えられます。

1.3　自己評価能力を高める指導

　動機づけを高める 3 つ目の指導原理は，「自己評価能力を高める指導」です。1 つ目の指導原理としてあげた「児童一人一人の動機づけプロセスを重視した指導」のなかで，Dörnyei に

よる「プロセス指向の動機づけモデル」をみましたが、この「自己評価能力を高める指導」は、そのモデルにある動機づけプロセスの3つの段階のなかの「動機の振り返り」に直接的に関わるものです。子どもの動機づけの特徴の1つとして、結果の自己評価に客観性を欠くことが挙げられますが、それは、とりもなおさず、子どもの自己評価能力が十分に発達していないことを示すものと言えるでしょう。子どもが、自分の行動結果について、より客観的で、かつ、多面的な観点から適切な評価をくだすことができるようになれば、自身の動機づけについての省察も深まり、より強固で、長期にわたって持続するものになると考えられます。

　小学校英語においては、多くの場合、児童が母語以外の言語にふれる最初の機会となります。ともすれば英語学習の困難さや失敗体験だけに向きがちな児童の目を、学習の楽しさや課題達成の喜びにも向けさせ、バランスのとれた自己評価を促すことで、より肯定的な自己概念を抱くことができるようになり、長期にわたる内発的動機づけの形成・発達につながることが期待されます。

2. 動機づけの指導実践

　以下で紹介する授業実践では、最初に、時間割にある各教科について英語でやりとりをしたあと、オリジナルの「夢の時間割」を作成します。次に、それを友達と紹介し合い、それをふまえて、自分が将来つきたい職業について英語で発表します。そして最後に、それを自身の「未来への決意」としてビデオ撮影し、DVDに録画するという活動内容になっています。次ページの学習指導案に、単元の目標および指導計画を示しました。

　指導計画の「2. 単元について」にも記載されているように、本実践では、「必然性」「リアル感」「楽しさ」「相手意識」の4つの指導観点を設定し、それを基に、具体的な指導計画を立案しています。これら4つの指導観点は、いずれも、前述した動機づけを高めるための3つの指導原理、さらには、第1章第8節で概観した動機づけ理論で説明されている、動機づけの形成・発達・維持のメカニズムに即したものになっています。

　最初に挙げた「必然性」は、動機づけプロセス重視の指導に関わるものです。自分の将来の職業選択について英語学習を通して考えるという活動は、職業選択というテーマそのものが児童にとって身近で、避けて通ることのできないものであることから、英語学習への「選択的動機づけ」が文字どおり「必然的に」促されることになります。これは、ARCSモデルでいうところの「注意（A）」と「関連性（R）」に働き掛けることにもなります。さらに、それが「実行動機づけ」、「動機の振り返り」の活性化にもつながるものと考えられます。

　2つ目の「リアル感」は、児童にとって身近で、興味・関心のある将来の職業について英語で発表しあうことで、児童の英語学習の動機づけが、外発的なものから、より内発的なものへと発達していくことを期待したものです。それは、第二言語理想自己に思いを馳せることにもつながるものと考えられます。また、英語で発表しあうという活動は、自己決定性を高める条件である自律性と有能感の向上もねらいとしていますが、その結果、ARCSモデルにおける「自信（C）」を持つことにつながることが期待されます。

　3つ目の「楽しさ」には、将来の職業のために必要な学習を考える楽しさと、友達が将来なりたい職業とその理由を知る楽しさの2つの「楽しさ」を想定しています。前者は、英語学習の内発的な動機づけを高め、後者は、英語学習における関係性の欲求を充足してくれるものとして位置づけられています。この活動を通して、ARCSモデルにある「満足感（S）」の充足

が期待されます。

　最後の「相手意識」では，自分がなりたい将来の職業について，自身の「未来への決意」として DVD にまとめる，という活動が設計されていますが，この活動は，児童が自身の学習活動を振り返り，その成果を自己評価する機会としても位置づけられています。「相手意識」を伴った言語使用の機会を設けることにより，言語学習におけるメタ認知が促され，自己評価能力の向上が期待されます。この活動には，児童の興味・関心がビデオ撮影・DVD 録画から，次第に英語学習そのものに向くように，いわば，道具的動機づけから統合的動機づけへの転換を図るというねらいもあります。さらに，最後に保護者による授業参観を計画していますが，そこでは児童の英語学習における義務自己が意識され，さらに，それが理想自己との統合を促すことも期待されます。

【学習指導案の例】

「外国語科」学習指導計画

学習者　大分大学教育学部附属小学校

5 年 1 組　35 名

指導者　　秦　潤一郎

　単元名：「前進への決意を，『前進チャンネル』として DVD に収録しよう」

（*We Can! 1* ‒ Unit 3 'What do you have on Monday?' 学校生活・教科・職業）

1. 単元の目標
   ○　教科や職業について聞いたり言ったりすることができる。また，活字体の小文字を識別し，読むことができる。　　　　　　　　　　　　　　　　（知識及び技能）
   ○　学校生活に関するまとまりのある話を聞いておおよその内容を捉えたり，時間割や教科，将来の夢について伝え合ったりする。　　（思考力，判断力，表現力等）
   ○　他者に配慮しながら，将来の夢やそのために努力することなどの自分の考えや気持ちを互いに伝え合おうとする。　　　　　　　　（学びに向かう力，人間性等）

2. 単元について

必然性	将来の夢やそのために努力することについて，その決意を保護者などをはじめ，広く紹介することを目的に，「前進チャンネル」（「前進」は学年テーマ）として動画撮影し，放送番組形式で DVD に収録する
リアル感	放送番組のキャスターとなる二者が，将来の夢やそのために努力することを互いに尋ね合ったり，反応を返したりするためのキーセンテンスと反応表現
楽しさ	キャスターとなって，互いのやりとりが放送番組として収録される楽しさ 個人の特徴や意外性が表れる“将来の夢”や，そのために努力する“内容”
相手意識	相手の将来に夢やそのために努力することについて，それを尊重し，その良さや価値を認めようとする意識

3. 単元計画（7時間）

時	目標（◆）と主な活動（【 】，○）【 】＝誌面化されている活動
1	◆世界の同世代の子どもたちの学校生活に関するまとまりのある話を聞いて，自分たちとの相違点や共通点を聞きとることができるとともに，単元の見通しを持つ。
	○ Small Talk：自己紹介（Unit 1） ○単元を通した目標について知る。 【Let's Watch and Think 1】：世界の子どもたちの学習の様子について知り，自分たちとの相違点や共通点に気づく。 前進への決意を，「前進チャンネル」として DVD に収録しよう ○本時の「めあて」について知る。 単元の計画を立て，曜日や教科の英語での言い方に慣れ親しもう ○単元の目標をふまえ，何をどのように学習すべきか，単元の計画を立てる。 【Let's Sing】Sunday Monday Tuesday ○ミッシングゲーム：教科名に慣れ親しむ
2	◆時間割についてまとまりのある話を聞いて，概要を捉えることができる。
	【Let's Sing】Sunday Monday Tuesday ○ Sounds and Letters ○本時の目標について知る。 友達と時間割の内容について英語で尋ね合おう 【Let's Watch and Think 1】：世界の子どもたちの学習の様子について知り，自分たちとの相違点や共通点に気づく。 【Let's Listen】：音声を聞いて，それがどの曜日かを考えて記入する。 【Let's Play】：1週間の時間割の中から好きな曜日を1つ決め，"Do you have 〜 on〜?" と尋ね，相手がどのパターンの時間割を選んだかを当てる。
3	◆時間割に関するまとまりのある話を聞いて，その概要を捉えることができるとともに，職業の英語での言い方についてわかる。 ◆自分が選んだ教科や職業の英語を書いたり，書き写したりすることができる。
	【Let's Sing】Sunday Monday Tuesday ○ Sounds and Letters ○本時の目標について知る。 オリジナルの夢の時間割を作り，友達と紹介し合おう ○ Small Talk：好きな教科① 【Let's Watch and Think 2】：世界の子どもたちの時間割や好きな教科の紹介を聞いてわかったことを記入する。 【Let's Chant】："What do you have on Monday?" 【Activity】：夢の時間割を作り，友達と紹介し合う。 ○キーワードゲーム：職業の英語での言い方について慣れ親しむ。 ○自分が選んだ教科や職業の英語を書き写す。
4	◆何曜日に何の教科があるかや，将来なりたい職業について尋ねたり答えたりしようとする。 ◆自分が選んだ教科や職業の英語を書いたり，書き写したりすることができる。
	【Let's Chant】："What do you have on Monday?" ○ Sounds and Letters

	○本時の目標について知る。
	将来なりたい職業に向けて，夢の7・8時間目の時間割を作り，友達と紹介し合おう
	【Let's Watch and Think 2】：世界の子どもたちの時間割や好きな教科の紹介を聞いてわかったことを記入する。
	○ Activity：W&T 2のケニアの子どもの話をふまえ，将来なりたい職業に向けてワークシートの時間割の7・8時間目の教科や学習を考える。
	○ Activity：ワークシートの時間割の7・8時間目を加えたオリジナルの時間割となりたい職業について，友達と紹介し合う。
	○自分が選んだ教科や職業の英語を書き写す。
5	◆何曜日に何の教科があるかや，将来なりたい職業について尋ねたり答えたりしようとする。 ◆活字体で書かれた教科や職業に関する文字を識別し，その読み方を発音することができる。
	【Let's Chant】："What do you have on Monday?" ○ Sounds and Letters ○本時の目標について知る。
	DVD に収録するための前進への決意を，英語で伝え合おう
	○ Small Talk：好きな教科② 【Let's Watch and Think 3】：映像を見て，登場人物と将来の夢，夢の時間割を線で結ぶ。 ○ Activity：前進への決意をさまざまな友達と英語で紹介し合う。 ○相手がなりたい職業を尋ねる表現を英語で書き写す。
6	◆学習したい教科や将来なりたい職業についての内容が込められた前進への決意を，英語で発表しようとする。 ◆活字体で書かれた教科や職業に関する文字を識別し，その読み方を発音することができる。
	【Let's Chant】："What do you have on Monday?" ○ Sounds and Letters ○本時の目標について知る。
	前進への決意を英語で発表し，撮影しよう①
	○ Small Talk：午後に学習したい教科 ○ Activity：DVD にまとめて紹介するための前進への決意を英語で発表し合う。DVD にするための撮影は同じグループ内で協力して撮影し合う。 ○自分がなりたい職業のキーセンテンスを英語で書き写す。
7	◆学習したい教科や将来なりたい職業についての内容が込められた前進への決意を，英語で発表しようとする。 ◆活字体で書かれた教科や職業に関する文字を識別し，その読み方を発音することができる。 ◆他者に配慮しながら，未来への決意やそれについての自分の考えなどを伝え合おうとする。
	【Let's Chant】："What do you have on Monday?" ○ Sounds and Letters ○本時の目標について知る。
	前進への決意を英語で発表し，撮影しよう②
	○ Activity：グループ内で前回の発表について良かった点や改善点を話し合う。その話し合いをもとに，再度，前進への決意を英語で発表し合う。撮影は前回と同様に行う。 ○自分が紹介するキーセンテンスを英語で書き写す。

第6節　評価を意識した授業提案

浦田　貴子・吉澤　寿一

1. 授業場面での指導目標と評価の一体化〜どんな場面で，何を評価するか〜

1.1　はじめに

　『小学校学習指導要領（平成 29 年告示）』では，小学校中学年から外国語活動を導入し，「聞くこと」「話すこと」を中心とした学習活動を通して，英語に慣れ親しみ，英語学習への動機づけをすることとし，高学年からは，児童の発達段階に応じて段階的に文字の「読むこと」「書くこと」を加えて，総合的・系統的に扱う教科学習として位置づけ，中学校への接続を図ることを重視しています。

　小学校外国語活動・外国語における評価においても，他教科と同様に，教科としての目標が明記されています。児童の育成を目指す資質・能力の３つの柱である「知識及び技能」「思考力，判断力，表現力等」「学びに向かう力，人間性等」について，それぞれに関わる目標を明確に設定しています。

　さらに，表１にあるように外国語活動においては３つの領域に目標を設定し，外国語科においては５つの領域に目標を設定しています。ここで注意すべきことは，高学年の外国語科は「教科」であるのに対して，中学年の外国語活動は「教科外」であるので，各領域における目標の表記が異なっている点です。外国語活動の各目標の文末が「〜するようにする。」であるのに対して，外国語科では「〜できるようにする。」となっています。つまり，高学年においては，積極的にコミュニケーションを図ろうとする態度の育成のみにとどまらず，英語を活用するのに必要な基礎的な技能を身につけることが求められるということです。

したがって，中学年では，授業中の児童の学習活動の取り組みの様子そのものを見取って評価することが中心となることに対して，高学年では，「英語を使って何ができるようになったか」を念頭において評価していくことになります。いずれも，指導目標と評価の一体化を考えて指導を行うことが大切ですが，特に高学年においては，「評定」を見通した評価基準を明らかにすることが必要になります。

表 1『小学校学習指導要領（平成 29 年告示）』における外国語活動・外国語の 5 つの領域別の目標

5 つの領域別の目標		
	小学校第 3 学年及び第 4 学年 外国語活動	小学校第 5 学年及び第 6 学年 外国語
聞くこと	ア　ゆっくりはっきりと話された際に，自分のことや身の回りの物を表す簡単な語句を聞き取るようにする。 イ　ゆっくりはっきりと話された際に，身近で簡単な事柄に関する基本的な表現の意味が分かるようにする。 ウ　文字の読み方が発音されるのを聞いた際に，どの文字であるかが分かるようにする。	ア　ゆっくりはっきりと話されれば，自分のことや身近で簡単な事柄について，簡単な語句や基本的な表現を聞き取ることができるようにする。 イ　ゆっくりはっきりと話されれば，日常生活に関する身近で簡単な事柄について，具体的な情報を聞き取ることができるようにする。 ウ　ゆっくりはっきりと話されれば，日常生活に関する身近で簡単な事柄について，短い話の概要を捉えることができるようにする。

読むこと		ア 活字体で書かれた文字を識別し，その読み方を発音することができるようにする。 イ 音声で十分に慣れ親しんだ簡単な語句や基本的な表現の意味が分かるようにする。
話すこと [やりとり]	ア 基本的な表現を用いて挨拶，感謝，簡単な指示をしたり，それらに応じたりするようにする。 イ 自分のことや身の回りの物について，動作を交えながら，自分の考えや気持ちなどを，簡単な語句や基本的な表現を用いて伝え合うようにする。 ウ サポートを受けて，自分や相手のこと及び身の回りの物に関する事柄について，簡単な語句や基本的な表現を用いて質問をしたり質問に答えたりするようにする。	ア 基本的な表現を用いて指示，依頼をしたり，それらに応じたりすることができるようにする。 イ 日常生活に関する身近で簡単な事柄について，自分の考えや気持ちなどを，簡単な語句や基本的な表現を用いて伝え合うことができるようにする。 ウ 自分や相手のこと及び身の回りの物に関する事柄について，簡単な語句や基本的な表現を用いてその場で質問をしたり質問に答えたりして，伝え合うことができるようにする。
話すこと [発表]	ア 身の回りの物について，人前で実物などを見せながら，簡単な語句や基本的な表現を用いて話すようにする。 イ 自分のことについて，人前で実物などを見せながら，簡単な語句や基本的な表現を用いて話すようにする。 ウ 日常生活に関する身近で簡単な事柄について，人前で実物などを見せながら，自分の考えや気持ちなどを，簡単な語句や基本的な表現を用いて話すようにする。	ア 日常生活に関する身近で簡単な事柄について，簡単な語句や基本的な表現を用いて話すことができるようにする。 イ 自分のことについて，伝えようとする内容を整理した上で，簡単な語句や基本的な表現を用いて話すことができるようにする。 ウ 身近で簡単な事柄について，伝えようとする内容を整理した上で，自分の考えや気持ちなどを，簡単な語句や基本的な表現を用いて話すことができるようにする。
書くこと		ア 大文字，小文字を活字体で書くことができるようにする。また，語順を意識しながら音声で十分に慣れ親しんだ簡単な語句や基本的な表現を書き写すことができるようにする。 イ 自分のことや身近で簡単な事柄について，例文を参考に，音声で十分に慣れ親しんだ簡単な語句や基本的な表現を用いて書くことができるようにする。

文部科学省（2017e, p.169）

1.2 授業における評価について

　授業指導案においては，次のように表記をすることで，学習内容と児童の学習活動の様子から評価の観点を明確にすることができます。

【例】6年生　単元名 'My Summer Vacation'「夏休みの思い出」（*We Can !* 2）第3時／8時間
・目標　過去の表現を用いて，夏休みに行った場所について話したり聞いたりできる。

表2　1単位時間の指導の流れと評価規準例

学習活動と言語材料	指導上の留意点
1. Small Talk　夏の食べ物 S1: What food do you like in summer? S2: I like watermelon. S1: Me, too. Why? S2: It's sweet. How about you?	・教師がデモンストレーションを行ってから，児童同士で既習表現を用いてやりとりを行わせる。

2. 【Let's Listen 1】 ・映像を視聴し，行った場所，したこと，食べたもの を話の内容に合うように登場人物と絵を線で結ぶ。	・音声を聞かせたあとは，音声で出会った "I went to 〜." や "I enjoyed 〜." などを繰り返し聞かせて慣れ ることができるようにするため，"How about you, A san?" など，児童とやりとりをする。
3. 【Let's Play】 ・指導者が夏休みに関わる語句（施設・場所，動作，食べ物）を言うのを聞いて，その語句を表す絵を指 さす。	・ゲームに入る前に，語句を表すジェスチャーをやっ てみせ，児童から答えを引き出し，それを英語に直 す形で，これらの語句に出会わせておく。
4. 【Let's Talk】 ・夏休みに行った場所をペアで伝え合う。ペアを替え て繰り返す。 S1：I went to the sea. How about you? S2：I went to the mountain. S1：I see. Thank you.	・ペアで伝え合わせる前に "I went to 〜." や "I en-joyed 〜." 場所の名前などを教師のあとについて繰 り返し言わせ，使えそうな表現を見つけさせる。 ◇評価 話すこと［やりとり］（イ） 過去の表現を用いて，夏休みにした自分の経験を 言ったり聞いたりできている。
5. 【Let's Read and Write】 ・デジタル教材の音声を聞きながら読んだあとワード ボックスからことばを選んで書き写す。	・【Let's Talk】で話した表現を書き写させるようにす る。
6. 本時を振り返り，「振り返りカード」に記入する。	

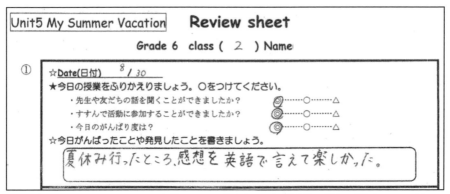

図1 「My Summer Vacation 夏休みの思い出」（3／8）学習後の児童の振り返りカード

2. 子どもの意欲を高めるパフォーマンス評価の実際（F県A小学校）

2.1 はじめに

　毎時間の1人ひとりの学習状況をきめ細やかに把握し，評価を行うことは大切なことです。 しかし，学級担任が1人で，40人の子どもたちを指導しながら，同時進行で確実な評価を実 行することは大変難しいのも現状です。特に，音声を中心とする外国語活動の授業は，評価の ための材料が記録としてほとんど残らず，授業後に評価を行うことが難しいという状況があり ます。

　一方で，子どもの立場から考えると，1単位時間の授業の中で聞いたり話したりすることは できていても，英語を使う機会が限定的であり，「伝わった」と実感したり，自己の成長を実 感することにはつながりにくいのではないかと考えました。

そこで，1人ひとりの子どもの学習状況を指導者がきめ細やかに把握し，子どもにも自己の成 長を実感させることができるのではないかと考え，パフォーマンス評価を実施することとしま した。

2.2　A小学校におけるパフォーマンス評価の考え方

　本校では，①子どもに，「英語を用いたやりとりができた」という達成感を味わわせる，②指導者が，子ども１人ひとりの学習状況を適切に把握する，③学級担任自身に，主体的に英語を用いてコミュニケーションをしようとする態度を形成する，の３つのねらいに基づき，パフォーマンス評価を位置づけた授業を年間３回，各学期末に実施しています。

　具体的には，学級を４分割し（１グループ７〜８名程度），学級担任，英語推進教員，ALT（外国語指導助手：Assistant Language Teacher），指導方法工夫改善教員の４名（以下，指導者）が，それぞれのグループを受け持ち，それまでに慣れ親しんだ表現を用いて，１人ひとりに話し掛け，グループ内で会話をしながら，子どもの様相を観察するという方法をとっています。本校では，指導者と子どもの１対１の評価ではなく，あえて指導者が複数の子どもの評価をする形式を採用していますが，その理由は，この授業では，英語を用いるやりとりができたという達成感をどの子どもにも味わわせることを最も重視しているからです。

図２　パフォーマンス評価の様子

```
T（教師）：I saw a spider in my house yesterday.
　　　　　　 Do you like spiders?
S1（子ども）：No! No, I don't.
T：Oh, you don't like spiders. What animal do you  like?
S1：I like elephants.
T：OK. Why do you like elephants?
S1：Big!
T：Oh, you like elephants because they are big. S2,
　 How about you? What animal do you like?
S2：I like tiger.
T：Oh, you like tigers.
```

図３　パフォーマンス評価での教師と子どものやりとり

　グループ形式であれば，指導者からの問いに，１人では答えられない子どもも，グループ内の友達のサポートを受けながら，何とかやりとりを継続することができます。もちろん，指導者側は，「今学期に指導したことばに，どの程度慣れ親しませることができたか」（授業を評価すること），「この児童は，どの程度慣れ親しんでいるのか」（児童を評価すること）の２つを評価することを目的としていますが，子どもには，「できるかどうかテストをされている」という意識ではなく，「今までに習った英語を使って，やりとりにチャレンジする」という意識になるよう配慮しています。さらに，グループで行うことにより，子どもを１人で次の活動まで待機させておくことがないので，45分間の中で，たっぷりと活動させることが可能です。

　また，パフォーマンス評価を実施する際にはルーブリックが必要ですが，本校では，まだ詳細を示した評価基準の整備までには至っていません。そのかわりに，１年間の学習内容に基づく行動目標を示した評価カード（図４「イングリッシュ・パスポート」）を子どもに各自持たせ，教師は子どもとのやりとりを行いながら，「好きな色を尋ねられた場面で，自分が好きな色の名前を言う」などの行動目標ができているかどうかを見取り，授業後にそのときの子どもの様相を学級担任に伝えています。

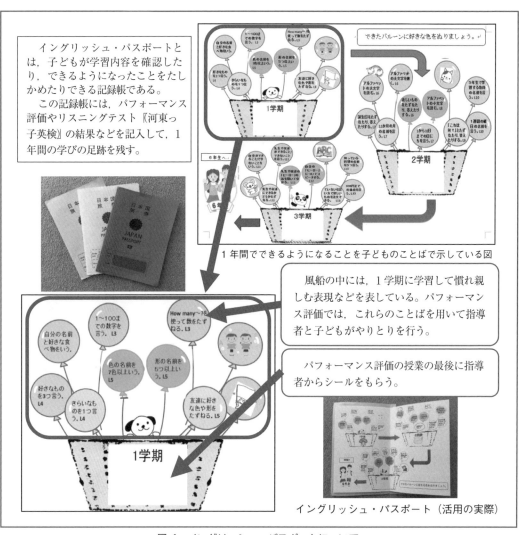

イングリッシュ・パスポートとは，子どもが学習内容を確認したり，できるようになったことをたしかめたりできる記録帳である。

この記録帳には，パフォーマンス評価やリスニングテスト『河東っ子英検』の結果などを記入して，1年間の学びの足跡を残す。

できたバルーンに好きな色をぬりましょう。

1年間でできるようになることを子どものことばで示している図

風船の中には，1学期に学習して慣れ親しむ表現などを表している。パフォーマンス評価では，これらのことばを用いて指導者と子どもがやりとりを行う。

パフォーマンス評価の授業の最後に指導者からシールをもらう。

イングリッシュ・パスポート（活用の実際）

図4　イングリッシュ・パスポートについて

　毎学期に行うパフォーマンス評価では，学期ごとの風船に書かれた内容についてやりとりを行い，終了後は，「バスケット」の上に示された白枠の中に，シールを貼ることとしています。この「イングリッシュ・パスポート」は，指導者にとっても，子どもにとっても，年間の学習の見通しをもったり，当該学期のパフォーマンス評価の内容について，共通理解したりすることに有効であると考えています。

2.3　パフォーマンス評価を位置づけた授業展開例（5年生2学期）

ア　導入

- ・これまでの既習表現（1～100までの数，色や形の名前，"I like ～." / "I don't like ～." "What color do you like?" "How many～?" など）をチャンツや歌などで復習する。
- ・本時は，既習表現を用いて指導者に尋ねたり，尋ねられたことについて答えたりして，伝え合うという目標を理解する。

イ　展開

・7〜8人のグループにわかれて，指導者とともに円になって座る。

・指導者と1人ずつやりとりを行う。(図5)

※指導者は，ランダムに子ども
を指名しながら質問をするが，
日常の授業の様子から，答えら
れそうな子どもから意図的に指
名すること。どうしてもやりと
りに困る状況が起きた場合は，
本人が "Help me." と言ったり，
ジェスチャーなどで意思表示を
したりした場合は，同じグルー
プの子どもが助けてもよいこと
とする。

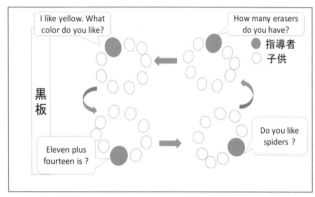

図5　パフォーマンス評価を行う際の指導形態

・8分間が経過したら，次の指導者のところへグループ全員が移動する。同じ手順で，残
りの3人の指導者と行う。

ウ　終末

・本時の感想や3学期に頑張りたいことなどについて，振り返りシートに記入する。

・指導者から，良かった点と，コミュニケーションをよりよくするためのアドバイスを聞
く。

2.4　おわりに

本校では，「河東っ子英検」というリスニングテストを10年以上実施してきており，受検を
希望する子どもも多く，英語に対する興味関心が高いと言えます。しかし，その一方で，英語
に対する苦手意識のある子どももおり，「河東っ子英検」を一度も受けることなく卒業する子
どももいました。

そのような実態の中，昨年度からパフォーマンス評価を授業に位置づけたことで，全員の子
どもに，英語を使って「なんとかして伝えよう」とする体験をさせることができるようになり
ました。このことは，子どものコミュニケーションに対する意欲を高めることに一定の効果が
あったと感じています。

今回，「パフォーマンス評価の実際」として紹介したこの実践は，『小学校学習指導要領（平
成20年告示）』に基づく，高学年における外国語活動の実践です。今後は『小学校学習指導要
領（平成29年告示）』の目標に基づき，高学年のパフォーマンス評価の内容を見直していく必
要があります。

また，「簡単な語句で，ゆっくりはっきり話してくれれば，自分についての簡単な質問がわ
かる。」などの具体的な指標を用いたルーブリックなどの整備の必要性も感じているところで
あり，これらの課題を改善しながら，さらに子どもの意欲を高め，授業改善に結びつくような
評価を目指していきたいと考えています。

1. はじめに ～外国語活動と小中連携～

　小中連携の重要性や留意点などについては，＜理論編＞（第1章第12節）を参照いただき，ここでは，より具体的な実践について紹介します。小中連携については，＜理論編＞でも述べられているとおり，さまざまな方法があります。中学校入門期の指導の工夫（竹内，2013），小学校英語活動で慣れ親しんだ表現を発展させた活動としての中学校でのスキット作り（棚原，2013），小学校教員による中学校英語の授業参観（五十嵐，2013）など，中学校での実践も大切ですが，小学校としてできることもたくさんあります。直山（2013b）では，さまざまな小中連携の中でも，児童と中学生の交流が一番効果がある，と述べられているとおり，小学生と中学生の交流活動の中で実践した，(1) 合同授業，(2) カリキュラム連携の授業実践をご紹介します。物理的な理由などから，ここでの実践のような直接交流が難しくても，実践の目的や理念はどのような小中連携の場合にも当てはめることができます。

2. 小中合同授業の実践 (*Hi, friends! 1*, Lesson 5 'What do you like?')

　茨城県つくば市では，平成23年度から，子どもの成長の連続性の保証，中1ギャップの解消，学校規模の適正化などを目指して，小中一貫教育をスタートさせました。中学校区単位で教員同士が連携・研修し，学校生活のきまりや学習スタイルなど，さまざまなことを統一しています。また，一定規模以上の小学校では，5年生から準教科担任制を採用し，学習スタイルの点でも中学校での学習につながるようにしています。さらに，児童生徒の直接交流も取り入れ，委員会活動や行事での交流活動のほかに，授業の中でも小学生と中学生が一緒に学習する場を設けています。

　ここでは，5年生と7年生による英語の合同授業を紹介します。この組み合わせは，5年生の中学校入学後に実際に中学校生活を一緒に送る学年差であること，また，英語スキルの差も適切であると考え，設定しました。1対1でのペア学習よりも緊張がほぐれることを目的とし，5年生3人に対し，7年生1人が入る人数構成でのグループ活動としました。

　文部科学省のモデルプランをベースに，単元の最後に中学生との交流活動を学習のまとめとして位置づけ，既習のさまざまな語彙を使って自己紹介をし，さらに，中学生が読んだ自己紹介文を聞きとって，それが誰かを当てるという活動を組み入れました。

　また，言語材料としては，5年生には好きなものや嫌いなものについて聞き合う定形表現として，7年生には既習の文法規則（SVO，一般動詞の否定文・疑問文）に基づいた言語表現として，自己紹介に関わる表現を取り上げました。さらに，中学生は，英文の読み書きができるという英語スキルの違いをあえて生かし，5年生だけでなく中学生にも学びがあるものになるよう，小中で異なる活動を組み入れました。

2.1　自己紹介カードの作成

　事前に，1人ひとりが自分の好きなものや好きではないものについて絵を使って表現した「自己紹介カード」を作成し，それを用いてプレゼンテーションする形で自己紹介ができるようにしました。カードの中には枠を6つ作り，時間をとって自己表現できるよう，言い方も練習しました。食べ物・動物・スポーツ・特技などを描いている子がほとんどでした。ここで，小学生と中学生の英語スキルの違いを意識し，中学生には正しいスペリングで文，あるいは単語を書くことを指示し，情意面だけでなく英語学習においても学びがあるようにしました。

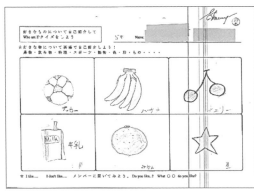

図1　5年生が作成した自己紹介カード

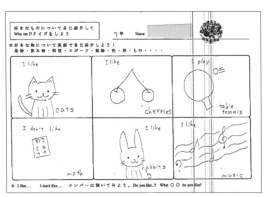

図2　中学生が作成した自己紹介カード

2.2　グループでの自己紹介

図3　グループでの自己紹介

　前述した4人1組のグループ内で，1人30秒以内で自己紹介を行いました。30秒以内で終わった場合は，他のメンバーが自分のことも言及しながら，"I like 〜. Do you like 〜?"　あるいは，"I don't like 〜. Do you like 〜?" のように質問してみるよう促しました。この質問は，主に中学生が小学生に対して聞いてくれました。

　なるべく多くの相手とやりとりができるように，グループ内の4人全員の自己紹介と質疑応答が終わった段階（2分間）で，メンバーチェンジを行いました。4人グループ内の2人だけが列ごとに順番に席を替わるようルールを設定し，全員が同じ量を発話できるよう，また，全員が同じ回数，やりとりができるよう留意しました。

2.3　Who am I? クイズ

　クラスの半分程度のメンバーと自己紹介が終わったところで，自己紹介活動を終わりにし，小学生のカードを中学生が英文で読み，それを聞いた小学生が誰のことかを当てるという「Who am I? クイズ」を行いました。ここでは，小・中学生の英語スキルの違いを活用し，中学生は，カードを見て英語を「読める」こと，十分に練習した自分の自己紹介でなくても英文を言える技能があることを，小学生に見せる意図がありました。

　児童は，中学生の読むクイズを熱心に聞き，6つの内容全部を聞き終わる前から，「○○さ

んだ！」「あっ，わかった！」と反応していました。「次
は誰のことが読まれるんだろう？」という期待感から，
自然にクイズの場面での英文に集中することができた
ようです。

図4　Who am I？クイズの様子

2.4　活動の振り返り

5年生には，毎回授業の最後に学習内容の振り返り
をカードに一言ずつ記入させており，今回の授業に関
しては，以下のようなものが見られました。

「7年生は，"I like 〜." と，"I don't like 〜." 以外の
ことも言っていた。」，「自己紹介で，中学生の発音がうまかった。」，「中学生にいろいろ聞いて
もらえて，言い方も教えてもらえたりして，うれしかったし，楽しかった。」，「いろいろ好き
なものとかがちがうんだ，ってことがわかりました。」，「エレナ先生〔ALT（外国語指導助
手：Assistant Language Teacher）〕や中学生の英語の質問に答えられた！」

多くの人と英語で関われたことの達成感と，中学生を身近なモデルとした英語学習への意欲
が感じられました。

中学生の振り返りカードには年下の児童と関わり，自分に自信を持って学習に取り組んだ様
子や，人とのコミュニケーションで感じたことなどがつづられていました。また，「英語は苦
手な教科だけど，5年生が頑張っているのを見て，私も頑張ろうと思いました。」という感想
もみられ，教える立場の中学生にとっても，普段の英語学習への意欲喚起としての効果があっ
たと考えられます。

小学生と中学生の合同授業は，頻繁に実施できることではないし，また，毎回行うべきもの
でもないでしょう。小・中学生がともに同じテーマで活動できる内容を吟味し，かつ，それぞ
れの普段の学習の流れに自然に取り込めるような単元計画を練るのが大切であると考えます。
教師側の適切な意図と十分な準備があれば，今回のように，特に人とコミュニケーションをと
る学習において，さまざまな面での利点が，小・中学生の双方に期待できると考えます。

ただし，前述のとおり，中学生にとって情意面での効果だけでなく，英語学習としても意味
がある活動となるよう気をつけたいものです。そのためには，場面・課題設定の重要性と，文
字の読み書きにおける小中のスキルの差をあえて生かした活動を設定できるかどうか，が鍵に
なってくると考えます。

3. 小・中学校の学習内容がスパイラルに継続発展する「地域発信型単元」の実践

香川県直島町では，長く小中一貫教育に取り組む中で，平成14年度から，英語教育において
もカリキュラムの連携を図ってきました。町にアート作品が点在し，海外からの観光客が増
加している実態から，自分たちの地域の良さを英語で発信できる力をつけることを目指して，
小中連携の「地域発信型単元」を構想してきました。小学校段階では，他教科やふるさと学習
の学びを生かし，自分たちの地域に関する語彙や定型表現を使って，実際の場面で地域のこと
を伝え合います。中学校段階では，積み上がった知識及び技能を使って，より即興的なやりと
りを目指します。地域のことを題材にした学習内容におけるカリキュラムの連携（直島市立直
島小学校・直島中学校, 2013）を紹介します。

3.1 小中連携「地域発信型単元」の全体構想

　他教科や領域における学びを生かして，'Meet the World' で地域紹介の体験を重ねます（図5）。

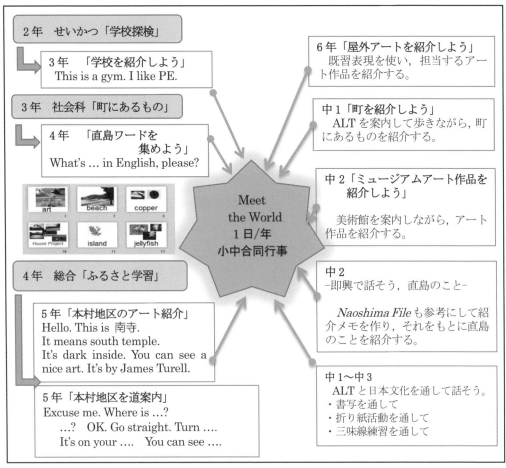

図5　平成 30 年度の各学年における地域発信型単元

3.2 'Meet the World' に向けて単元ごとの学びを重ねていく実践（第 5 学年の例）

　「（本村地区を）道案内しよう」の単元では，ガイドテストをクリアしながら，感じの良い道案内ができることを目指します（下記，単元計画を参照）。この単元の最終段階では，これまでに学習した「はじめて会う人との会話」や「直島のアート紹介」も取り入れて道案内し，'Meet the World' での実践につなぎます。

【「道案内しよう」の単元計画 】

時	帯活動	主な学習活動	合格を目指す Tour Guide Test
1	・直島チャンツ ・アルファベット並べ替え	・単元のねらいや学習方法を知り，道案内の基本的な表現を知る。	Tour Guide Test Level1 【評】ペアで道案内チャンツが言える。
2		・道案内チャンツで基本的な表現に慣れ，ペアで道案内チャンツテストを受ける。	

No.			学習活動	ガイドテスト／評価
3	（単語のアルファベットをばらばらに提示し，並べ替える）	（直島にあるものの英語をアルファベット順ジングルにしたもの）	・ガイドのポイント（聞き返しなど会話の工夫，感じの良い案内態度）を取り入れて，道案内の会話練習をする。	Tour Guide Test Level 2 A　B　C　D　E
4			・地図を使って道案内をする。	【評】指導者に尋ねられた場所を案内することができる。
5			・ビデオで道案内の様子を見て，紹介の工夫を考え，よりよい道案内をする。（案内先の紹介，道中の会話など）	Tour Guide Test Level 3
6			・ペアで「家プロジェクト」（本村地区にある6つのアート施設）の道案内をする。	【評】体育館に設置した道で実際に案内することができる。
7			・使った会話表現を視写し，音読する。	

　体育館に「本村地区でアート施設の場所を尋ねられる」という場面を設定することで，道案内の表現，歩きながら名前などを尋ねる会話，案内先でのアート紹介など，学んだことを繰り返し使いながら活動することができます。道案内での会話を，評価者となる別のペアが近くで聞くことで，学び合う場面も作っています（図6）。ガイドテストを1つずつクリアしながら学習が進んでいくこと，またその先に 'Meet the World' という実践の場があることが児童の学習意欲を高めています。

B：Excuse me. Are you lost?
A：Yes. Where is *Ishibashi*?
B：Oh, *Ishibashi*?　OK.
　　Follow me, please.
　　Go straight and turn right.
A：OK. Go straight and turn right.
（歩きながら）
B：Where are you from?

（目的地について）
B：It's on your left.
A：Oh, *Ishibashi*!
B：It means Stone Bridge.
　　You can see "Water Fall."
　　It's by *Senzyu Hiroshi*.
A：Thank you.
B：You're welcome.
A：Good-bye.

図6　道案内をするペアと後ろにいる評価役のペア

3.3　実践の場としての 'Meet the World'

　'Meet the World' とは，小・中学校が毎年合同で行っている交流活動です。県内外から30名以上の ALT を招き，午前中は小・中学校がそれぞれに交流活動を行います。

　午後からは，小5から中2までの児童生徒が，直島町にあるアートなどを紹介しながら町を散策します。「家プロジェクト」というアートが点在する地域では，中学1年生が自分のグループの ALT をアート施設へ次々と案内し，そこで待ち受けている小学5年生が，そのアート施設を紹介します（図7）。回ってくる ALT だけでなく，観光客にも聞いてもらったり，次のアート施設の場所を教えたりすることもあります。また別の地域では，小学6年生と中学2年生が，ALT を含む縦割グループで散策しながら，点在するアートや美術館内を紹介します。

児童生徒がチームになって，授業を通して学んだことを実践します。中学生になると，準備したことだけでなく即興的に会話をする場面が増え，このような上級生の姿からも小学生は多くのことを学んでいます。この 'Meet the World' を毎年行うことで，児童生徒は自分の成長に気づくことができます。また，上級生の活動内容を知ることもできるので，「来年はこうしたい」という目標を持ち，英語でコミュニケーションを図ることへの意欲を高めていると感じます。

図7　アート施設を紹介する児童

3.4　小・中学校の学習内容をつなぐ *Naoshima File*

　小・中学校の学びをつなぐ1つの方法として，第3学年で，*Naoshima File* という地域発信型単元専用のファイルを作っています。他教科や領域で学んだ地域の情報や，直島ワードチャンツ，紹介活動に使った英語表現などをとじていき，中学校まで持ち上がります。中学校では，地域のことについて話す際，小学校での学習を振り返りながら発表メモを作り，学習した文型を使いながら即興的に会話をすることを目指します。

　地域発信型単元は，20年余りをかけて小・中学校全体で取り組めるようになりましたが，カリキュラム連携のスタートは，小学校での単元や題材，英語表現が中学校でどのように扱われていくのかを知ることだと思います。例えば，小学校での自己紹介が中学校ではどのように表現が広がっているのか，また，can を使った表現は中学校ではどのように扱われるのか，など，部分的なことからでも指導者同士が理解を深めることが大切だと考えます。

4.　まとめ ～小中それぞれでできること～

　小中連携を意味のあるものにするためには，小・中学校双方の指導者はそれぞれの役割を意識するべきでしょう。中学校の内容を小学校で先取りして教えておく，という意味ではありません。

　例えば，文法についてならば，アレン玉井（2010）は，小学校で育む文法力は，中学校のように「細かい形態素項目の習得というよりも，英語の全体的なしくみを理解し，それが日本語とは違うことに気付くこと」(p.231) だと述べています。また，中学校では，小学校での学習で身につけた音声への慣れ親しみ（聞けばわかる，書けなくても言える）や，コミュニケーションへの積極性を生かした授業を行ってほしいと思います。萬谷・志村・中村（2017）は，中学校が「言語形式と正確さの定着のみを重視し，読み書きを中心とした授業を行っていれば，外国語活動を経験した学習者の強みを引き出し，伸ばすことは困難であろう」(p.83) と述べています。学習者のこれまでとこれからの学習を指導の中に生かしていくことで，学習のつながりが生まれるのです。

新海　かおる・東　悦子

1．CLILの実践事例

CLIL（内容言語統合型学習，Content and Language Integrated Learning）は，ヨーロッパが発祥とされ，EU統合により外国語によるコミュニケーション能力の育成と多文化への理解が必須になったことを背景に発展してきました。指導者は教えるために母語以外の学習言語を使用し，学習者はテーマに関連した内容とともに言語も学ぶことができます。

日本の小学校外国語学習においても，児童の発達段階や関心に応じた学習テーマを設定し，コミュニケーションの手段として英語を用い，CLILを取り入れた授業実践やその効果が検証されてきました。しかしながら，公立小学校でCLILを取り入れた実践を行うとなると，準備が大変なのではないか，指導者に相当の英語の運用能力が必要とされるのではないか，といった点などが懸念され，実際に日々の外国語学習への導入は容易ではないと考えてしまいがちです。

それでは，どうすればCLILの良さを生かして，授業に導入することができるのでしょうか。例えば，一回の授業にどの程度CLILを取り入れるかという比率や，単発的に導入するのか，定期的に実践するのかといった頻度などを学習者の実態に応じて無理のない範囲に設定し，指導者にとっても過剰な負担がかからない形態で実践することも可能です。この点について，池田（2011）は，CLILを4つのバリエーションに分類しています。第1に授業の「目的」によって，「言語学習」に重点を置く場合は"Soft CLIL"，「教科内容」に重点を置く場合は"Hard CLIL"と位置づけています。第2に「頻度・回数が単発的／少数回」の場合を"Light CLIL"，「定期的／多数回」にわたって導入する場合は"Heavy CLIL"とします。第3に「比率」として，「授業の一部（Partial CLIL）」であるか「全部（Total CLIL）」であるかの違い，第4に「使用言語」に関して，英語・日本語（母語）を使用する場合は"Bilingual CLIL"であるのに対して，英語のみで実践する場合は"Monolingual CLIL"としています。また鍵となる視点として，①Content（教科などの内容）②Communication（言語知識，対人スキル）③Cognition（批判的・論理的思考）④Culture（Community）（協同学習・地球市民意識）の「4つのC」が挙げられます。池田（2011）によると，CLILを支える個々の原理や教育技法は，すでにどこかで見聞きしたものであるが，画期的な点は，既存の要素を『4つのC』（Coyle et al, 2010, pp. 48-85）を有機的に結びつけ，パッケージングした点にある，と述べています。

次に，CLIL関連の論文や視察報告などから，授業実践の例などを時系列に見てみましょう。

柏木（2013）は，スペイン・フィンランド・台湾で見学したCLILの授業から，国によって英語力は異なるものの，教師の言語使用に関して，例えば台湾のCLIL「ものづくり」の授業では，"Look at this slide." "What tool are you going to use to fix drywall corner?"など，小学校外国語活動で使用されるクラスルームイングリッシュの応用である，と指摘しています。また，児童の英語が伸びるのは，カリキュラムにおいて「英語学習」と「CLIL」が二本立てとなり，英語表現の基礎となる学びの基盤を持ちながら，「CLIL」で実際にことばを使い，思

考する場面を創出している点にある，としています。

　沖原（2015）は，東南アジア諸国，EU 諸国，北米における CLIL の実施状況を紹介し，その目的，授業形態，担当教員について，教育形態の特徴をまとめています。東南アジア諸国の例のうち，インドネシアでは，中等段階で数学と理科に絞り，英語教員の支援により数学と理科の教師が英語で授業ができるように準備を進めています。タイでは，英語国からの native speaker の教師で適格者の確保が難しく，周辺の ESL の国であるフィリピンなどから教員免許保持者を採用している例が少なくないそうです。担当教員に求められるのは，英語の運用能力の高さだけではなく，扱う教科の専門性や知識，また学級運営などの指導力が重要であることがうかがわれます。

　北條（2016）は，2007 年から 2016 年にわたり，さまざまな研究者が報告した CLIL や日本の他教科の内容を取り入れた CLIL の実践授業を，対象者，内容，および考察・課題という項目でまとめています。そのことから，社会・算数・国語の教科内容を取り入れた CLIL 授業が多く，世界の国・国旗・数字・漢字などは，外国語活動において扱われる語彙や英語表現とリンクさせやすく，児童が英語を用いて思考するトピックとして，また Light CLIL としても比較的に取り上げやすい，としています。

　高木・中山（2018）は，小学校 1 年生から 6 年生を対象として，CLIL を用いた授業実践を報告しています。その実践は「科目内容」に重点を置く Hard CLIL で，「頻度」の点では，6 年生は Heavy CLIL，1〜5 年生は学期に単発の Light CLIL で実施しています。使用言語は，日本語と英語の Bilingual CLIL です。

　5 年生の例では，2 回の授業が実施されています。1 回目の授業の概要を例として，4 つの C に対応させてみると，次のようになります。授業内容は，「世界の国々の国土面積や場所」を調べることです（Content）。学習言語（英語）は，国の名前，分数の言い方，country, land area で，学習のための言語（学習言語を学ぶための言語，ここでは英語や日本語）は，数の言い方，write, calculate, the world map, the biggest（Communication）です。児童は，学習言語と学習のための言語による説明を理解し，ワークシートを行います（Cognition）。地図帳を用いて国の場所や面積を調べ，「調べ学習」後にワークシートの内容を皆で確認します（Culture／Community）。このような流れで，2 回目の授業は，教科学習として新聞紙で世界の国の大きさの違いを知ることを内容とし，学習のための言語には，newspaper, How many 〜?，How about〜? などを加えます。児童は，世界の国々と日本との大きさの違いを知り，最後にグループごとに発表します。

　宇土（2018）は，CLIL を生かした実践が，小学校で学級担任が担当する小学校英語教育において大きな可能性を示すものである，としながら，教師自身の姿勢とことばの壁にふれ，「教師自身がテキスト中心の学習から，学びの空間や身体的活動など，コンテキスト型の学びへと転換することが重要である」（p.141）と述べています。小学校英語教育では，限られた語数や文構造であることから，リアリティを模擬的に表現した絵やパノラマやジオラマでの学びあいの方法によって，ものの名前を知らなくても指示語で共有でき，教師が発音することばからそれを学びとることができる，としています。宇土が提案した教材『Global Study 世界のさまざまな問題に目を向けてみよう』では，地球的課題として問題となっている事象を示す島と，その課題解決を未来志向の視点から描いた島，現実社会での問題解決への取り組みや日常生活の課題を示す島の 3 つが描かれたイラストを提示しています。それにより，子どもたちに比較

による思考を促し，社会科や理科の既有の知識を生かしながら，協同的な学び合いなどを導入して学習が実施できるとしています。このことから，CLILの実践においてどのような教材を用いるかもポイントの１つであり，適切な教材は，児童の理解を助けて新たな語彙の学習につながることや，学習者の発達段階に応じた興味関心を深める思考につながることが予想されます。

2. 授業プラン例

【例1】「多様な外国の人々とともに暮らす社会」

授業の目標	多文化共生社会について， ・すでに身近に多様な国の人々が日本に暮らしていることに気づく。 ・なぜ日本で仕事をしている／勉強しているのだろうか。 ・他者の立場になり，「日本で困ることは何か」を考え，その解決策も考える。
語彙	国の名前　職業の名前
表現	"Where are you from?" "Where is he/she from?" "I am (He/She is) from Malaysia." "What is your job?" "What is his/her job?" "I am (He/She is) a nurse." "I can help you/him/her, because I can speak English. / I know…."
教材	さまざまな分野で働く外国人の写真など ALT（外国語指導助手），留学生，看護師，自動車製造業，漁師，ホテル，空港などで働く人々

	Content	Communication	Cognition	Culture／Community
1	日本に暮らす外国人の写真を見て，どこの国から来た人かを推測する。	・国の名前 ・出身地を尋ねる。	・日本に，身近に多様な国の人々がいることに気づく。 ・学習言語を用い，質問や応答ができる。	◇グループ学習： ・日本にいる外国の人について調べる。 ◇個人学習：ワークシート記入
2	・なぜ外国の人が日本で仕事をしているのだろう。 ・外国の人が日本で困ることはないだろうか。何ができるだろうか。	・職業の名前 ・仕事を尋ねる。 ・私（達）にできること	・学習言語を理解し，既習の語いや表現を使用して，「私（達）にできること」を発表する。	◇グループ学習： ・日本で働く理由 ・日本で困ること →どうすれば困らないだろう？ ◇一斉学習：発表

＜指導上の留意点＞

・少子高齢化がすすみ，労働の担い手として外国の人々に頼る時代となっている社会背景にふれる。

・身近に外国の人々が暮らす社会となり，ともに仲良く暮らすためにも，児童が他者の立場にたってものごとを考えられるきっかけとする。

・言いたいことと英語のスキルにギャップが生じることが予想されるが，それでも児童が学んだ英語を駆使して，他者の助けになることを発信しようとすることが大切。

・外国の人々が日本で働く理由については，児童に「調べ学習」を通して日本語で確認させる。その内容を踏まえて，可能なかぎり教師が簡潔な表現の英語で補足する。

【例2】「観光立国 JAPAN」

授業の目標	日本は「観光立国」を宣言しインバウンド観光を推進している。外国人観光客は年々増加している。 ・駅や観光地で，大勢の外国人観光客を見かけることがあるか。 　※観光庁：インバウンド数データ ・外国人観光客が日本に来る目的は，なんだろう。どこを観光したいのだろう。 　※日本の観光地や世界遺産，あるいは外国人観光客が多い観光地を調べる。 ・わたしの町を訪れる（外国人）観光客におすすめの場所は，どこか。 　※地域の魅力発見と発信
語彙	国名や国籍　sightseeing, shopping, the World Heritage
表現	"Where do you want to go?" "I want to go to …." "You can see/eat/buy…in（地名）." "You can enjoy…."
教材	世界地図，日本地図，名所や特産物などの写真

	Content	Communication	Cognition	Culture (Community)
1	・外国人観光客が増加していることを知る。 ・「観光立国」とは？ ・どこの国から来る人が多いのだろう。	・国名や国籍 ・食べる，見る，買う，〜できるなど。	学習言語を用いて，質問や返答ができる。	◇グループ学習： ・日本に来る観光客は何人くらい？ ・目的地は？ ・何を見たい／したいのだろう。
2	・私の町の魅力発見 ・観光に来る人々にどこをおすすめするか。	・おすすめの場所と理由。 ・Osaka is a good place. You can eat delicious Takoyaki.	学習言語を理解し，既習の語いや表現を使用して発表する。	「おすすめの場所とその理由」 ◇個人学習：ワークシートに記入 ◇一斉学習：発表

＜指導上の留意点＞
・「外国人観光客が訪れたい日本の場所は，どこだろう。また，観光の目的は何だろう。」と教師が声を掛け，他者の視点で考えるように促す。それを考えることにより，児童は日本の／自らが暮らす地域の（観光）魅力に気づく。
・児童が暮らす地域の魅力を知り，外国の人々に伝えるために発信の方法を工夫する。
・言いたいことと英語のスキルにギャップが生じることが予想されるが，それでも児童が学んだ英語を駆使して，地域の良さを発信しようとすることが大切。
・「世界遺産」などを調べると，児童が訪れたい国やその理由を述べる学習にも展開できる。

3. 他教科での既習内容を外国語・外国語活動でのやりとりに生かす活動のアイデア

　全教科を教えている学級担任にとって何よりの強みは、児童がすでに知っている他教科の内容を題材にし、やりとりに生かせることです。また、児童にとっても、言語材料も題材も新しいことを学習するのは、内容を捉えるだけで精一杯になってしまいますが、ある程度内容がわかっていれば、英語表現に耳を傾け、じっくり思考し、気づきが起こるようになります。

　以下、活動のアイデアをいくつかご紹介します。『小学校学習指導要領（平成29年告示）』各教科の「各学年の目標および内容」との関わりを、※印で示しておきます。

Make 10　　※算数　第1学年2内容　A数と計算（1）ア（キ）

［使用表現］"Do you have three?" / "Yes, I do. I have three." / "Sorry, no."

［進め方］

・トランプの1〜9を使い、1人1枚ずつ持つ。

・担任は、"Let's make 10. I have seven. So, I need three. Umm, who has three? ○○さん, do you have three?" と、目的、状況が伝わるような Teacher Talk をしていく。

・自分が持っている数と、友達が持っている数を足して10になるように、必要な数を "Do you have three?" と友達に尋ねさせる。

・"Yes, I do." / "No, I don't." の答え方だけでなく、"Sorry, no." と思いやりのある断り方に触れさせたい。

Make 31　　※算数　第2学年2内容　A数と計算（2）ア（ア）

［使用表現］"21 and 10 is 31."

［進め方］

・1〜30までの数字カードを、裏返しに黒板に貼る。

・2人組で1枚ずつカードを選び、選んだ2枚のカードを足した式と答えを発表させる。"5 and 30 is 35." のように、31にならなかった場合は、カードを裏返して黒板に戻す。

・30枚の数字カードで、3〜59の数を作ることができるので、時刻の学習で行うとよい。

・「クラスみんなで31をたくさん作ろう」という雰囲気で展開すると、「私がさっき取ったカードだよ。"Left, left, up."」などの協力的な発言が期待できる。

種・葉・花・実　　※理科　第3学年2内容　B生命・地球（1）ア（ウ）

［使用表現］"What's this?" "What are these?" "Do you like tomatoes?" "Yes, I like tomatoes."

［進め方］

・アサガオ、ヒマワリ、ホウセンカなどの既習の種は、目を閉じさせて手に乗せ、触覚で何の種かを当てさせる。

・ほかに、果物や野菜の種を見せて、何の種かを学ぶこともできる。

・葉や花の写真を提示し、果物名や野菜名と結びつける活動や、どの部分を食用しているのかを考える学習に発展させることもできる。

・道徳的視点として、自然や動植物を大切にする心を育てる。

県庁所在地・都道府県名　　※社会　第4学年2内容（1）ア

[使用表現]　"Can you read this?" "Where is Matsue?" "It's in Shimane."

[進め方]

・Matsue と書かれたものを提示し，"Can you read this?" と，ローマ字を読ませる。

・"Where is Matsue?" "It's in Shimane." "Where is Shimane?" と地図で場所を確認させる。

・県庁所在地だけでなく，有名な建物，校外学習で行った場所，"Where is your grandparents' house?" と祖父母の住まいを尋ねることなどで，より身近な話題となる。

・「亜米利加」「英吉利」「仏蘭西」「西班牙」「露西亜」などの国名を表す漢字を提示し，"What country is this?" "Can you read it?" "Where is France?" など，世界地図へと発展させることもできる。また，新聞や歴史の教科書で，「日米」「英国」「日露」などが使われていることに気づかせたり，ことばの成り立ちや，諸外国との交流に目を向けさせたりすることもできる。

・場所を示す前置詞を学習したあとで扱うとよい。

　そのほか，簡単に紹介しておきますので，クラスの児童の実態に合わせ，アレンジしてください。

生産物の輸入　　※社会　第5学年2内容（2）イ（ア）

[使用表現]　"Where is this banana from?" "It is from the Philippines."

[進め方]・実物や包装の袋などを用いて，産地を尋ねる。

　　　　　・国際理解の視点として，我が国や諸外国の特産物について理解し，国際協調の精神を養う。

作曲家，我が国の音楽や諸外国の音楽　　※音楽　第5学年および第6学年2内容　B鑑賞

[使用表現]　"Who is he? He is Mozart." "He was a composer." "Who made this music?" "Mozart did."

[進め方]・音楽室に掲示されている作曲家の写真を見せ，"Who is he?" と尋ねる。

　　　　　・音楽で学習した曲を聴かせ，作曲家の名前を答えさせる。

　　　　　・道徳的視点として，他国の人々や文化に親しみ，関心をもたせる。

球技のプレーヤーの人数，ルール

※体育　第5学年および第6学年2内容　Eボール運動（2）（3）

[使用表現]　"How many players do we need for volleyball?" "Can we kick the ball?" "Do you want to play volleyball?" "Do you want to watch volleyball?"

[進め方]・オリンピック，パラリンピックでの球技のプレーヤーの人数を尋ねたり，各球技のルールを，"We can kick the volleyball. We can head the ball." と確認したりする。

　　　　　・道徳的視点として，フェアなプレイを大切にする心を養う。

大谷　みどり

1.　はじめに

　人には，さまざまな特性があります。見たほうがわかりやすい視覚優位の子ども，じっとしているより動いていた方が学びやすい運動感覚優位の子ども，聞いたほうがわかりやすい聴覚優位の子ども等々，子どもたちだけでなく，教える側の私たちにも特性があります。＜理論編＞（第1章第14節）で述べられているように，さまざまな特性を持つ発達障害のある子どもたちへの支援とともに，この章では，障害の有無にかかわらず，何らかの特性や理由から，先生方が授業で気になる子どもたちを含めた，外国語授業の中での支援のあり方を提案したいと思います。

　＜理論編＞では，自閉スペクトラム症，学習障害，ADHDなどの障害別に支援のあり方が解説されていますので，ここでは，まず子どもたちが持つ苦手意識について，他教科や学校活動とも共通する背景や要因についてふれ，続いて英語の4技能別に可能な指導や支援について述べます。支援のポイントは，一人ひとりのつまずきを丁寧に見取り，その原因・背景を考え，個々に応じた支援を行うことです。同時に，第二言語習得の基本をおさえながら，本人の強み，強い感覚を生かすことも心掛けたいところです。

1.1　学校生活・他教科に共通する要因と，英語教育特有の要因

　英語の授業で苦手感を持つ児童生徒の傾向として，主に下記のような点が挙げられます。

- ・音韻認識の弱さ
- ・短期記憶・ワーキングメモリーの弱さ
- ・帰納的推測の苦手さ
- ・人との関わりの苦手さ
- ・口頭による自己表現の難しさ
- ・即興的対応の困難性

　これらの要因がすべてではありませんし，他の強みを生かして英語の授業を楽しんでいる子どもも少なくありませんが，子どもたちが抱える課題の要因には，英語学習特有のものと，他教科や学校生活に共通なものがあります。次のように分類してみました：(A) 個人の特性，(B) 学習環境，(C) 外国語学習に対する情意面，(D) 英語（学習）の特徴（図1）

(A) 個人の特性には，第1章第14節に述べられているように，視覚優位，聴覚優位など，感覚の優位性から，発達障害や他の障害にも見られる特性を含みます。

(B) 学習環境には，安心して臨める学級経営・人間関係，刺激の調整，使いやすい教材へのアクセスなどが挙げられます。外国語の時間の特徴の1つは，積極的にことばを使って人と関わることです。それも母語ではなく外国語で行うので，多少自信がなくても多少違っていても，新しいことばを使って人に伝えることが可能な，安心して取り組める環境が大切で，先生方の学級経営とクラスの人間関係が基盤になります。「刺激の調整」については，どこを見ていい

のかわからない，または気が散ってしまう子どもたちには，多くの先生方が実践しておられる，黒板やその周囲にある掲示物の量を減らし，優先順位の高いものを残す，という工夫も有効です。聴覚過敏の子どもがいる場合は，なるべく余分な音を減らすような工夫が大切です。外国語の授業では，先生の声だけでなく，CDやDVDからの音，みんながやりとりをする声など，さまざまな音が混在します。ノイズキャンセリングなどの使用が効果的な場合もあります。また光の刺激に過敏な児童がいる場合，特に白色が反射して見えにくい場合は，パワーポイントなどを使う際には黒地に白字を使うことが有効です。また対象児の手元のテキストやノートには，本人が読みやすい色のかかったクリアファイルなどを重ねることも役立ちます。

(C) 外国語学習に対する情意面については，動機づけの節（第1章第8節，第2章第5節）にも解説されているように，子どもたちが「外国語を学んでみたい」という気持ちを持てることが何よりも大切です。特に自閉症傾向のある児童は興味関心が限定されがちなため，授業の中では可能な範囲で，本人の関心ごとに少しでもふれること・関連させることで気持ちを引きつけることができるでしょう。

(D) 英語（学習）の特徴については，ここまで多く述べられてきたように，母語とは異なる言語を学ぶにあたり，特に新しい体験をすることが不安な子どもには，丁寧なスモールステップでのアプローチが有効です。また，何かことばの使い方に課題がある場合は，ことばのどのレベルでつまずいているのか，つまり，音，文字，単語，文・文構造など，どの部分でつまずいているかを見極めることが大切です。

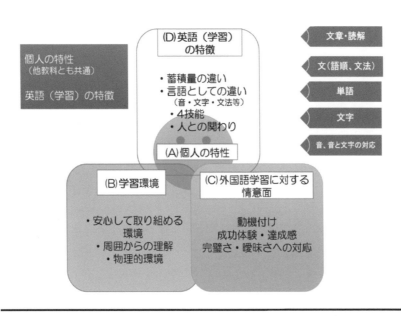

図1　英語学習のつまずきに関するさまざまな要因（大谷，2020）

そのほか，授業全体の支援として，多くの先生がしておられるように全体の流れを最初に示し，黒板に書いておく，もしくは貼っておき，授業中に確認できるようにしておくことが有効です。各活動が始まるごとにマグネットを置いていったり，活動が終わるごとに消していったりすることもできます。

また，指示はなるべく簡潔，明確に行うことも大切です。複雑な指示がわかりにくい子どもや，一度に複数のことに取り組みにくい子どもにとって，外国語の授業を楽しむための必須条件になります。

2. 4技能5領域における支援

2.1 聞くことへの支援

「聞くことの難しさ」の背景もさまざまです。外国語を聞きとることは誰にとっても容易なことではありませんが，「先生の話に注意を向けにくい」児童から，「英語の音が聞きとりにくい」「知らない音への不安を感じる」「さまざまな音の刺激からの選択が難しい」「聴覚的記憶が弱い」児童もいます（第1章第14節を参照）。

外国語学習における「聞くこと」については，何となくわかること，「曖昧性への対応」が重要ですが，特にはじめての音やわからないことに不安を持つ児童には，「最初はわからなくても大丈夫」と伝えながら，少しでもわかったことがあれば，しっかりほめてあげてください。

「聞くことが難しい」「何を聞いていいかわからない」という児童には，例えば，*Let's Try!* や *We Can!* の Let's Listen や Let's Watch & Think のような教材を使う場合，使う前にテキストの絵を見ながら，登場人物や状況の確認，必要があれば，使われる単語や表現を確認しておくと，子どもの不安を和らげ，聞く準備が整います。また，何を聞いたらよいのか，例えば，「○○さんが何をするのか，どこの場所が出てくるか聞いてみよう」など，聞く焦点を絞る，または区切って聞かせることも有効です。状況に応じて，CD や話すスピードを落としながら聞かせる工夫もできます。

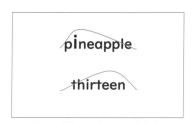

図2 単語の「見える化」例

聴覚情報だけでは不安，もしくは聴覚優位ではない児童には，写真や絵カードなどの視覚的支援が有効です。また，音の「見える化」（図2）も役立ちます。聾学校で上手に指導しておられた先生は，体を使ってリズムをとりながら話すこと，視覚支援では，アクセントがつく文字に色をつけたり字を大きくしたり，また，先生の口元をしっかり見せることを心掛けておられました。

「先生の話に注意を向けにくい」児童には，可能であれば座席を前の方にする，教師が全体に話をする際に目を合わせる，口頭で確認をする，などが支援につながります。ペアやグループで確認をしてから進めることも有効です。「さまざまな音の刺激からの選択が難しい」児童の場合には，一度にさまざまな音が重ならないように，また音が大きくなりすぎないように配慮することも必要になります。以前に訪ねたフィンランドの通常学級では，入ってくる音を調整できるイヤーマフが複数台，どのクラスにも準備してありました。

新しい音にふれ，慣れ親しみ，日本語にはない音韻表象を作っていくことが，のちの文字学習にも大きく影響しますので，支援をしながら聞きやすい機会を増やしてあげましょう。

2.2 話すことへの支援

「話すことの難しさ」の背景として，(1)「英語を話すことへの抵抗感」(2)「人と話すことの苦手さ」(3)「間違えることへの抵抗感」などが挙げられます（大谷・飯島・築道・小川，

2017）。重なる部分もありますが，（1）について，慣れないことばへの不安や，発音の仕方がわからないようであれば，聞くことの支援と同じように，教員が少しゆっくり話してみる，区切りながら話す，ペアを変えて自信がつくよう練習を重ねる，必要に応じて日本語にない発音の仕方を説明する，などの支援が考えられます。たくさん聞いて慣れる，ということが基本ですが，少しずつスモールステップで支援を必要とする子どもたちもいます。

　また，「単語だと大丈夫だけれど，文章になると言えなくなる」という児童には，短期記憶や聴覚のワーキングメモリーの弱さも原因として考えられます。この場合も，一度にたくさんではなく，スモールステップで，というアプローチが有効になります。クラス全体で少しずつというのが難しい場合は，ペア活動などの際，当該児童のそばで少しゆっくり区切りながら聞かせ，一緒に練習してみる，という方法も有効でしょう。また，なかなかことばが思い出せない児童の場合，語想起の弱さが原因とも考えられます。絵や写真，文字など，視覚的なヒントが支援になるでしょう。一方で，他教科では話すことが苦手な児童の中に，新しく学ぶ英語の授業ではチャレンジしてみようと思う子どももいます。英語は難しいということではなく，チャレンジしてみる新たな機会として捉えることもできます。

　もう1つ，日本人の傾向として，（3）「間違えることへの強い抵抗感」があります。完璧さを求めるがゆえに，少しでもわからないと積極的にこたえようとしないという場合があります。前述のとおり，外国語学習では最初から完全にできる人はほとんどいないこと，音素レベルであっても少しずつわかるようになることが大切であることを伝えながら，同時に，子どもの頑張ったチャレンジをほめてあげてください。

　人との関わりが難しい児童の中には，物理的に人と関わることの難しさだけではなく，周りから見ると空気が読めない，ととられる場合があります。コミュニケーションの場面が多い英語の時間には，顕在化しやすいのです。一方，声を掛けてもらいにくい児童には，教員によるデモンストレーションなどのあと，可能であれば教員が当該児童ともデモを行うことで，周囲の児童も話せることを認識し，声を掛けてもらいやすくなる可能性があります。

2.3　読むこと・書くことへの支援

2.3.1　文字の認識

　読み書きの前に，さまざまな感覚で文字にふれることが大切です。例えば，身の回りのアルファベット文字集めは，形の認識だけでなく，日々多くのアルファベットを見聞きしていることへの気づきを促します。またアルファベットカードなども，並べたりするだけでなく，一部を隠しながら友達と当てあうことで，形の確認ができます。異なった触感を通しての学びとして，ウレタンフォームやフェルト，コルク地などでできたアルファベットを利用することもできます（100円ストアでも扱っています）。ただし，既成のものは教科書とは異なる書体も多いので，子どもたちに事前に伝えておく，もしくは子どもたちに気づかせることが大切です。子どもによっては，フォントの違いを文字の違いと捉えることがあります。例えば，a と ɑ，g と g などです。

　文字は，音と一緒に導入することも大切です。そうでなければ，ただ見ている，もしくは写しているだけになってしまいます。日本では，まず名称読み，そして音読みを教えます（第2章第4節を参照）。この音読みを基本として，音と文字の対応規則を学ぶフォニックスは，英

語圏で子どもたちが英語を学ぶ際に考案されました（第1章第2節を参照）。フォニックスには多くの有用性がありますが，特に，音韻や規則性を意識した方が学びやすい子どもには有効です。

2.3.2　多感覚を活用した工夫

アメリカなど英語圏でも特別支援の視点から，実際に文字を紙に書く前に，多感覚を活用しさまざまな素材の組み合わせでの取り組みが行われています。

多感覚を活用した書く活動としては，次のような方法が挙げられます。

・運動感覚を生かして，大きく空書きをする（国語科でもよくされると思います）。

・体全体を使って，班で協力をしながらアルファベットを表現させる。お互いに何の文字を作ったかを当てあうのも楽しいでしょう。

・形を捉えるという意味では，粘土でアルファベットを作ったり（図3），輪ゴムボードを使ったりしてみる（図4）。少しザラザラしたものの上に指で書くことで，触覚を通して文字の形を学ぶことができます。アメリカでは Magic Sand と呼ばれるさまざまな色のついた砂状のもの（図5）やメッシュ状のものの上に指で書いたり，またメッシュ状のものの上に紙を置いてクレヨンで書いたりすることもあります。

図3　粘土

図4　輪ゴムボード

声に出しながら書く・形を作ることも大切です。発音することで，耳からも音が入り，また口を動かすことで口の筋肉が覚えるという利点があります。

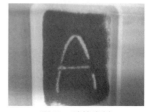

図5　砂状素材

2.3.3　4線の活用

上記のように，さまざまな感覚や素材を使って文字の形を認識させたあとは，実際に4線を使って紙に書くことが大切です。特に，大文字はすべて4線の上から1段目と2段目で収まりますが，小文字は上に出る字，下に出る字，とさまざまです。文字の形が捉えにくい，もしくは丁寧に書きにくい児童には，4線が役立ちます。日本語では四角のマスの中に収めて書く練習をしますが，上の段，下の段という感覚を使うことはあまりありません。

また，どの段に書くかということは，英語圏の子どもたちにとっても課題です。わかりやすくするために，例えば基線に蛍光ペンなどで色をつけることもできます（海外の4線ノートには，基線に少し立体的な膨らみを持たせ，書いたときに鉛筆があたる工夫がされたものも販売されています。日本では平仮名や漢字の練習用に最近販売されるようになりました）。また，4線の間に色をつけることもできます。海外の4線の中には，「まん中の段は草が生えている所で緑色，その下は土の中で茶色，1番上は空色」とイメージを持たせたものもあります（SparkleBox, n.d.）。

ただし，書きにくそうにしている子どもがいる場合，使っている4線の拡大コピーを作ってみることをおすすめします。慣れてきたら，少しずつ小さくしていくこともできます。平仮名や漢字の練習でも，少しずつマスを小さくしていくのと同じ感覚です。

2.3.4　小文字の難しさ

　小文字の学習には，大文字に比べ3倍の時間がかかる（アレン玉井，2019）と言われます。これは，小文字が大文字に比べ，文字が小さいだけでなく，よく似た字が多いこと，特徴が少ないこと，そして前述のとおり，高さが異なることなどが理由に挙げられます。特に混乱しやすいのが，ｂとd，pとq，nとhなどです。また，平仮名には時計回りの書き方が多い（あ，お，わ，め，ぬ，な，す，む，など）のに対し，小文字には，反時計回りが多い（a，c，d，e，o，qなど）という特徴もあります（藤堂，2019）。このように，大人には気づきにくい小文字の難しさがあります。書くことに困難を感じる児童には，特にどこにつまずきがあるのかを丁寧に見取って支援をしていきましょう。

2.3.5　語順と，語と語の区切り

　英語と日本語の違いに「語順」があります。日本語では通常，述語・動詞は文の最後に来ますが，英語の場合は，主語の次に動詞が来ます。この違いは，中学・高校でも習得が難しい生徒がいます。小学校の間は，すぐに全文を書かせるのではなく，現在のテキストにもあるように，最初は単語を書く代わりに絵カードを使ったり，文の空所部分のみ英語で書いてみたりするなど，語順を意識させながら，一度に書くことの負担が大きくならないよう，スモールステップで進めたいものです。

　もう1つ，英語の文を書くときに難しいのが，語と語の間のスペースです（基本は，半角一字分ほど）。これは英語圏の子どもたちでも意識しなければ難しいものです。アメリカで最初によく使われるのは，"pinky rule" とも呼ばれる，小指を使う方法です。1つ単語を書くと，そのあとに利き手ではない側の小指を置き，スペースを確保して，続く単語を書く，という方法です。小指ではスペースが大きすぎる場合は，鉛筆の先を使ったり，他のものを代用したりすることもできるでしょう。このようにして，日本語にはない単語間のスペースについては，何かを体感しながらの習得も効果的です。

3.　UD／UDL を生かした授業

　通常学級の中で，上記のような支援を常に行うことは難しいかもしれませんが，無理のない範囲で少しずつ取り入れていくことは可能かと思います。特に，UDL（学びのユニバーサルデザイン；Universal Design for Learning）（CAST, 2011）の考え方では，ゴールは同じなのですが，ゴールに向けて使う教材やアプローチを子どもの特性などにあわせて教員が複数準備し，子どもたちに選択させます。例えば字を書くときには，4線の幅が異なるものを準備しておく，アルファベットの認識も，カードのほかに粘土やモールなどを用意しておいて，各児童が取り組みやすいものを選ぶ，という方法です。必ずしも教師が望む選択肢を選ばない可能性もありますが，そのときは，「これもやってみたら？」とすすめることもできるでしょう。

　外国語の授業においても，1人ひとりの子どもたちの様子を丁寧に見取り，個々にあった工夫・支援が理想です。しかしながら，先生方の限られた時間の中で，全員の特性にあった授業を行うことは不可能ですが，複数の感覚を用いることで，より多くの子どもたちの学びに適した学習につながります。また，先生方ご自身も色々な支援の引き出しを持つことで，さまざまな背景や特性を持つ子どもたちに対応しやすくなることでしょう。

引用文献

ACTFL (The American Council on the Teaching of Foreign Languages). (2006). *World-readiness standards for learning languages.*

Asari, Y. (2012). Types of recasts and learners' uptake. *Dialogue, 10*, 1-20.

Asher, J., & Garcia, R. (1969). The optimal age to learn a foreign language. *Modern Language Journal, 53*, 334-341.

Becker, C. (2015). Assessment and portfolios. In J. Bland (Ed.), *Teaching English to young learners: Critical issues in language teaching with 3-12 years olds* (pp. 261-278). Bloomsbury.

Beech, L. W. (2003). *Sight word readers and teaching guide.* Scholastic Inc.

Bentley, K. (2010). *The TKT course CLIL module.* Cambridge University Press.

Birdsong, D. (1992). Ultimate attainment in language acquisition. *Language, 68*, 706-755.

Birdsong, D. (2002). *The NCLRC Language Resource, 6*, No. 6 July.

Bodde-Alderlieste, M., Salomons, L., & Schokkenbroek, J. (2018). *Engels in het basisonderwijs* (2nd ed.). Noordhoff.

Bohn, O.S. (1986). Formulas, frame structures, and stereotypes in early syntactic development: Some new evidence from L2 acquisition. *Linguistics, 24*, 185-202.

Breckenridge, Y., & Erling, E. J. (2011). The native speaker English teacher and the politics of globalization in Japan. In P. Seargeant (Ed.), *English in Japan in the era of globalization* (pp. 80-100). Palgrave Macmillan.

Britzman, D. P. (2003). *Practice makes practice: A critical study of learning to teach.* State University of New York Press.

Brown, H. D. (2007). *Principles of language learning and teaching* (5th ed). Pearson Education, Inc.

Butler, Y. G. (2015). English language education among young learners in East Asia: A review of current research (2004–2014). *Language Teaching, 48*, 303-342.

Butler, Y. G. (2016). Self-assessment of and for young learners' foreign language learning. In Nikolov, M. (Ed.), *Assessing young learners of English: Global and local perspectives* (pp. 291-315). Springer International Publishing.

Byram, M. (1997). *Teaching and assessing intercultural communicative competence.* Multilingual Matters.

Cameron, L., & McKay, P. (2010). *Bringing creative teaching into the young learner classroom.* Oxford University Press.

Cameron, L. (2001). *Teaching languages to young learners.* Cambridge University Press.

Carreira, J.M. (2006). Motivation for learning English as a foreign language in Japanese elementary school. *JALT Journal, 28*, 135–158.

Carreira, J.M. (2011). Relationship between motivation for learning EFL and intrinsic motivation for learning in general among Japanese elementary school students. *System, 39*, 90–102.

Carreira, J.M. (2012). Motivation orientations and psychological needs in EFL learning among elementary school students in Japan. *System, 40*, 191–202.

Celce-Murcia, M., Dörnyei, Z., & Thurrell, S. (1995). Communicative competence: A pedagogically motivated model with content specifications. *Issues in Applied Linguistics, 6*, 5-35.

Charlebois, J. (2016). The acquisition of interlanguage pragmatics and communicative competence. *Journal of Intercultural Communication, 19*, 1-16.

Cole, J. (1989). *Anna Banana: 101 jump-rope rhymes.* Beech Tree Books.

Coulmas, F. (1981). Introduction: Conversational routine. In F. Coulmas (Ed.), *Conversational routine: Explorations in standardized communication situations and prepatterned speech* (pp. 1-17). Mouton.

Coyle, D., Hood, P., & Marsh, D. (2010). *CLIL: Content and language integrated learning.* Cambridge University Press.

Crystal, D. (1980). *A first dictionary of linguistics and phonetics.* Andre Deutch.

Cummins, J. (2001). *Negotiating identities: Education for empowerment in a diverse society.* California Association for Bilingual Education.

Deci, E.L., & Ryan, R.M. (1985). *Intrinsic motivation in self-determination theory and human behavior.* Plenum.

Deci, E.L., & Ryan, R.M. (2002). *Handbook of self-determination research.* The University of Rochester Press.

DeKeyser, R. (2015). Skill acquisition theory. In B. VanPattern & J. Williams (Eds.), *Theories in second language acquisition: An introduction* (pp. 94-112). Routledge.

Dörnyei, Z. (2001). *Motivational strategies in the language classroom.* Cambridge University Press.

Dörnyei, Z. (2009). The L2 motivational self system. In Z, Dörneyi & E. Ushioda. (Eds.) *Motivation, language, identity, and the L2 self* (pp. 9–42). Multilingual Matters.

Driscoll, P. (1999). Teacher expertise in the primary modern foreign languages classroom. In D. Frost & P. Driscoll (Eds.), *The teaching of modern foreign languages in the primary school* (pp. 43-64). Routledge.

Ellis, R. (2008). *The study of second language acquisition* (2nd ed.). Oxford University Press.

Ellis, R. (2015). *Understanding second language acquisition* (2nd ed.). Oxford University Press.

Ellis, R., & Sheen, Y. (2006). Reexamining the role of recasts in second language acquisition. *Studies in Second Language Acquisition, 28*, 575-600.

Enever, J. (Ed.) (2011). *ELLiE: Early language learning in Europe.* British Council.

European Commission/EACEA/Eurydice (2017). *Key data on teaching languages at school in Europe – 2017 edition.* Publications Office of the European Union.

Fennelly, M. G., Luxton, R., & Fukuda, S. T. (2014). The influence of foreign language activity classes in elementary school on the listening ability of first-year junior high school students. 『日本児童英語教育学会 (JASTEC) 研究紀要』 *33*, 39-53.

Fox, B.J. (2011). *Word identification strategies*. Pearson.

Freeman, D. (2017). The case for teachers' classroom English proficiency. *RELC Journal, 48*, 31-52.

Freppon, P. A., & Dahl. K. L. (1998). Balanced instruction: insights and considerations. *Reading Research Quarterly, 33*, 240-251.

Fröhlich, M., Spada, N., & Allen, P. (1985). Differences in the communicative orientation of L2 classroom. *TESOL Quarterly, 19*, 27-57.

Gardner, R.C. & Lambert, W. (1972). *Attitudes and motivation in second-language learning*. Newbury House.

Goodman, K. (1986). *What's whole in whole language?: A parent/teacher guide to children's learning*. Heinemann.

Hayes, D. (2014). *Factors influencing success in teaching English in state primary schools*. British Council. (Japanese translation is also available at: https://www.britishcouncil.jp/sites/default/files/ees-reportstateprimary-schools-jp_0.pdf)

Hong Kong Education Bureau. (2008). *The primary literacy programme – Reading and writing*. HKSAR Publishing.

Hood, H. (2016). Primary school English teacher training: How the Swiss introduced English education into primary schools. *JES Journal, 16*, 100-115.

Huang, J., & Hatch, E. (1978). A Chinese child's acquisition of English. In E. M. Hatch (Ed.), *Second language acquisition: A book of readings* (pp. 118-131). Newbury House.

Hughes, R. (2017). *Teaching and researching speaking* (3rd ed.). Routledge.

Itagaki, N. (2019). Assuring quality learning outcomes in primary to tertiary English education in Japan: Focusing on the notion of foreign language proficiency. *JACET International Convention Selected Paper, 6*, 29-52

Janssen, K., & Wagner, K. (2009). *Take it easy*. ThiemeMeulenhoff.

Johnson, K. E. (1999). *Understanding language teaching: Reasoning in action*. Heinle.

Johnson, K. E., & Golombek, P. R. (2016). *Mindful L2 teacher education: A sociocultural perspective on cultivating teachers' professional development*. Routledge.

Kang, H.D. (2011). Elementary teachers' perception of the English conversation instructor system at schools and suggestions for its improvement. *English Language Teaching, 23*, 203-224.

Kashiwagi, K., & Tomecsek, J. (2015). How CLIL classes exert a positive influence on teaching style in student centered language learning through overseas teacher training in Sweden and Finland. *Procedia, 173*, 79-84.

Keller, J. M. (1979). Motivation and instructional design: A theoretical perspective. *Journal of Instructional Development, 2*, 26–34.

Keller, J. M. (1983). Motivational instruction of design. In C.M. Reigeluth (Ed.), *Instructional-design theories and models: An overview of their current status* (pp. 383–434). Lawrence Erlbaum Associates.

Keller, J. M. (1987). Development and use of the ARCS model of instructional design. *Journal of Instructional Development, 10*, 2–10.

Krashen, S. (1984). *The input hypotheses: Issues and implications*. Longman.

Larsen-Freeman, D., & Long, M.H. (1991). *An introduction to second language acquisition research*. Longman.

Lenneberg, E. (1967). *Biological foundations of language*. John Wiley.

Li, Y., Han, Y., & Gao, X. (2019). Young learners' motivation for learning English. In S. Garton & F. Copland (Eds.) *The Routledge handbook of teaching English to young learners* (pp.60-72). Routledge.

Lightbown, P.M., & Spada, N. (2013). *How languages are learned* (4th ed.). Oxford University Press.

Long, M. (1996). The role of the linguistic environment in second language acquisition. In W.C. Richie & T.K. Bhatia (Eds.), *Handbook of second language acquisition* (pp. 413-468). Academic Press.

MacIntyre, P. D., Clément, R., Dörnyei, Z., & Noels, K. (1998). Conceptualizing willingness to communicate in a L2: A situational model of L2 confidence and affiliation. *Modern Language Journal, 82*, 545-562.

McKay, P. (2006). *Assessing young language learners*. Cambridge University Press.

Muñoz, C. (2006). *Age and the rate of foreign language learning*. Multilingual Matters.

Muñoz, C. (2014). Contrasting effects of starting age and input on the oral performance of foreign language learners. *Applied Linguistics, 35*, 463-482.

Nagamine, T. (2017). The potential for non-native teachers to effectively teach speaking in a Japanese EFL context. In J. Martínez Agudo (Ed.), *Native and non-native teachers in English language classrooms: Professional challenges and teacher education* (pp. 161-180). De Gruyter.

Nagamine, T. (2018). L2 teachers' professional burnout and emotional stress: Facing frustration and demotivation toward one's profession in a Japanese EFL context. In J. Martínez Agudo (Ed.), *Emotions in second language teaching: Theory, research and teacher education* (pp. 259-275). Springer.

Nagamine, T., Fujieda, Y., & Iida, A. (2018). The role of emotions in reflective teaching in second language classrooms: Felt sense, emotionality, and practical knowledge acquisition. In J. Martínez Agudo (Ed.), *Emotions in second language teaching: Theory, research and teacher education* (pp. 145-163). Springer.

Nakata, H. (2019). Children's form-meaning connections and cognition through CLIL. *The Journal of The Japan. CLIL Pedagogy Association, 1*, 6-18

Nishida, R. & Yashima, T. (2009). An investigation of factors affecting willingness to communicate and interest in foreign countries among young learners. *Language, Education, & Technology, 46*, 151–170.

OECD (2009). Teaching practices, teachers' beliefs and attitudes (Chapter 4). In *Creating effective teaching and learning environments: First results from TALIS* (pp. 87-135). OECD Publishing.

Ojima, S., Matsuba-Kurita, H., Nakamura, N., Hoshino, T., & Hagiwara, H. (2011). Age and amount of exposure to a foreign language during childhood: Behavioral and ERP data on the semantic comprehension of spoken English by Japanese children. *Neuroscience Research, 70*, 197-205.

Pawley, A., & Syder, F. (1983). Two puzzles for linguistic theory: Native-like selection and native-like fluency. In J.C. Richards & R.W. Schmidt (Eds.), *Language and communication* (pp. 191-226). Longman.

Peck, S. (2001). Developing children's listening and speaking in ESL. In M. Celce-Murcia (Ed.), *Teaching English as a second or foreign language* (3rd ed.) (pp.139-149). Heinle & Heinle Publishers.

Peters, A. M. (1977). Language learning strategies: Does the whole equal the sum of the parts? *Language, 53*, 560-573.

Philp, J., Adams, R., & Iwashita, R. (2014). *Peer interaction and second language learning*. Routledge.

Pienemann, M. (1984). Psychological constraints on the teachability of languages. *Studies in Second Language Acquisition, 6*, 186-214.

Pienemann, M. (1998). *Language processing and second language development: Processability theory*. John Benjamin.

Sakuma, Y., & Saito, S. (2012). The positive influence of English-language activities on English digit-span performance among Japanese elementary school children: A three-year cross-sequential study. *Psychologia, 55*, 257-268.

Schmidt, R.W. (1990). The role of consciousness in second language learning. *Applied Linguistics, 11*, 129-158.

Sharpe, K. (2001). *Modern foreign languages in the primary school: The what, why and how of early MFL teaching.* Routledge.

Shin, J. K., & Crandall, J. (2014). *Teaching young learners English: From theory to practice.* Heinle Cengage Learning.

SparkleBox (n.d.) Ground, Grass and Sky Handwriting Aids https://www.sparklebox.co.uk/literacy/writing/ground-grass-sky-handwriting.html

Swain, M. (1995). Three functions of output in second language learning. In G. Cook & B. Seidlhoffer (Eds.), *Principle and practice in applied linguistics: Studies in honor of H. G. WIddowson* (pp. 124-144). Oxford University Press.

Thijs, A., Tuin, D., & Trimbos, B. (2011). *Engels in het basisonderwijs: Verkenning van de stand van zaken.* SLO.

Tomasello, M. (2003). *Constructing a language: A usage-based theory of language acquisition.* Harvard University Press.

Uchino, S. (2016). Reconsidering vocabulary in picture card sets: Do they contain the words that pupils want to use? *JES Journal, 16*, 179-194.

Vallerand, R.J., & Ratelle, C.F. (2002). Intrinsic and extrinsic motivation: A hierarchical model. In E.L. Deci & R.M. Ryan (Eds.) *Handbook of self-determination research* (pp. 38–63). The University of Rochester Press.

Vereniging Hogescholen (2018). *Kennisbases en profilering.* 10voordeleraar, Vereniging Hogescholen. https://kennisbases.10voordeleraar.nl/pdf/kennisbasis-pabo.pdf

Vygotsky, L.S. (1978). *Mind in society: The development of higher psychological processes.* Harvard University Press.

Walsh, T.M., & Diller, K.C. (1978). Neurolinguistic foundations to methods of teaching a second language. *International Review of Applied Linguistics, 16*, 1-14.

Wells, G. (1986). Variation in child language. In P. Fletcher & M. Garman (Eds.), *Language acquisition : Studies in first language development* (2nd ed., pp.109-139). Cambridge University Press.

Wray, A. (2002). *Formulaic language and the lexicon.* Cambridge University Press.

Wray, A. (2008). *Formulaic language: Pushing the boundaries.* Oxford University Press.

Yamano, Y. (2013). Exploring the use of content and language integrated learning (CLIL) in Foreign Language Activities. *JES Journal, 13*, 20-35.

秋田喜代美・キャサリン ルイス (2008). 『授業の研究 教師の学習 ―レッスンスタディへのいざない』明石書店 .

阿部フォード恵子 (2000). *NEW Let's Sing Together CD & SONG BOOK.* 株式会社アプリコット .

アミューズソフトエンタテインメント (発売元) (1996). *THE VERY HUNGRY CATERPILLAR & Other Stories* [DVD].

アレン玉井光江 (2010). 『小学校英語の教育法 理論と実践』大修館書店 .

アレン玉井光江 (2014). 「英語のつまずきは，アルファベットから!? ～大人が気がつきにくい落とし穴～」*ARCLE Review.* http://www.arcle.jp/note/2014/0006.html

アレン玉井光江 (2019). 『小学校英語の文字指導：リタラシー指導の理論と実践』東京書籍 .

五十嵐仁 (2013). 「校区内の小学校との連携：中学校の授業公開を通して」萬谷隆一・直山木綿子・卯城祐司・石塚博規・中村香恵子・中村典生 (編著)，『小中連携 Q&A と実践 小学校外国語活動と中学校英語をつなぐ 40 のヒント』(pp. 146-151) 開隆堂出版 .

池上真由美 (2018). 「児童の学習意欲を引き出す単元学習の試み ―ジョイント・ストーリーテリングを活用して―」

JES Journal, 18, 4-17.

池田周（2015）.「英語音韻認識技能の困難度に影響を及ぼす要因」『愛知県立大学大学院国際文化研究科論集』16, 23-43.

池田周（2016）.「日本語を母語とする小学生の音韻認識 —日本語音韻構造の影響—」*JES Journal, 16,* 116-131.

池田周（2018）.「日本語を母語とする小学生の音韻認識 —音素操作タスクに見られるモーラ認識の影響—」*JES Journal, 18,* 52-67.

池田真生子・今井裕之・竹内理（2017）.「持続可能な校内教員研修システムの構築 —小学校での外国語（英語）活動における不安軽減に焦点をあてて—」*JES Journal, 17,* 4-19.

池田真（2011）.「第 1 章 CLIL の基本原理」渡部良典・池田真・和泉伸一（共著）.『CLIL（内容言語統合型学習）上智大学外国語教育の新たなる挑戦 第 1 巻 原理と方法』（pp. 1-13）上智大学出版.

石川薫 (2012).「香港における言語環境」『東京女子大学言語文化研究』*21,* 20-33.

石川祥一・西田正・斉田智里（編）（2011）.『英語教育学体系 第 13 巻 テスティングと評価 —4 技能の測定から大学入試まで』大修館書店.

石濵博之（1988）.「視覚的にアルファベットの歴史を OHP を有効に使って」國弘正雄（総監修）『新英語教育講座 第 2 巻 入門期の指導』三友社出版.

石濵博之（2002）.「英語活動に対する教員の反応に関する事例報告 —「総合的な学習の時間」を試行した英語活動を通して—」『小学校英語教育学会紀要』*3,* 21-26.

石濵博之・渡邉時夫・染谷藤重（2015）.「『Hi, friends! 1』に準拠した聴解力テストの開発とその応用結果に関する事例報告（2）—改訂した聴解力テストの試み—」*JES Journal, 15,* 18-33.

泉惠美子（2008）.「教育大学における小学校英語への取り組み —教員養成と現職教員研修の充実を目指して—」『小学校英語教育学会紀要』*8,* 75-82.

泉惠美子（2017）.「小学校英語における児童の方略的能力育成を目指した指導」『京都教育大学教育実践研究紀要』*17,* 23-33.

泉惠美子・長沼君主・島崎貴代・森本レイト敦子（2016）.「英語学習者の自己効力と自律性を促進する授業設計と評価 —Hi, friends! Can-Do リスト試案に基づいて—」*JES Journal, 16,* 50-65.

泉惠美子・萬谷隆一・アレン玉井光江・田縁眞弓・長沼君主（編著）（2015）.『小学校英語 Can-Do 評価尺度活用マニュアル —Hi, friends! 1 & 2 Can-Do リスト試案』http://www.izumi-lab.jp/dl/easel_08.pdf

和泉伸一（2016）.『第 2 言語習得と母語習得から「言葉の学び」を考える』アルク.

板垣信哉・鈴木渉（2011）.「英語コミュニケーション能力の「素地」と「基礎」—第二言語習得の熟達化理論に基づいて—」『小学校英語教育学会紀要』*11,* 19-24.

板垣信哉・鈴木渉（2015）.「小学校外国語活動と中学校外国語教育の接続 —言語知識と記憶理論の観点から—」*JES Journal, 15,* 68-82.

市川伸一（2004）.『学ぶ意欲とスキルを育てる』小学館.

市川宏伸（監）（2006）.『AD/HD（注意欠陥／多動性障害）のすべてがわかる本』講談社.

稲岡智美・清水由佳（2003）.「小学生を対象にして英語のみで行われる授業における teacher talk adjustment」『小学校英語教育学会紀要』*4,* 17-25.

猪井新一（2003）.「英語科教育実習日誌の分析」『東北英語教育学会研究紀要』*23,* 45-54.

今井むつみ（2016）.『学びとは何か —＜探求人＞になるために』岩波新書.

居村啓子（2009）.「子どものゲシュタルト的認知とチャンクの習得」*ARCLE Review, 3,* 54-63.

岩坂康子（2018）.「社会文化理論に基づく児童の語彙学習の分析 —＜share＞の「意味」と「感覚」」*JES Journal, 18,* 132-147.

上淵寿（2012）.「動機づけとはなにか」上淵寿（編著）.『キーワード動機づけ心理学』（pp. 1-13）金子書房.

上淵寿（2019）.「動機づけ研究の省察 —動機づけ・再入門—」上淵寿・大芦治（編著）.『新・動機づけ研究の最前線』（pp. 1-19）北大路書房.

植松茂男・粕谷恭子・上原明子・北村尚紀・衣笠知子・佐藤玲子・高橋美由紀・柳善和（2012）.「習熟度・開始学年・時間数の関係 —教師に対する予備調査報告—」*JES Journal, 12,* 138-146.

植松茂男・佐藤玲子・伊藤摂子（2013）.「英語活動の効果について —英語習熟度テストとアンケートを利用した予備的調査分析—」*JES Journal, 13,* 68-83.

内野駿介（2015）.「教員を志望する学生は大学で何を学べるか —小学校外国語活動の指導に関する講義の実態調査—」*JES Journal, 15,* 83-94.

内野駿介・鈴木渉（2019）.「第 8 章 第二言語習得の実践」鈴木渉・西原哲雄（編）.『小学校英語のためのスキルアップセミナー —理論と実践を往還する—』（pp. 117-134）開拓社.

宇土泰寛（2018）.「CLIL の視点を活かした小学校外国語教育と社会科の学習知の融合 —社会科での地球的課題の学習知を活かした英語教材の開発—」『椙山女学園大学教育学部紀要』*11,* 135-146.

浦田貴子・柏木賀津子・中田葉月・井手眞理（2014）.「コミュニケーション能力の素地から基礎へと結ぶ小中連携リンクユニットの創造 —事例学習と規則学習の繋がりを通して—」*JES Journal, 14,* 244-259.

Education First. (2019).「EF. EPI 英語能力指数 世界 100 か国・地域の英語力ランキング」https://www.efjapan.co.jp/__/~/media/centralefcom/epi/downloads/full-reports/v9/ef-epi-2019-japanese.pdf

遠藤恵利子（2016）.「中学生と小学生が学び合う外国語活動」『英語教育』*65*(4), 12-13.

大分県教育庁チャンネル (2018).『どう教える？小学校英語』https://www.youtube.com/watch?v=36goFGs4Z-Y

大谷みどり（編著）（2020）.『特別支援教育の視点でどの子も学びやすい授業づくり』明治図書.

大谷みどり・飯島睦美・築道和明・小川巌（2017）.『英語教育における特別な支援の在り方 ―小中高大の連携を通して―』科学研究費助成事業（科学研究費補助金）研究成果報告書.

沖原勝昭（2015）.「CLIL の導入の目的と実施形態」『京都ノートルダム女子大学研究紀要』45, 59-70.

櫻坂英子（2008）.「韓流と韓国・韓国人のイメージ」,『駿河台大学論叢』36, 29-47.

加賀田哲也（2017）.「多様な児童への対応とクラスルーム・マネージメント」樋口忠彦・高橋一幸・加賀田哲也・泉惠美子（編）.『Q&A 小学英語指導法事典 ―教師の質問 112 に答える』（pp. 210-220）教育出版.

加賀田哲也・杉田和也（2019）.「特別支援学級・特別支援学校での外国語活動・外国語科業づくり　指導上の留意点」『特別支援教育の実践情報』187, 32-33.

加賀田哲也・村上加代子・伊藤美幸・川﨑育臣・森田琢也・チェン敦子（2015）.「英語授業における特別支援に関する調査」JES Journal, 15, 142-154.

笠原究・町田なほみ・長田恵理・高梨庸雄・吉澤小百合（2012）.「小学校 5，6 年生の語彙知識：音声，意味，文字の結びつきに関して」JES Journal, 12, 90-101.

柏木賀津子（2006）.「インタラクションを通した子どもの単語の意味理解に関する研究：公立小学校における実験と検証」『小学校英語教育学会紀要』6, 7-13.

柏木賀津子（2013）.「小学校外国語 CLIL～他教科の内容を言語活動に生かすコツ～」『教育 PRO』43(19), 6-9.

柏木賀津子・中田葉月（2018）.「音韻認識からはじめる『読むこと』へのゆるやかな 5 ステップ」JACET Kansai Journal, 20, 136-155.

柏木賀津子・伊藤由紀子（2020）.『小・中学校で取り組むはじめての CLIL 授業づくり』大修館書店.

粕谷恭子（2009）.「担任をささえる教員研修のあり方」『小学校英語教育学会紀要』9, 9-14.

粕谷恭子（2018）.「脱・子どもだましのチャンス ―経験を通じて本当の楽しさに気づかせる授業を―」『英語教育』66(12), 14-15.

門田修平（2015）.『シャドーイング・音読と英語コミュニケーションの科学』コスモピア.

金森強（2011）.『小学校外国語活動　成功させる 55 の秘訣』成美堂.

兼重昇・近藤千代（2004）.「小学生の英語力に関する一考察：SOPA，ELLOPA を参考にして」『小学校英語教育学会紀要』5, 25-30.

金田道和（編）（1986）.『英語の授業分析』大修館書店.

狩野昌子・尾関はゆみ（2018）.「小学校 ALT から見た小学校外国語活動の現状と課題」JES Journal, 18, 116-131.

上萩琴美（2008）.「道徳・人権教育を中核とした英語活動：道徳教育と国際理解教育の融合を目指した実践をもとに」『小学校英語教育学会紀要』9, 31-38.

梶貴志（2019）.「英語で直島をめぐろう Meet the World」『英語教育』68(8), 14-15.

カレイラ松崎順子・執行智子・宮城まなみ（2016）.「韓国と日本の小学校対象の英語の教科書に付随するデジタル教材の比較」JES Journal, 16, 68-83.

川井一枝（2010）.「小学校英語教育における歌とチャンツ：教員の意識調査を通して」『小学校英語教育学会紀要』10, 67-72.

川村一代・岡村里香（2016）.「気づきを促し定着を図る短時間学習 ―その実践と検証―」JES Journal, 16, 147-162.

川村一代・北岡美代子（2015）.「『What's this? クイズ大会をしよう』授業実践報告 ―小中接続を視野に入れて―」JES Journal, 15, 4-17.

川村一代・小林ゆかり・北岡美代子（2014）.「オリジナル劇の実践から見えてきた外国語活動の進め方 ― "Hi, friends! 2" Lesson 7 の 3 つの実践をもとに―」JES Journal, 14, 4-19.

川村一代・鷹巣雅英・岡村里香・岡井崇（2018）.「小学校外国語活動で学習する語彙・表現の習得・活用のための短時間学習」JES Journal, 18, 166-181.

神林裕子（2011）.「電子黒板とはどのようなものですか？メリット・デメリットは？」萬谷隆一・直山木綿子・卯城祐司・石塚博規・中村香恵子・中村典生（編著）.『小中連携 Q & A と実践：小学校外国語活動と中学校英語をつなぐ 40 のヒント』（pp. 52-53）開隆堂出版.

きうちかつ（1997）.『やさいのおなか』福音館書店.

きうちかつ（2007）.『くだもの　なんだ』福音館書店.

岸本映子（2015）.「小学校英語のための＜数＞と監視を体系的に関連付けた名詞の指導と教材開発」JES Journal, 15, 125-140.

北出勝也（2015）.『発達の気になる子の学習・運動が楽しくなるビジョントレーニング』ナツメ社.

木塚雅貴（2008）.『小・中連携を「英語」ではじめよう！―「小学校英語」必修化へ向けて』日本標準.

CAST（2011）. Universal Design for Learning Guldelines version 2.0（金子晴恵・バーンズ亀山静子訳）http://udlguidelines.cast.org/binaries/content/assets/udlguidelines/udlg-v2-0/udlg-fulltext-v2-0-japanese.pdf

教職課程コアカリキュラムの在り方に関する検討会（2017）.「教職課程コアカリキュラム」https://www.mext.go.jp/component/b_menu/shingi/toushin/__icsFiles/afieldfile/2017/11/27/1398442_1_3.pdf

窪薗晴夫・本間猛（2002）.『音節とモーラ（英語学モノグラフシリーズ〈15〉）』研究社.

久保稔・金森強・中山晃（2012）.「ICT を利用した特別支援学級における外国語活動」JES Journal, 12, 4-18.

熊木礼子（2011）.「外国語を使う楽しさを体験する英語劇の実践研究 ―『英語ノート』導入前と導入後の 2 つの実践から―」『小学校英語教育学会紀要』11, 1-6.

厚生労働省（2008）.「発達障害者支援施策」https://www.mhlw.go.jp/bunya/shougaihoken/hattatsu/dl/01.pdf

コームリー マーガレット（2001/2005）.『ヒッキーの他感覚学習法 LD 字の英語指導』（熊谷恵子監訳）北大路書房.

小島文恵（2013）.「小学校外国語活動が中学校での英語学習に対する自己効力信念に及ぼす影響について」JES

Journal, 13, 118–133.

五島忠久 (1985).『中学校英語のヒント』アプリコット.

小柳かおる・峯布由紀 (2016).『認知的アプローチから見た第二言語習得 ― 日本語の文法習得と教室指導の効果―』くろしお出版.

財団法人 自治体国際化協会シンガポール事務所 (2015). *Clair Report,* 416, 自治体国際化協会.

酒井英樹・内野駿介 (2018).「小学校教員養成において必要とされる知識・能力に関する大学生の自己評価 ―小学校教員養成課程外国語（英語）. コア・カリキュラムの点から」*JES Journal, 18,* 100-115.

酒井英樹・小林比出代・滝沢雄一・伊東哲 (2018).「外国語として英語を学ぶ初学者によるアルファベットの手書き文字」『日本児童英語教育学会（JASTEC）研究紀要』*38,* 1-18.

坂詰由美 (2012).「協働学習理論の観点からの外国語活動授業分析」*JES Journal, 12,* 125-135.

佐久間康之・高木修一 (2019).「小学6年生の言語性短期記憶における音韻認識と音声産出の特徴」*JES Journal, 19,* 146-161.

笹島茂 (編) (2011).『CLIL 新しい発想の授業：理科や歴史を外国語で』三修社.

笹島茂・サイモン ボーグ (2009).『言語教師認知の研究』開拓社.

佐藤静香 (2014).「英語教育における小中連携―小学校外国語活動の授業づくりの視点から―」『山形大学大学院教育実践研究科年報』*5,* 236-239.

佐藤剛 (2018).「英語，小学生のための受容語彙リストの開発」*JES Journal, 18,* 36-51.

三森ゆりか (2015).『外国語を身につけるための日本語レッスン』白水社.

執行智子・カレイラ松崎順子・舩田まなみ・村上千春 (2018).「韓国の小学生対象の英語のe教科書の内容分析」*JES Journal, 18,* 150-165.

階戸陽太 (2012).「外国語活動に対する小学校教員の意識に関する質的研究―必修化後の現状―」*JES Journal, 12,* 102-114.

篠村恭子 (2018).「児童英語教育法・指導法を受講した大学生の学びに関する事例研究：小学校の『理想の外国語授業』イメージの質的分析」*JES Journal, 18,* 20-35.

渋谷玉輝 (2011).「児童の自己表現を実現するための指導の工夫―児童がつきたい職業の表現―」『小学校英語教育学会紀要』*11,* 7-12.

渋谷玉輝 (2012).「小学校4年生のカタカナ英語の意味の理解：英語母語話者の発音する英単語の理解」*JES Journal, 12,* 44-56.

清水崇文 (2009).『中間言語語用論概論 ―第二言語学習者の語用論的能力の使用・習慣・教育―』スリーエーネットワーク.

清水万里子 (2006).「高学年児童を対象にした内容重視の英語活動に関する研究」『小学校英語教育学会紀要』*7,* 43-48.

志村昭暢・中村香恵子 (2012).「日本人小学校教師と中学校・高等学校英語教師の言語教師認知の比較」『日本児童英語教育学会（JASTEC）研究紀要』*31,* 23-40.

志村昭暢・山下純一・臼田悦之・横山吉樹・萬谷隆一・中村洋・竹内典彦・河上昌志 (2015).「小学校外国語活動教材と中学校英語教科書のコミュニケーション活動の比較 ―タスク性と動機づけを高める要素を中心に―」*JES Journal, 15,* 111-124.

志村昭暢・萬谷隆一・石塚博規 (2016).「小学校外国語活動の効果：学習者の英語能力と情意面の変化」『日本児童英語教育学会（JASTEC）研究紀要』*35,* 69-85.

下山晴彦・村瀬嘉代子 (編) (2013).『発達障害支援必携ガイドブック』金剛出版.

JASTEC プロジェクトチーム (1986).「早期英語学習経験者の追跡調査―第I報」『日本児童英語教育学会（JASTEC）研究紀要』*5,* 48-67.

上智大学 (2015).『小学校・中学校・高等学校におけるALTの実態に関する大規模アンケート調査研究：中間報告書』http://pweb.cc.sophia.ac.jp/1974ky/Interim%20report%20of%20ALT%20Survey%2020

上智大学 (2018).『小学校・中学校・高等学校におけるALTの実態に関する大規模アンケート調査研究：最終報告書』https://www.bun-eido.co.jp/aste/alt_final_report.pdf

白土厚子 (2019).「We Can! を使ったプロジェクト重視の英語学習の実践」*JES Journal, 19,* 4-19.

菅井三美・太田八千代・大河内奈津子 (2016).「メタ言語能力の活性化による国語科と英語科の相乗的学習プログラム開発」『兵庫教育大学平成28年度「理論と融合」に関する共同研究活動実践報告書』1-12.

杉本光穂・湯川笑子・森明宏 (2010).「英語専科教員および担任による絵本読み聞かせ」『小学校英語教育学会紀要』*10,* 31-36.

鈴木克明 (1995).「「魅力ある教材」設計・開発の枠組みについて ―ARCS動機づけモデルを中心に―」『教育メディア研究』*1,* 50–61.

宗誠 (2007).『小学校ならではの英語活動～国際コミュニケーションの素地をつくる』文溪堂.

宗誠 (2011).「III部 Q&Aで考える小学校外国語活動」直山木綿子 (編).『小学校外国語活動モデル事例集』教育開発研究所.

宗誠 (2018).「第3章 外国語科の実践ガイド」新教育課程実践研究会 (編).『小学校 全面実施につながる移行措置実践ガイド』教育開発研究所.

高木徹・中山貴仁 (2018).「CLILを使った小学校英語活動実践 ―その効果と今後の課題について―」『中部大学現代教育学部紀要』*10,* 95-104.

高木善彦・東仁美 (2005).「3年間の英語活動実践からの一考察 ―卒業生・児童・小中学校教員の意識調査を通して―」『小学校英語教育学会紀要』*6,* 49-54.

高野美千代・加藤宏 (2014).「小学校外国語活動における小中連携の課題と方法」『山梨国際研究　山梨県立大学国際政策学部紀要』*9*, 139-150.

高橋美由紀 (2003).「大学における小学校英語教育のための入門講座」『小学校英語教育学会紀要』*3*, 7-12.

高橋美由紀 (2005).「Language Experience Approach を使用した文字指導」『小学校英語教育学会紀要』*6*, 23-28.

高橋美由紀・柳善和 (編) (2011).『新しい小学校英語科教育法』協同出版.

竹内理 (編) (2000).『認知的アプローチによる外国語教育』松柏社.

竹内朋恵 (2013).「国際化を学んだ子どもたちが中学校に入学してきた！：中学校入門機の指導実践」萬谷隆一・直山木綿子・卯城祐司・石塚博規・中村香恵子・中村典生 (編著)『小中連携 Q&A と実践　小学校外国語活動と中学校英語をつなぐ 40 のヒント』(pp. 100-107) 開隆堂出版.

竹田契一・花熊暁・熊谷恵子 (編) (2012).『特別支援教育の理論と実践　II— 指導 (S. E. N. S 養成セミナー)』金剛出版.

竹田契一 (2019).「LD/Dyslexia の児童生徒が抱える特性と英語教育の課題」英語教育ユニバーサルデザイン研究学会講演．大阪商業大学.

武田富仁・加賀田哲也 (2019).「支援を要する生徒への対応は？」樋口忠彦・高橋一幸・泉惠美子・加賀田哲也・久保野雅史 (編).『Q&A 高校英語指導法事典— 現場の悩み 133 に答える』(pp. 221-224) 教育出版.

竹林滋 (1996).『英語音声学』研究社.

棚原歩 (2013).「小学校英語活動の成果を受けた中学校英語授業の提案：『なりきり名人』と『チャットバルーン』を通じて」萬谷隆一・直山木綿子・卯城祐司・石塚博規・中村香恵子・中村典生 (編著).『小中連携 Q&A と実践　小学校外国語活動と中学校　英語をつなぐ 40 のヒント』(pp. 108-115) 開隆堂出版.

多良静也・米崎里 (2019).「タブレット端末英語発音学習教材の開発」『高知大学学校教育研究』*1*, 251-258.

丹藤永也 (2019).「教師を育て，子どもと世界をつなぐもの　地域教材開発・活用のススメ」『英語教育』*68*(8), 6-7.

中央教育審議会 (2015).「これからの学校教育を担う教員の資質能力の向上について ～学び合い，高め合う教員育成コミュニティの構築に向けて～（答申）」http://www.mext.go.jp/component/b_menu/shingi/toushin/__ics-Files/afieldfile/2016/01/13/1365896_01.pdf

中央教育審議会 (2019).「児童生徒の学習評価の在り方について（報告）」https://www.mext.go.jp/component/b_menu/shingi/toushin/__icsFiles/afieldfile/2019/04/17/1415602_1_1_1.pdf

塚田初美・吉田広毅・中山晃 (2013).「ソーシャルスキル・トレーニング（SST）を導入した特別支援学校での外国語活動」*JES Journal, 13*, 4-19.

佃由紀子 (2007).「小中連携の英語教育の在り方に関する研究 —中学校 1 年生の英語学習に関する意識調査を通して—」『高知県教育公務員長期研修生研究報告』1-14.

柘植雅義 (編著) (2014).『ユニバーサルデザインの視点を生かした指導と学級づくり』金子書房.

寺沢拓敬 (2015).「英語教育学における科学的エビデンスとは？ —小学校英語教育政策を事例に」『外国語教育メディア学会（LET）中部支部外国語教育基礎研究部会 2014 年度報告論集』15-30.

寺沢拓敬 (2017a).「第 11 章　現代における英語」酒井英樹・滝沢雄一・亘理陽一 (編).『小学校で英語を教えるためのミニマム・エッセンシャルズ —小学校外国語科内容論—』(pp. 141-152) 三省堂.

寺沢拓敬 (2017b).「小学校英語の効果をめぐるエビデンス」藤原康弘・仲潔・寺沢拓敬 (編).『これからの英語教育の話をしよう』(pp. 43-47) ひつじ書房.

寺沢拓敬 (2018).「小学校英語に関する政策的エビデンス 子どもの英語力・態度は向上したのか？」『関東甲信越英語教育学会学会誌』*32*, 57-70.

東京学芸大学 (2017).『文部科学省委託事業「英語教員の英語力・指導力強化のための調査研究事業」平成 28 年度報告書』http://www.u-gakugei.ac.jp/~estudy/28file/report28_all.pdf

藤堂栄子 (2019).「英語学習におけるつまずき」英語と特別支援研究会講演．島根大学

外山滋比古 (1983).『英語辞書の使い方』岩波ジュニア新書.

豊永耕平・須藤康介 (2017).「小学校英語教育の効果に関する研究 —先行研究の問題点と実証分析の可能性—」『教育学研究』*84*(2), 215-227.

ドラージ土屋浩美 (2008).「グローバル時代における海外での日本文学の考え方：総合的日本語教育の実践に向けた一案」『比較日本学術センター研究年報』*4*, 143-151.

直島町立直島小学校・直島中学校 (2013).「Communication: Expansion における実践」『平成 25 年度研究開発実施報告書』53-65.

直山木綿子 (2003).「小学校英語活動における指導者の在り方 —指導者の特性を生かしたティームティーチングの展開—」『小学校英語教育学会紀要』*3*, 13-19.

直山木綿子 (2013a).『小学校外国語活動のあり方と"Hi, friends!"の活用』東京書籍.

直山木綿子 (2013b).「外国語教育における小中連携」萬谷隆一・直山木綿子・卯城祐司・石塚博規・中村香恵子・中村典生 (編著).『小中連携 Q&A と実践　小学校外国語活動と中学校英語をつなぐ 40 のヒント』(pp. 6-7) 開隆堂出版.

中村香恵子 (2014).「小学校教師の言語教師認知研究」笹島茂・西野孝子・江原美明・長嶺寿宣 (編著).『言語教師認知の動向』(pp.150-157) 開拓社.

中村典生・末松綾・林田宏一 (2010).「小学校英語が中学校の英語学習に及ぼす影響について：語彙の自己評価に焦点を当てて」『小学校英語教育学会紀要』*10*, 25-30.

名畑目真吾 (2014).「小学校教員を志望する大学生の英語活動に関する意識調査」*JES Journal, 14*, 131-146.

名畑目真吾 (2018).「小学生向けストーリー教材の文脈の分析：文間の意味的な関連度に基づいて」*JES Journal,*

18, 84-99.

畑江美佳（監修）鳴門教育大学小学校英語教育センター（編）(2017).『小学校英語アルファベットの大文字小文字を覚えよう』マルジュ社.

二五義博 (2013).「算数の計算を活用した教科横断型の英語指導：小学校高学年児童を対象とした英語の数の学習を事例として」*JES Journal, 13*, 84-99.

二五義博 (2014).「CLIL を応用した二刀流英語指導法の可能性 ―小学校高学年児童に社会科内容を取り入れた指導を通して―」*JES Journal, 14*, 66-81.

二五義博 (2016).『8 つの知能を生かした教科横断的な英語指導法』溪水社.

西岡加名恵（編）(2016).『「資質・能力」を育てるパフォーマンス評価』明治図書.

西岡加名恵・石井英真（編著）(2018).『Q&A でよくわかる！『見方・考え方』を育てるパフォーマンス評価』明治図書.

西垣知佳子・安部朋世・物井尚子・神谷昇・小山義徳 (2019).「小学校における英文法と国語科の連携 ―文法規則発見活動で見られたメタ言語の分析から―」*JES Journal, 19*, 194-209.

西川恵・原田依子 (2015).「英語母語話者はカタカナ式に発音されたカタカナ語をどのくらい理解できるか ―外国語学習における重要語の発音教育のための示唆―」関東甲信越英語教育学会第 39 回山梨研究大会自由研究発表. 帝京科学大学.

西中隆・大阪市立真田山小学校（編著）(1996).『公立小学校における国際理解・英語学習』明治図書.

西村多久磨 (2019).「自己決定理論」上淵寿・大芦治（編著）.『新・動機づけ研究の最前線』(pp.45-73) 北大路書房.

日本英語検定協会 (2013).「小学校の外国語活動及び英語活動等に関する現状調査《国公私立小学校対象》報告書」https://www.eiken.or.jp/center_for_research/pdf/market/elementary_press_2412.pdf

日本教育方法学会（編）(2014).『授業研究と校内研修 ―教師の成長と学校づくりのために』図書文化.

橋本満弘・谷口雅基 (2003).『英語の音声とオーラルコミュニケーション：英語への新しいアプローチ』日本英語音声学会.

長谷川修二 (2013).「小学校英語の開始学年と指導形態の及ぼす効果 ―熟達度テストと意識調査による比較検証―」*JES Journal, 13*, 163-178.

長谷川淳一 (2002).「中学校英語教科書を活用した小学校英語活動の提案」『小学校英語教育学会紀要』*3*, 27-32.

畑江美佳・段本みのり (2016).「外国語活動におけるサイト・ワード・リーディングの試み」*JES Journal, 16*, 34-49.

畑江美佳・段本みのり (2017).「小学校におけるアルファベット指導の再考 ―文字認知を高めるデジタル教材の開発と実践―」*JES Journal, 17*, 20-35.

バトラー後藤裕子 (2005).『日本の小学校英語を考える― アジアの視点からの検証と提言』三省堂.

バトラー後藤裕子 (2015).『英語学習は早いほど良いのか』岩波新書.

バトラー後藤裕子 (2018).「海外の実践から見えてくる小学校英語教育の課題」湯川笑子（編著）.『初等外国語教育』, 15-21, ミネルヴァ書房.

バトラー後藤裕子・武内麻子 (2006a).「小学校英語活動における評価：児童英検（BRONZE）を使った試み」『日本児童英語教育学会（JASTEC）研究紀要』*25*, 1-15.

バトラー後藤裕子・武内麻子 (2006b).「小学校英語活動における指導とコミュニケーション能力：児童英検 SILVER による調査」*STEP Bulletin, 18*, 248-263.

早瀬沙織 (2014).「小学校英語教育における 4 技能の視点からの『教科書』分析 ―韓国・中国の事例を参考にして―」*JES Journal, 14*, 195-209.

樋口浩明 (2006).「中学校英語科へ効果的につなげる小学校英語活動 ―中学校入学時の英語に対する実態調査から―」『小学校英語教育学会紀要』*7*, 25-30.

Benesse 教育研究開発センター(2011).「第 2 回小学校英語に関する基本調査（教員調査）」ベネッセコーポレーション.

北條礼子 (2016).「小学校英語教育における内容言語統合型学習（CLIL）の可能性：ドイツにおける CLIL をはじめとする英語教育事情にも注目して」『上越教育大学研究紀要』*36*(1), 185-192.

北條礼子・松崎邦守 (2002).「公立小学校における『英会話活動』に関する意識調査 ―教員養成系現職教員派遣大核院生へのアンケート調査をとおして―」『小学校英語教育学会紀要』*3*, 39-45.

北條礼子・松崎邦守 (2004).「公立小学校における『英会話』に関する意識調査 ―公立小学校教諭初任者に対するアンケート調査をとおして―」『小学校英語教育学会紀要』*4*, 33-39.

堀田誠 (2019).「小中高の接続という視点からバックワードで考える小学校外国語・外国語活動 ―言語活動を取り入れた授業づくりや語彙指導について―」小学校英語教育学会（JES）山梨・静岡支部セミナー資料. 山梨大学.

香港ポスト (2009).「香港の中学校，英語での授業を増加」https://www.excite.co.jp/news/article/Searchina_20090123089/

本多和子 (2012).『発達障害のある子どもの視覚認知トレーニング』Gakken.

本多尚子・志村昭暢 (2018).「異文化理解の観点による小学校外国語活動教材と中学校英語教科書の比較」『北海道教育大学紀要（教育科学編）』*68*(2), 235-247.

真崎克彦 (2013).「英語活動でチャンツを用いて指導した効果の研究」*JES Journal, 13*, 179-194.

股野儷子 (2004).「『アルファベット文字の音』定着のためのゲームとタスク ―練馬区立関町北小学校・石神井西小学校『英語活動』実践研究―」『小学校英語教育学会紀要』*5*, 19-24.

町田智久・内田浩樹 (2015).「教師の外国語不安の軽減を目指した教員研修の開発」*JES Journal, 15*, 34-49.

町田智久・高橋規子・黒川美喜子 (2017).「ティーム・ティーチングを生かした学級担任の基礎的英語力向上の取

組み」『JES Journal, 17, 102-117.

松川禮子 (1997). 『小学校に英語がやってきた：カリキュラムづくりへの提言』アプリコット.

松川禮子 (2004). 『明日の小学校英語教育を拓く』アプリコット.

松川禮子 (2018). 『小学校英語のこれまでとこれから』〔非売品〕開隆堂出版.

松崎邦守 (2009). 「小学校英語活動実習における GT ポートフォリオの活用と効果の検討」『小学校英語教育学会紀要』9, 87-94.

松宮奈賀子 (2017). 「9 章　指導方法と指導技術」樋口忠彦・加賀田哲也・泉惠美子・衣笠和子（編）.『新編　小学校英語教育法入門』(pp. 123-138) 研究社.

松宮奈賀子・森田愛子 (2015). 「小学校教員養成課程における『学級担任としての英語力』育成のためのスピーチ練習の効果」『JES Journal, 15, 95-110.

松本由美 (2017). 「小学校英語教育における教材用英語絵本選定基準の試案 —絵本リスト作成に向けて—」『玉川大学リベラルアーツ学部研究紀要』10, 7-15.

宮本由美子・折橋晃美・井口奈穂美 (2019). 「小学校英語研究開発学校の実践 —カリキュラム編成と課題—」『JES Journal, 19, 52-67.

村上加代子 (2009). 「LD，ADHD，学習障害児とその近接領域児と英語学習に関する文献紹介」『神戸山手短期大学紀要』52, 95-103.

村上加代子 (2015). 「英語の学習初期における読み書き指導のあり方の検討 —基礎的な力としてのデコーディングと音韻意識スキル獲得の必要性について—」『神戸山手短期大学紀要』58, 57-73.

村上加代子 (編著) (2019). 『目指せ！英語のユニバーサルデザイン授業』Gakken.

村野井仁 (2006). 『第二言語習得研究から見た効果的な英語学習法・指導法』大修館書店.

物井尚子 (2013). 「小学校外国語活動にみる児童の国際的志向性」『日本児童英語教育学会（JASTEC）研究紀要』32, 19-35.

物井尚子 (2015). 「日本人児童の WTC モデルの構築 —質問紙調査からみえてくるもの—」『日本児童英語教育学会（JASTEC）研究紀要』, 34, 1-20.

文部科学省 (2001). 『小学校英語活動実践の手引』開隆堂出版.

文部科学省 (2005a). 「台湾における小学校英語教育の現状と課題　暫定版」中央教育審議会初等中等教育分科会教育課程部会外国語専門部会（第 9 回）配付資料〔参考資料 4-3〕https://www.mext.go.jp/b_menu/shingi/chukyo/chukyo3/015/siryo/attach/__icsFiles/afieldfile/2018/02/21/1400673_001.pdf

文部科学省 (2005b). 「韓国における小学校英語教育の現状と課題　暫定版」中央教育審議会初等中等教育分科会教育課程部会外国語専門部会（第 9 回）配付資料〔参考資料 4-1〕https://www.mext.go.jp/b_menu/shingi/chukyo/chukyo3/015/siryo/attach/__icsFiles/afieldfile/2018/01/23/1400650_001.pdf

文部科学省 (2006). 「諸外国における小学校段階の英語教育の状況」中央教育審議会初等中等教育分科会教育課程部会（第 39 回）配付資料〔資料 2-2 (9)〕https://warp.ndl.go.jp/info:ndljp/pid/11293659/www.mext.go.jp/b_menu/shingi/chukyo/chukyo3/004/siryo/attach/1379971.htm

文部科学省 (2009). 『小学校外国語活動研修ガイドブック』旺文社.

文部科学省 (2010). 「合理的配慮について」中央教育審議会初等中等教育分科会特別支援教育の在り方に関する特別委員会（第 3 回）配布資料〔資料 3〕http://www.mext.go.jp/b_menu/shingi/chukyo/chukyo3/044/attach/1297380.htm

文部科学省 (2012). 「通常の学級に在籍する発達障害の可能性のある特別な教育的支援を必要とする児童生徒に関する調査結果について」http://www.mext.go.jp/a_menu/shotou/tokubetu/material/1328729.htm

文部科学省 (2014). 「外国語活動の現状・成果・課題」英語教育の在り方に関する有識者会議（第 3 回）配布資料〔資料 3-2〕https://www.mext.go.jp/b_menu/shingi/chousa/shotou/102/shiryo/__icsFiles/afieldfile/2014/05/01/1347389_01.pdf

文部科学省 (2015). 「平成 26 年度『小学校外国語活動実施状況調査』の結果について」http://www.mext.go.jp/a_menu/kokusai/gaikokugo/1362148.htm

文部科学省 (2017a). 「初等中等教育の英語教育の推進に関わる取り組み」中央教育審議会初等中等教育分科会教育課程部会外国語ワーキンググループ（第 5 回）配布資料〔資料 7〕https://www.mext.go.jp/b_menu/shingi/chukyo/chukyo3/058/siryo/__icsFiles/afieldfile/2016/01/15/1366027_10.pdf

文部科学省 (2017b). 『小学校学習指導要領（平成 29 年告示）』https://www.mext.go.jp/a_menu/shotou/new-cs/youryou/syo/index.htm

文部科学省 (2017c). 『中学校学習指導要領（平成 29 年告示）』https://www.mext.go.jp/a_menu/shotou/new-cs/youryou/chu/index.htm

文部科学省 (2017d). 『小学校学習指導要領解説　総則編』https://www.mext.go.jp/component/a_menu/education/micro_detail/__icsFiles/afieldfile/2019/03/18/1387017_001.pdf

文部科学省 (2017e). 『小学校学習指導要領（平成 29 年告示）解説　外国語活動・外国語編』https://www.mext.go.jp/component/a_menu/education/micro_detail/__icsFiles/afieldfile/2019/03/18/1387017_011.pdf

文部科学省 (2017f). 『小学校外国語活動・外国語　研修ガイドブック』https://www.mext.go.jp/a_menu/kokusai/gaikokugo/1387503.htm

文部科学省 (2018a). *Let's Try! 1*, 東京書籍.

文部科学省 (2018b). *Let's Try! 2*, 東京書籍.

文部科学省 (2018c). *We Can! 1*, 東京書籍.

文部科学省 (2018d). *We Can! 2*, 東京書籍.

文部科学省（2018e）．『Let's Try! 1・2 指導者編』東京書籍.

文部科学省（2018f）．『We Can! 1・2 指導者編』東京書籍.

文部科学省（2019a）．「外国語（英語）コアカリキュラム」http://www.mext.go.jp/component/a_menu/education/detail/__icsFiles/afieldfile/2019/04/04/1415122_3.pdf

文部科学省（2019b）．「平成 30 年度『英語教育実施状況調査』の結果について」http://www.mext.go.jp/a_menu/kokusai/gaikokugo/1415042.htm

文部科学省（2019c）．「特別支援教育について」http://www.mext.go.jp/a_menu/shotou/tokubetu/main.htm

文部科学省（2019d）．「発達障害とは」http://www.mext.go.jp/a_menu/shotou/tokubetu/hattatu.htm

文部科学省（2020）．『「指導と評価の一体化」のための学習評価に関する参考資料　小学校外国語・外国語活動』https://www.nier.go.jp/kaihatsu/pdf/hyouka/r020326_pri_gaikokg.pdf

文部科学省（n.d.）．「平成 26〜29 年度『外国語（英語）教育強化地域拠点事業』最終報告」http://www.mext.go.jp/a_menu/kokusai/gaikokugo/1407190.htm

文部科学省・国立教育政策研究所（2019）．『学習評価の在り方ハンドブック（小・中学校編）』https://www.nier.go.jp/kaihatsu/pdf/gakushuhyouka_R010613-01.pdf

柳善和（2003）．「小学校英語教育における現職教員の研修の実践：地域社会と大学の連携」『小学校英語教育学会紀要』3, 1-6.

矢野智子・泉恵美子（2016）．「小学校外国語活動におけるのぞましい Teacher Talk のあり方 ―学級担任の授業力向上を目指して―」『日本児童英語教育学会（JASTEC）研究紀要』35, 55-68.

矢野淳（2019）．「9　国語教育など他教科との連携等によることばの面白さや豊かさへの気づき」中村典生（監）.『コア・カリキュラム対応　小・中学校で英語を教えるための必携テキスト』（pp. 51-54）東京書籍.

山口美穂・巽徹（2010）．「英語教育における小中連携に関する一考察 ―『小学校英語活動』に関する岐阜市の小中教員の意識調査―」『岐阜大学　教師教育研究』6, 203-213.

山崎祐一（2011）．『英会話の教科書：最強の英会話ルール 100』J リサーチ出版.

山崎祐一（2014）．「異文化理解の要素を取り入れた小学校外国語活動の実践 ―子どもたちはどのようにしたら英語に興味を持つのか―」『比較文化研究』113, 219-235.

山中隆行（2018）．「新教材における高学年の文字指導の工夫」https://www. e-jes. org/jes 会員専用ページ／授業実践委員会より／

山野有紀（2013）．「小学校外国語活動における内容言語統合型学習（CLIL）の実践と可能性」『「英検」研究助成報告』25, 94-126.

山本玲子・池本淳子（2017）．「英語学習につながるヘボン式ローマ字学習のための教材開発」*JES Journal, 17*, 38-53.

山森直人（2013）．「外国語活動に求められる教師の教室英語力の枠組みと教員研修プログラムの開発 ―理論と現状をふまえて―」*JES Journal, 13*, 195-210.

湯川笑子（2008）．「中学校進学前の生徒の英語リスニング力」『小学校英語教育学会紀要』8, 29-36.

湯川笑子・高梨庸雄・小山哲春（2009）．『小学校英語で身につくコミュニケーション能力』三省堂.

湯川笑子・高梨庸雄・小山哲春・川中尚（2008）．「小学校英語活動における評価ツールの活用」『小学校英語教育学会紀要』9, 55-62.

湯澤正通・湯澤美紀（2017）．『ワーキングメモリを生かす効果的な学習支援』Gakken.

吉田晴世・加賀田哲也・衣笠知子・鄭京淑（2015）．「音素と音韻の気づきに基づく小学校ならび中学校入門期における英語指導」*JES Journal, 15*, 155-166.

吉村博与（2009）．「公立小学校児童の語彙知識に関する調査の実践報告」『小学校英語教育学会紀要』9, 23-30.

米崎里・多良静也・佃由紀子（2016）．「小学校外国語活動の教科化・低学年化に対する小学校教員の不安 ―その構造と変遷―」*JES Journal, 16*, 132-146.

米山朝二・多田茂・杉山敏（2013）．『新版・英語科教育実習ハンドブック』大修館書店.

萬谷隆一（2019）．「小学校英語における担任教師・専科教師についての教師の意識調査」『北海道教育大学紀要　教育科学編』*70*(1), 165-174.

萬谷隆一・志村昭暢・中村香恵子（2017）．「外国語活動の成果に対する中学校英語教師の意識 ―必修化直後と現在における意識の比較―」*JES Journal, 17*, 69-84.

萬谷隆一・志村昭暢・中村香恵子・宮下隼（2013）．「小学校外国語活動の成果に対する中学校英語教師の意識調査」*JES Journal, 13*, 134-149.

萬谷隆一・中村香恵子・神林裕子・中村邦彦（2010）．「小学校教師と中学校教師の潜在的意識の違い：授業 VTR 視聴後の討論プロトコルの分析を通して」『日本児童英語教育学会（JASTEC）研究紀要』29, 17-29.

若林俊輔（1980）．「第 3 部　英語の文字の話」隈部直光・佐藤秀志・若林俊輔・塩沢利雄『英語教育の常識』（pp. 169-213）中教出版.

和田順一・木下愛里・菊原健吾・和田孝子・酒井英樹（2019）．「外国語活動による児童の聴解力，英語力に関する自己評価および英語学習に関する意識の変容 ―授業時数の違いに焦点をあてて―」『日本児童英語教育学会研究紀要』*38*, 63-75.

渡部孝子（2009）．「フィンランドの小学校英語科教科書に描かれる異文化 ―日本の小学校外国語活動に向けて―」『群馬大学教育学部紀要 人文・社会科学編』*59*, 89-100.

歴代執行部・大会開催地一覧

1. 歴代執行部

任　期	会　長	副会長	副会長	事務局長
2000 年～2002 年	伊藤　嘉一	渡邉　時夫		長谷川　淳一
2003 年	高梨　庸雄	渡邉　時夫	久埜　百合	長谷川　淳一
2004 年	高梨　庸雄	渡邉　時夫	久埜　百合	矢野　淳
2005 年～2008 年	渡邉　時夫	齋藤　栄二	久埜　百合	矢野　淳
2009 年～2010 年	齋藤　栄二	久埜　百合	卯城　祐司	中村　典生
2011 年～2014 年	卯城　祐司	粕谷　恭子	萬谷　隆一	中村　典生
2015 年～2018 年	萬谷　隆一	粕谷　恭子	中村　典生	堀田　誠
2019 年～	粕谷　恭子	中村　典生	堀田　誠	鈴木　渉

2. 歴代大会開催地・実行委員長

年	開催都道府県	会　場	実行委員長
2001 年	東京	東京成徳短期大学	野田　哲雄
2002 年	長野	清泉女学院大学	長崎　幹彦
2003 年	京都	京都ノートルダム女子大学	服部　昭郎
2004 年	東京	津田塾会館	久埜　百合
2005 年	岐阜	岐阜市民会館	松川　禮子
2006 年	栃木	宇都宮大学	渡辺　浩行
2007 年	徳島	鳴門教育大学	太田垣　正義
2008 年	福島	ビッグパレット福島	佐久間　康之
2009 年	東京	東京学芸大学	野田　哲雄
2010 年	北海道	北海道工業大学	秋山　敏晴
2011 年	大阪	大阪教育大学	吉田　晴世
2012 年	千葉	千葉大学	大井　恭子
2013 年	沖縄	琉球大学	大城　賢
2014 年	神奈川	関東学院大学	金森　強
2015 年	広島	広島大学	深澤　清治
2016 年	宮城	宮城教育大学	板垣　信哉
2017 年	兵庫	神戸市外国語大学	横田　玲子
2018 年	長崎	長崎大学	中村　典生
2019 年	北海道	北海道科学大学	中村　香恵子
2020 年	岐阜	中部学院大学・オンライン	矢野　淳

執筆者・実践協力者・編集協力者・編集委員一覧

〔◆所属は全て 2020 年 4 月現在のものです。〕

1. 執筆者

第 1 章　＜理論編＞

第 1 節	大城　　賢	琉球大学
	酒井　英樹	信州大学
第 2 節	伊達　正起	福井大学
	多良　静也	高知大学
第 3 節	佐々木　雅子	秋田大学
	巽　　徹	岐阜大学
第 4 節	池田　　周	愛知県立大学
	中村　典生	長崎大学
第 5 節	粕谷　恭子	東京学芸大学
	福原　史子	ノートルダム清心女子大学
第 6 節	中村　香恵子	北海道科学大学
	矢野　　淳	静岡大学
第 7 節	宗　　誠	佐賀県伊万里市立立花小学校
	深澤　清治	広島大学
第 8 節	野呂　徳治	弘前大学
第 9 節	長嶺　寿宣	龍谷大学
	萬谷　隆一	北海道教育大学札幌校
第 10 節	堀田　　誠	山梨大学
	横田　玲子	神戸市外国語大学
第 11 節	泉　　惠美子	関西学院大学
第 12 節	板垣　信哉	尚絅学院大学
	古家　貴雄	山梨大学
第 13 節	柏木　賀津子	大阪教育大学
	松本　祐子	宮崎公立大学
第 14 節	加賀田　哲也	大阪教育大学
第 15 節	川上　典子	鹿児島純心女子大学
	山崎　祐一	長崎県立大学
第 16 節	石塚　博規	北海道教育大学旭川校
	猫田　和明	山口大学

第2章　＜実践編＞

第1節	荒井　智	福島県白河市立みさか小学校
	塩井　博子	栃木県宇都宮市立豊郷北小学校
第2節	粕谷　恭子	東京学芸大学
第3節	大谷　五十二	びわこ学院大学
	佐藤　玲子	明星大学
第4節	畑江　美佳	淑徳大学
	堀田　誠	山梨大学
第5節	野呂　徳治	弘前大学
	秦　潤一郎	大分大学教育学部附属小学校
第6節	浦田　貴子	福岡県太宰府市立太宰府小学校
	吉澤　寿一	神奈川県教育委員会
第7節	鈴木　はる代	茨城県つくば市立沼崎小学校
	濱中　紀子	元香川県直島町教育委員会
第8節	新海　かおる	埼玉県春日部市立武里小学校
	東　悦子	和歌山大学
第9節	大谷　みどり	島根大学

平成30年度小学校英語教育学会理事及び執行部の皆様に原稿執筆を依頼しました。

2.　実践協力者

第2章　＜実践編＞

第3節	三田　祐太	東京都青梅市立第五小学校
	宮川　優花里	東京都荒川区立第六瑞光小学校

3.　編集協力者

グループ長	池田　周	愛知県立大学
グループ長	泉　惠美子	関西学院大学
グループ長	加賀田　哲也	大阪教育大学
グループ長	柏木　賀津子	大阪教育大学
グループ長	多良　静也	高知大学
グループ長	深澤　清治	広島大学
本文編集・校正	染谷　有美	英語教育出版編集業・代表 〔旧在籍：（公財）日本英語検定協会〕

内容の一貫性および理論編と実践編の往還を担保するため、各節を6つのグループに分けて内容のすり合わせを行いました。グループ長の先生方には各グループの原稿の取りまとめ、調整等をご担当いただきました。

4.　編集委員会

委員長	萬谷　隆一	北海道教育大学札幌校
副委員長	粕谷　恭子	東京学芸大学
副委員長	中村　典生	長崎大学
事務局長	堀田　誠	山梨大学
編集委員	鈴木　渉	宮城教育大学
編集委員	内野　駿介	北海道教育大学札幌校

巻末言

「重さの中のかろやかさ」

　小学校英語教育学会から20周年記念誌を発行する年に会長でいられることを純粋に喜んでいます。長かった道のりもいよいよ巻末言を書くところまで来た……，と感無量です。あらためて寄せられた原稿に目を通し，この学会の人格のようなものが立ちのぼってくるのを感じています。

　2020年度から教科となる小学校における英語教育は，さかのぼれば2002年度に「総合的な学習の時間」が導入され，「国際理解の一環として外国語会話等を行う際は……」という学習指導要領の記載を源としています。当時，「英語活動」と呼ばれた体験的な英語との出会いが，「外国語活動」として必修化され，さらに2020年からは教科になります。この20年間の小学校英語教育の歩みと学会の歩みは，同世代を生きる同士のように感じられます。

　公教育で使える英語を国民に身につけさせることの難しさは，先達である中学・高等学校の英語教育が雄弁に語ってくれています。小学校も，もはや他人ごとではなく，この難題に取り組むことになります。その難しさを思うと，本書の各ページはともすれば重く，暗くなっても不思議はないのに，全体を通していつも軽やかさ，明るさが垣間見え，ふっと息をするのが楽になります。小学校英語教育の未来が明るいものとなるよう，本書が多くの人の手に取られ，赤線や書き込みでいっぱいになることを願っています。

　本学会20周年記念事業として本書発行を力強く推進なさったのは，前会長の萬谷隆一氏です。これだけ多くの執筆者を取りまとめ，編集委員長として類いまれなるリーダーシップと根気強さをお示しになりました。本書の確固たるイメージを揺るがず持ち，そのイメージをすみずみまで執筆者と共有なさった手腕は尊敬に値します。

　萬谷編集委員長のもと，堀田誠氏，鈴木渉氏，内野駿介氏が実際の編集作業において力を発揮してくださいました。2度に及ぶ釧路での編集合宿では，不眠不休で原稿を通読し，丁寧に執筆者にフィードバックをあたえ，原稿を磨き上げてくださいました。信頼関係があればこそのフィードバックの数々，本当にありがとうございました。専門的な編集作業に関わっては，染谷有美氏に献身的にお力を発揮していただきました。感謝あるのみです。

　執筆にあたっては，内容が類似するトピックごとにグループを置き，池田周氏，泉惠美子氏，加賀田哲也氏，柏木賀津子氏，多良静也氏，深澤清治氏にグループ長をお願いし，グループの原稿のとりまとめや編集委員会との橋渡しをお願いしました。執筆者との連絡調整にご苦労いただきました。意気に感じてこの役をお引き受け下さったことに，あらためて感謝いたします。

　令和2年6月1日

　　　　　　　　　　　　　　　　　　　　　　　　　　　小学校英語教育学会
　　　　　　　　　　　　　　　　　　　　　　　　　　　会長　　粕谷　恭子

編集後記

　小学校英語教育学会 20 周年記念誌の編集に携わる中で感じられた，本書の意義，さらに本書から見える今後の課題について記しておきたいと思います。

1.　本書の意義
　まず本書の意義としては，以下の 3 点が挙げられます。

　第 1 に，小学校英語教育の研究や実践にかかわる理論・概念，トピックを解説し，整理したことです。本書の＜理論編＞（16 節），＜実践編＞（9 節）は小学校英語にかかわる分野を広くカバーし，多くの理論・概念，トピックを解説しています。小学校で英語を教えようとするときに抱く課題や悩みを解決する際に，本書のどこかに手がかりを見いだすことができるでしょう。

　第 2 に，本書の執筆にあたって *JES Journal* をはじめ内外の文献を引用し，研究分野からの知見や示唆を取り入れて記述したことです。本書は学会による書物という性格をふまえ，経験論に偏せず，できるだけ研究や理論の「よりどころ」を意識した執筆を心がけました。

　第 3 に，研究と実践のつながりや往還を意識したことです。単に研究成果をまとめるだけ，あるいは実践経験を解説するだけにならないようにしたことです。また，そのつながりの方向性は，研究成果や理論を実践に応用することだけでなく，実践的課題の解決に向けた研究や実践からヒントを得た研究など，実践から研究へのつながりも意識しました。

2.　本書から見える今後の課題
　次に本書から見える今後の課題として，以下の 5 点を挙げたいと思います。

2.1　小学校英語の指導効果にかかわる検証データの蓄積と検証方法
　小学校英語の指導効果にかかわる検証データの蓄積が十分ではないため，今後一層，計画的な調査検証が必要です。意味のある政策決定，また教育方法の改善のために，妥当性，信頼性のある研究調査により客観的なデータを蓄積する必要があります。また，そうした効果検証は個人レベルでは難しいため，学会としての組織的取り組みも必要であると思われます。

2.2　実践報告の充実
　実践報告の充実が挙げられると思います。その際参考になるのは，アクション・リサーチ（action research: AR）という考え方です。AR とは，簡単に言えば，教師の実践の向上を目指して行う，自分自身が自分自身の教室で行う研究のことです。例えば，ある教師が児童のエラーをどうフィードバックしてあげたらよいかわからない，という課題を抱えているとしましょう。まずは，その教師が自身の実践を録画し，児童のエラーにどのようなフィードバックを与えているか，現状を分析します。次に，児童のエラーの対処法に関する論文を複数読み，授業改善案を計画します。実践後，振り返ります。これら一連のプロセスを詳細に報告するのが AR の一例です。実践報告は，研究論文とは異なり，実験群と統制群の比較を行ったり，小学校英語に関する何らかの原理・原則を導き出したりしません。むしろ，児童や教師による，児童や教師のために行う研究であると言えるでしょう。

2.3 個人差に対応した指導法の探究と個人差要因の実態研究

　本書の第二言語習得や特別支援の節で提供されている視点とも関連しますが，英語を覚えにくい児童の困難さの実態とその原因の究明と，そうした個人差や多様性に対応した指導のあり方を探る必要があります。例えば，本書ではあまり触れられていないワーキングメモリの実態と習得への影響もその例です。読み書きにおける困難さも大きな課題です。

2.4 読み書きをめぐる課題

　小学校外国語科において，学習指導要領の趣旨に沿った読み書きの指導をいかに実施していくかということも，今後の課題の1つと言えます。『小学校学習指導要領（平成29年告示）』には，小学校外国語科において，音声で十分に慣れ親しんだ英語の表現を読んだり，書いたりすることが記されています。つまり，読むことと書くことの指導は，聞くこと，話すことの指導があってこそ成り立つものと言えるでしょう。学習すべき「単語や文」あるいは「表現」がどのような場面状況で使用されるのかという場面意識を児童に持たせながら，児童が音声面での習熟を経て，読むことや書くことへ意欲をもって学習に取り組めるようにするための具体的な指導実践が，これから全国で展開されていくことになるでしょう。読むことと書くことを音声面と関連づけて指導する方法とはいかなるものであるのかについて，全国の研究者，指導者がお互いのさまざまな指導方法を紹介し合いながら，より良い指導のあり方を調査，研究していく必要があるでしょう。

2.5 小学生用のテストや尺度の開発

　小学校英語の授業で児童にどのような力が身につくのかについては，これまでに十分明らかになっているとは言えません。特に授業実践と児童の資質・能力の関係，つまり「どのような授業をすると，どのような力が児童に身につくのか」を明らかにすることは，上記の個人差の要因は無視できないにせよ，「良い授業」とは何かを考える上で重要な意味を持つでしょう。複数の授業実践の効果を比較するためには，同じテストや尺度を用いて児童の知識・技能を評価しなくてはなりません。しかしながら，例えば小学生向けの単語テストや文構造の知識を測るテスト，話すことの活動を評価するためのルーブリックなどで広く採用されているものは少なく，研究によって使っているテストや尺度が異なるのが現状です。これから先，小学校英語の効果を確かめたり，良い授業実践のあり方を考えたりするためには，より多くの場面で使えるテストやルーブリックなどを開発し，その妥当性を検証することが必要になってくるでしょう。

　以上のように，本書は，これまでの研究・実践からの知見や示唆を整理し，共有する上で大きな意義があったと思われます。しかし，上述の課題のほかにも，教員養成・研修，へき地・小規模校での英語指導，ICTによる英語指導，感染症の流行等に対応した新たな英語教育のあり方など，まだまだ課題も多く，今後一層の研究と実践の取り組みが求められていることを強調しておきたいと思います。

萬谷 隆一・堀田 誠・鈴木 渉・内野 駿介

小学校英語教育ハンドブック —理論と実践—

2020 年 10 月 31 日　第 1 刷発行
2022 年　8 月 31 日　第 3 刷発行

編者　　小学校英語教育学会 20 周年記念誌編集委員会

編集委員　萬谷隆一　粕谷恭子　中村典生　堀田誠　鈴木渉　内野駿介

発行者　　渡辺能理夫

発行所　　東京書籍株式会社
　　　　　東京都北区堀船 2-17-1　〒 114-8524
　　　　　電話 03-5390-7531 （営業）
　　　　　　　　03-5390-7505 （編集）
　　　　　https://www.tokyo-shoseki.co.jp

印刷・製本　株式会社リーブルテック

ISBN 978-4-487-81424-4　C3037

本書に掲載した情報は、2020 年 7 月現在のものです。